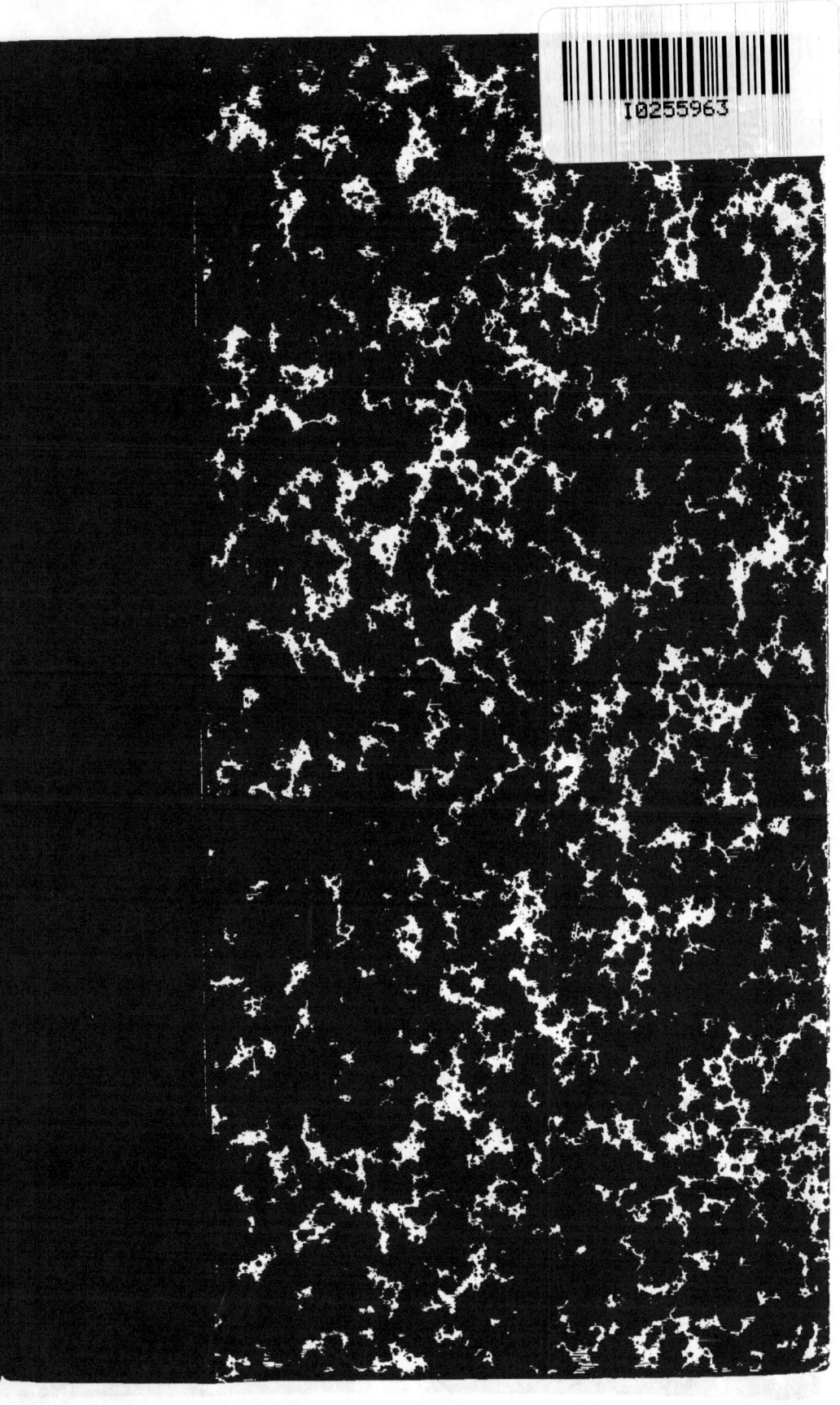

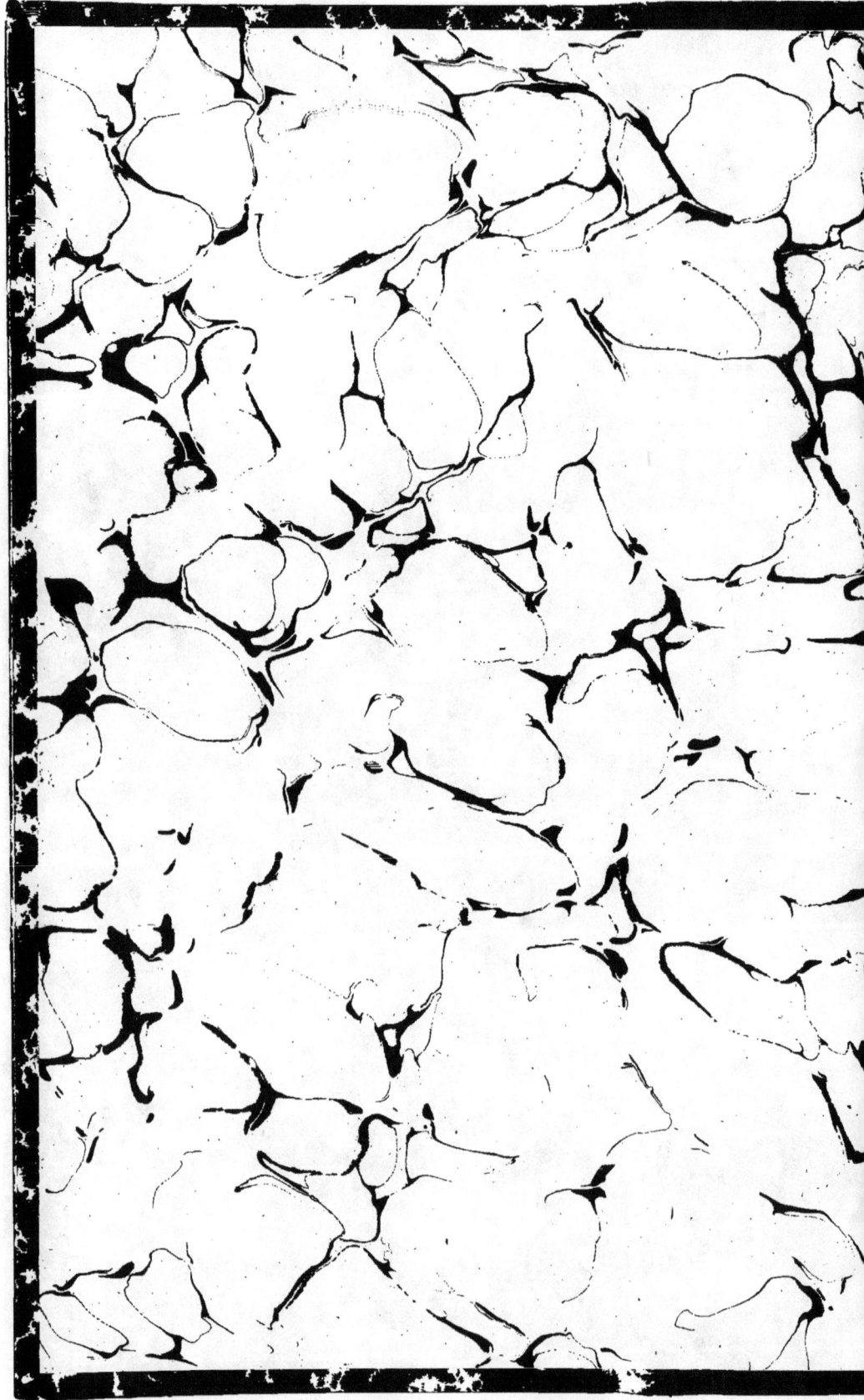

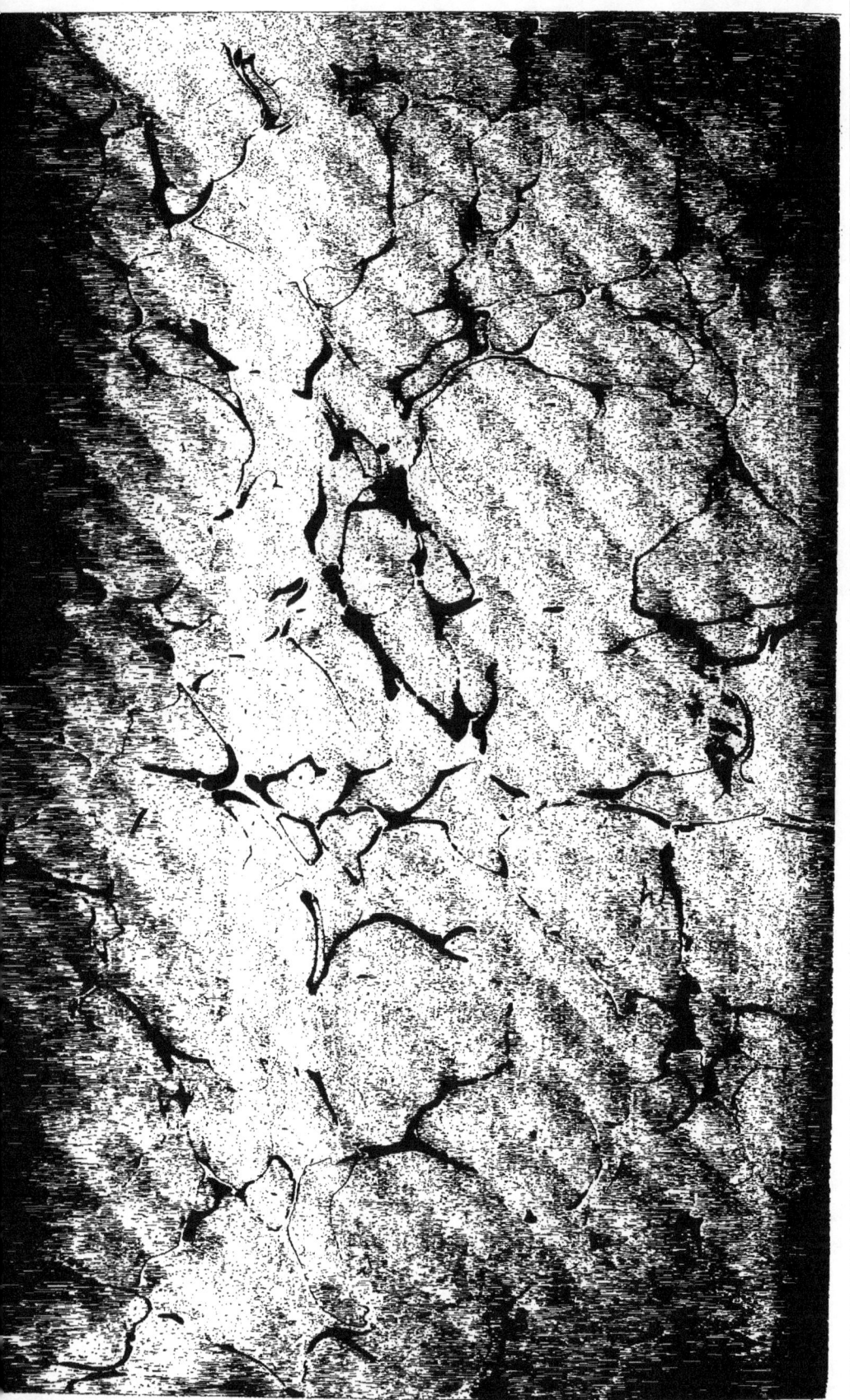

TABLE

	PAGES :
Introduction	1
Journal historique.	1
Table analytique des faits contenus dans le premier volume.	273

PLANCHES

Cymbalier de la musique turque à Mons.	Frontispice
Monument consacré à la gloire du Hainaut.	34

ERRATA

Page 48, 12ᵉ ligne,
  au lieu de : Choisœul-Mens, *lisez :* Choisœul-Meus.

Page 58, 18ᵉ ligne :
  au lieu de : 1597, *lisez :* 1579.

Page 141, 2ᵉ et 5ᵉ lignes,
  au lieu de : Roucoux, *lisez :* Roucourt.

Albert-Joseph PARIDAENS

JOURNAL HISTORIQUE

1787-1794

TOME PREMIER

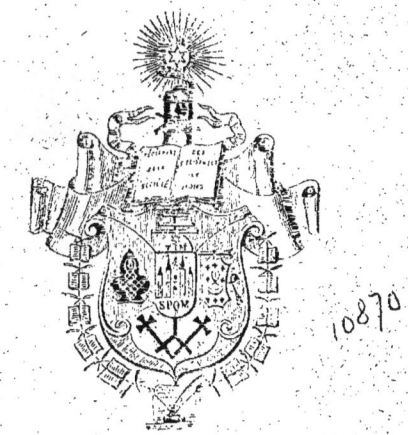

MONS
IMPRIMERIE DEQUESNE-MASQUILLIER & FILS
MCMIII

SOCIÉTÉ

DES

BIBLIOPHILES BELGES

séant à Mons

N° 32 DES PUBLICATIONS

Exemplaire de M.

N° 121.

Le Vice-Président,
[signature]

Le Secrétaire,
[signature]

Journal Historique

DE

Albert=Joseph PARIDAENS

TOME I

CYMBALIER DE LA MUSIQUE TURQUE DE MONS

Fac-Simile de l'aquarelle originale du temps, appartenant à M. Jules De Le Court.

Albert-Joseph PARIDAENS

JOURNAL HISTORIQUE

1787-1794

TOME PREMIER

MONS
IMPRIMERIE DEQUESNE-MASQUILLIER & FILS

MCMIII

Albert-Joseph PARIDAENS, né à Hal, le 22 janvier 1739, de Philippe et de Christine Vanlanghenoven, devint homme de fief sur plume du comté de Hainaut, à l'âge de dix-neuf ans, et fut admis *avocat de cour*, à Mons, le 25 janvier 1762 [1].

Ses succès furent rapides, et sa parole toujours écoutée modifia maintes fois la jurisprudence du Conseil souverain [2]. Mais, après son mariage avec Marie-Magdeleine-Josèphe de Wesemael des Mayries, le 22 août 1769, il abandonna la profession d'avocat pour succéder, le 2 mai 1771, à son frère Jean-Baptiste, greffier de la Cour [3]. Travailleur infatigable, excellent juriste, il acquit dans ses nouvelles fonctions une grande expérience des affaires. Aussi fut-il nommé, par lettres patentes du 24 décembre 1782, Conseiller de robe

[1] G. BIGVOOD, *Paridaens* (Biographie nationale, publiée par l'Académie royale des sciences, des arts et des lettres de Belgique), t. XVI, col. 632 ; Actes de l'état-civil de Hal ; Archives de l'État, à Mons : *Conseil Souverain*, Registre de création d'hommes de fiefs, n° 352, et Liste des conseillers reçus et des avocats admis de 1744 à 1773.

[2] Bibliothèque publique de Mons, ms. n° 64 : *Réflexions sur les chartes générales de la province de Hainaut du conseiller Charles Demarbaix, et notes trouvées sur les chartes de l'avocat Paridaens, aujourd'hui conseiller.*

[3] Archives de l'État, à Mons : *Cour féodale du Hainaut*, Registre aux déshéritances, n° 290.

longue en remplacement de Dominique-Antoine de Wolff [1]. Il mourut, le 7 septembre 1800, dans sa maison de la rue Verte [2], et ses beaux-frères, Pierre-Philippe-Joseph et Charles-François-Joseph Harmignie, hommes de loi à Mons, firent la déclaration de son décès.

Paridaens avait eu neuf filles et un fils de son union avec Marie de Wesmael, sœur des dames Harmignie ; de tous ces enfants, Bibianne-Ursule, Julie, Euphrasie, Cécile et Ferdinand, alors sous-officier au 108e régiment d'infanterie de l'empire, vivaient seuls en 1808 [3].

Peu après sa nomination de Conseiller, Paridaens commença, dès le 30 juillet 1783, à recueillir les arrêts de la Cour ; il y joignit ensuite, du 17 avril 1787 au 11 août 1794, la relation des faits se rattachant à l'histoire du Conseil souverain et aux événements qui se passèrent à Mons durant cette période. Il intitula son recueil autographe, en deux volumes in-f° : *Journal du Palais et historique*.

Le premier volume (422 pp. plus 18 feuillets de table non numérotés), devint la propriété de l'avocat Louis Lemaire (1768-1840) qui le donna à son stagiaire et ami Adrien Le Tellier (1790-1866) [4] ; le second appartint à Jean-François

---

[1] Archives citées : *Conseil Souverain*, Registre servant à l'enregistrement des Présidents, Conseillers et Greffiers du Conseil Souverain de Hainaut, n° 64.

[2] Le parc de l'hôtel du gouvernement, agrandi, en 1691, avec la plaine d'exercices des arbalétriers de Notre-Dame, tenait aux jardins de cette habitation en deux demeures qui portent aujourd'hui les numéros 11 et 13. (Archives provinciales du Hainaut : Carton 157, dossier 1123).

[3] Actes de l'état-civil de Mons ; Archives provinciales du Hainaut : Carton 145, dossier 928.

[4] Premier volume du manuscrit autographe de Paridaens, note ; Actes de l'état-civil de Mons ; CH. ROUSSELLE. *Biographie montoise du XIXe siècle* (Mons, 1900), p. 164.

Dolez (1764-1834)[1], puis à son fils Hubert (1808-1880)[2], ancien Président de la Chambre des Représentants et du Sénat de Belgique, et fut vendu publiquement, à sa mort, avec sa bibliothèque juridique. L'acheteur est resté inconnu.

Il existe plusieurs copies de ce journal. Henri-Florent Delmotte (1798-1835)[3], notaire, archiviste de l'État et bibliothécaire de la ville de Mons, le transcrivit avec grand soin et le fit précéder d'une note explicative reproduite sur les exemplaires de Renier Chalon et de Charles De Le Court. Ce dernier (1806-1839)[4] ajouta aussi une introduction à celle de Delmotte. Toutes deux contiennent l'historique complet de l'œuvre de Paridaens, mais la seconde, plus complète, apprécie la valeur du journal et en montre l'intérêt. Nous ne pouvons mieux faire que de les reproduire.

NOTE DE DELMOTTE. — « Cette copie a été faite sur le ma-
» nuscrit autographe de l'auteur, M. Paridaens Conseiller au
» Conseil souverain de Hainaut. Le manuscrit original est en
» deux volumes in-folio. Les cent et quelques premières pages
» du tome premier ne contiennent que le résumé des procès
» jugés à la Cour, raison pour laquelle l'auteur n'a donné
» d'autre titre à son œuvre que celui de : *Journal du*
» *Palais et historique*. J'ai changé ce titre en celui plus conve-
» nable d'*Histoire de Mons, de 1787 à 1794*. J'ai extrait et
» rejeté à la fin du second volume, pages 889 et suivantes, ce
» qu'il y avait de plus intéressant dans le résumé des procès
» dont je viens de parler. Cette copie est plus complète que
» l'original, et voici comment : le premier volume de celui-ci
» appartient à M. l'avocat Lemaire et le second à M. l'avocat
» Dolez.

[1] CH. BOUSSELLE, Biographie citée, p. 82.
[2] Même ouvrage, p. 80.
[3] Même ouvrage, p. 56.
[4] JULES DE LE COURT, *Charles De Le Court*, (Biographie nationale citée), t. V, col. 356.

» M. Paridaens cite trois cent-cinquante pièces diverses
» jointes par lui à son recueil ; elles sont *toutes* perdues. J'ai
» tâché de suppléer, autant qu'il était en moi, à cette lacune
» importante, et j'ai été assez heureux pour rassembler, si pas
» tout, au moins la majeure partie de ces pièces [1]. J'en ai
» même ajouté plusieurs omises par M. Paridaens et j'ai formé
» du tout les... volumes de ma copie. On trouvera en tête du
» troisième volume (le premier des pièces), la note de celles
» dont parle M. Paridaens que je n'ai pu me procurer et la
» note de celles que j'ai jointes aux autres et dont il ne
» parle pas.

» Ma copie est donc bien plus complète que l'original
» disséminé, appartenant à deux propriétaires et manquant de
» *toutes les pièces* que l'auteur avait jugé convenable d'y
» ajouter.

» Outre cela, j'ai joint aussi des notes manuscrites que j'ai
» trouvées sur les événements racontés par l'auteur et des
» particularités qui m'ont été racontées par des contempo-
» rains, témoins oculaires de ce qui n'est plus pour nous que
» de l'histoire.

» Ce M. Paridaens était le père de M. Paridaens qui a
» publié : *Mons ou Histoire de cette ville*, etc., en un volume,
» in-12, Tournay 1819. J'ignore comment la propriété de
» ce manuscrit lui est échappée. Peut-être pourrait-il fournir
» les pièces qui manquent, cependant il est à présumer que,
» s'il n'a pu ou su conserver le principal, à plus forte raison
» n'aura-t-il pas gardé les accessoires.

» Mons, le 13 Avril 1832.

(Signé :) « DELMOTTE, bibliothécaire. »

---

[1] M. l'avocat Abel Le Tellier possède des copies de chansons satiriques et de documents faites par Paridaens, et la plupart des annexes du Journal. Elles proviennent de Louis Lemaire. (*Note de l'Éditeur.*)

Note de Charles De Le Court. — « Bien que cette copie ait été faite sur celle de M. Delmotte, elle en diffère en quelques points. Ainsi, j'ai préféré laisser au manuscrit le titre que l'auteur lui avait donné. Ce recueil n'était même probablement destiné, dès le principe, qu'à être un *Journal du Palais* tel que presque tous les Conseillers en tenaient sous ce titre ou sous celui de *Recueil des Préjugés*, et où ils consignaient le détail des causes qui s'instruisaient devant eux. Mais, plus tard, les perturbations politiques ayant plus ou moins interrompu ou ralenti le cours de la Justice, l'auteur y aura annoté, en l'absence de procès civils, les événements politiques auxquels, d'ailleurs, le Conseil du Hainaut prenait une très grande part. Aussi voit-on quelques arrêts annotés dans le moment où l'horizon politique était assez clair pour permettre aux Magistrats de s'occuper d'intérêts privés.

» D'un autre côté, je n'ai pas cru devoir copier les notices des principaux arrêts que M. Delmotte a ajoutées à la fin de son second volume. Si le premier volume du Manuscrit original me tombe quelque jour sous la main, j'en ferai copier séparément la partie qui n'est que judiciaire.

» Enfin, je n'ai pas non plus cherché à réunir en volume les pièces que l'auteur cite dans son manuscrit et dont il avait fait un recueil particulier. Cette opération me paraissait assez difficile et d'autant moins utile, que lors même que j'aurais pu réunir la totalité de ces pièces, je n'aurais pas eu encore la collection complète de celles qui ont paru à cette époque. Il m'a semblé que leur place était plutôt dans des portefeuilles généraux, et j'ai laissé celles que je possède dans ma collection de *Placards*, *Brochures* et *Curiosités historiques*. Ces retranchements m'ont permis de resserrer le manuscrit dans un seul volume in-folio.

» Quant au mérite intrinsèque de l'ouvrage, il ne faut pas
» y chercher des faits, des aperçus généraux, des jugements
» élevés et impartiaux sur les événements qu'ils retracent ; ces
» mémoires ne suffisent même pas pour donner une idée
» complète et satisfaisante de l'histoire de cette époque, mais
» ils ont un mérite plus grand encore à mes yeux, celui de
» raconter avec naïveté, avec spontanéité et jour par jour, les
» événements qui se passaient sous les yeux de l'auteur, de
» nous apprendre des détails intimes, le drame de ces événe-
» ments et les impressions qu'en recevait l'auteur.

» Et bien que le point de vue spécial sous lequel il les
» envisageait ne nous les fasse voir que sous une seule face,
» c'est toujours un mérite, un renseignement précieux que le
» jugement de l'auteur que l'on peut considérer comme le
» représentant de tout un parti, celui de l'aristocratie de robe,
» qui a joué un grand rôle dans les événements politiques de
» la révolution brabançonne, de la restauration de Léopold II,
» de la première invasion française et de la seconde restaura-
» tion autrichienne.

» Pour faciliter les recherches, j'ai ajouté au manuscrit une
» table chronologique des faits qui y sont consignés.

» Mons, le 1er octobre 1834.

(Signé :) « CHARLES DE LE COURT. »

Le volume qui contient cette note et un autre, où notre regretté président Renier Chalon (1802-1889) a transcrit lui-même l'exemplaire de Delmotte avec son introduction et son titre, appartiennent à notre collègue M. Jules De Le Court.

Outre les copies dont nous venons de parler, il en existe encore d'autres à la Bibliothèque publique de Mons (exemplaire d'Hippolyte Rousselle), chez Madame Léon Dolez, MM. Abel Le Tellier (copie de l'original du second volume) et Alphonse Wins, acquéreur, depuis peu, du manuscrit Delmotte.

La Société des Bibliophiles Belges a déjà édité : *Les Mémoires sur l'histoire de la ville de Mons, par P.-P.-J. Harmignie (1789-1801)*.

Le récit de cet auteur est d'une exactitude scrupuleuse, mais sa concision et son style incolore fatiguent le lecteur. Du parti des « États Belgiques-Unis », Harmignie supporte avec peine la rentrée des Autrichiens, il s'indigne des principes de la Révolution française et des excès de ses émissaires ; toutefois, il n'apprécie point les autres événements qui se sont succédé à Mons, et on peut le lui reprocher [1].

Paridaens, au contraire, le fait souvent avec prudence mais fermeté ; il parle en magistrat et reflète les idées de l'aristocratie de robe, si influente à cette époque. Il écrit au jour le jour, pour lui seul, car ses éphémérides ne sont point destinées à la publicité. Aussi est-il souvent prolixe, parfois incorrect. Mais toujours il intéresse dans la relation de faits effleurés et de l'histoire tourmentée du Conseil souverain de Hainaut à peine ébauchée par son beau-frère.

Il était donc utile de reproduire le manuscrit de Paridaens qui complète les mémoires de P.-P.-J. Harmignie et contient *des renseignements difficiles à trouver ailleurs*. Adolphe Mathieu le reconnaît lui-même, et cependant, il qualifie l'ouvrage de son parent, de longue élucubration indigne d'être reproduite [2] !

Tel n'est point l'avis de la Société des Bibliophiles Belges. Aussi a-t-elle décidé de publier cet important recueil, à l'exception toutefois des décisions judiciaires qui ne font pas nécessaire-

---

[1] Jules De Le Court et Charles Rousselle, Introduction aux *Mémoires sur la Ville de Mons, par P.-P.-J. Harmignie (1789 à 1801) et N.-J.-H. Descamps (1780 à 1814)*. N° 26 des Publications de la société des *Bibliophiles Belges* séant à Mons (1882), p. v.

[2] Adolphe Mathieu, *Biographie Montoise* (Mons, 1848), p. 239.

— x —

ment partie de la narration. En conséquence, les mots « du palais » ont été biffés du titre adopté : *Journal Historique*.

La publication comprendra trois volumes. Les deux premiers sont ceux du Conseiller Paridaens, édités sur le premier volume autographe et sur la copie du second, mis obligeamment à la disposition de l'éditeur par M. Abel Le Tellier. Notre Société le prie de recevoir l'expression de sa vive gratitude.

Les notes complémentaires de Delmotte et les tables chronologiques de Charles De Le Court, termineront le Journal. Un choix des plus intéressantes pièces citées par l'auteur, réunies par Delmotte et que M. Jules De Le Court a retrouvées dans les papiers de son beau-père Renier Chalon, ensuite des renseignements historiques sur les principaux personnages indiqués, et enfin une table des matières formeront la dernière partie de la publication.

Deux planches ont été ajoutées à notre premier volume : l'une jointe primitivement au manuscrit de Paridaens, représente le « Monument consacré à la gloire du Hainaut », et l'autre reproduit en couleurs l'unique spécimen du « *Cymbalier de la Musique turque de Mons* ».

Cette excellente harmonie militaire[1], organisée par les États de Hainaut, portait l'uniforme oriental aux couleurs de la nation : jaune, noir et rouge, et avait comme chef et tambour-major un géant, Germain-Joseph Liénard, surnommé *Comte Tallard*, à cause de sa corpulence extraordinaire. Elle est citée, pour la première fois, lorsqu'elle se rendit à Bruxelles, le 14 juin 1787, avec la délégation montoise chargée de remer-

---

[1] Composée de deux trompettes, trois cors, sept bassons, onze clarinettes, quatre flutes, deux cymbaliers, une petite caisse et deux tambours de basque. Notre collègue M. Léopold Devillers cite les noms des instrumentistes montois, dans : *Souvenir du festival national. La musique à Mons. Notice historique* (Mons, Hector Manceaux, 1879), p. 42, note 54.

cier les États de Brabant, dont les instances réitérées avaient obtenu des Gouverneurs-Généraux la surséance à la nouvelle organisation judiciaire et l'exemption des subsides.

Le « Monument consacré à la gloire du Hainaut » représente l'arrivée des patriotes montois précédés de la musique turque sur la grand'place de Bruxelles.

Ils furent magnifiquement reçus par le duc d'Arenberg, grand bailli du Hainaut, et, à la demande expresse de Marie et d'Albert, se rendirent auprès de LL. AA. RR. Ensuite ils allèrent féliciter les États de Brabant. Le soir, il y eut spectacle.

Entre les deux pièces, rapporte Nicolas Descamps, la musique turque à laquelle on ne pensait pas, s'était placée sur la scène, derrière le rideau. Tout à coup la toile se lève, la musique se met en marche jouant un air patriotique[1], défile devant le parterre, et dès qu'elle arrive en face de la loge de LL. AA. RR., qui assistaient à la représentation, le Comte Tallard fait faire halte, et d'une voix de stentor, crie : « Vive l'Empereur ! » salue et ordonne de continuer la marche. Les bravos, les trépignements, les vivats, les applaudissements partis de la loge royale, tout cela occasionne un vacarme épouvantable. Au second tour de marche, répété dans le même ordre, le cri fut : « Vivent LL. AA. RR. ! ». Marie-Christine se leva, se pencha et témoigna la plus vive allégresse ; son mari fit de même, et les applaudissements prouvèrent combien le peuple était satisfait. Un troisième tour de marche eut lieu au cri : « Vivent les États de Brabant ! ».

Je crus, pour un instant, que la salle allait s'écrouler sous le poids des applaudissements. La deuxième pièce, fut jouée,

[1] Probablement « La marche des patriotes de Mons », publiée, par Vander Straeten, d'après une réduction pour piano ou clavecin copiée en 1790. Voir : EDMOND VANDER STRAETEN, *La musique aux Pays-Bas avant le XIXe siècle* (Bruxelles, 1867-1888). t. IV, page 250, et t. v, pp. 65 et 66.

mais ne fut pas écoutée : le public était demeuré sous l'impression de l'intermède improvisé [1].

De retour à Mons, la musique turque accompagna nos volontaires aux promenades et parades, et le 7 janvier 1790, les conduisit jusqu'à la porte d'Havré quand ils partirent, au nombre de quatre à cinq cents hommes, vers le Luxembourg. Elle reparut le 29 mars 1793, lorsque l'archiduc Charles fit son entrée à Mons, les 24 juin et 28 juillet suivants et sortit pour la dernière fois, le 21 avril 1794, lors de la réception solennelle de François II [2].

L'aquerelle finement exécutée, du cymbalier de la musique turque, fait partie de la copie de Renier Chalon, et appartient aujourd'hui à M. Jules De Le Court. Sa facture dénote un pinceau féminin. L'auteur est inconnu, mais on peut faire une supposition : Jean-François Beghin, né à Mons le 11 septembre 1727, y décédé le 16 septembre 1787, célèbre orfèvre du Chapitre de Sainte-Waudru, eut de sa femme, Catherine Delhaye, six enfants. Deux de leurs filles se firent remarquer dans le domaine artistique. Jeanne-Catherine (1757-1818) excellait dans la miniature, la gravure, et même, d'après la tradition, modelait très bien et travaillait le cuivre ; Hyacinthe-Thérèse (1759-1805) était une aquafortiste

---

[1] HARMIGNIE et DESCAMPS, Mémoires cités, pp. 167-169.

[2] PARIDAENS, *Journal historique*, N° 32 des Publications de la Société des Bibliophiles Belges, t. I, pp. 34, 45, 71, 73, 75, 219, 222, 244, et tome II, aux dates indiquées.

Il existait aussi, en 1790, d'après cet auteur (pp. 247 et 248), des musiques turques à Enghien et à Hal. Celle de Mons fut dissoute lors de la seconde invasion française. Les survivants composèrent, en 1809, la musique de la garde sédentaire ; ils avaient déjà fondé, vers 1805, la *Société philharmonique de Mons* qui prit, vers 1822, le titre de *Société philharmonique de l'Union* et plus tard celui de *Société d'Harmonie*. Voir : LÉOPOLD DEVILLERS, *Essai sur l'histoire de la musique à Mons*, p. 23, et *Mémoires et Publications de la Société des sciences, des arts et des lettres du Hainaut*, IIIe série, t. II, année 1866-1867, p. 336.

de talent [1]. Philibert Delmotte (1745-1824), avocat et premier bibliothécaire de Mons, épousa en secondes noces : Hyacinthe-Thérèse. Henri-Florent Delmotte était leur fils, et l'aquarelle lui appartenait.

Le cymbalier aux couleurs nationales a les traits, les hanches, les mains et les pieds d'une femme, ainsi que l'ont constaté des professeurs de l'Académie de dessin. Serait-ce le portrait de Jeanne ou d'Hyacinthe ? Cette hypothèse est peut-être gratuite, mais de graves présomptions font supposer l'œuvre de l'une d'elles, ou plutôt de Jeanne ; en effet, la tête soigneusement dessinée, caractérise le travail du miniaturiste.

* * *

Les brochures et pièces relatives à l'histoire de Mons, de 1787-1794, sont indiquées en partie dans les « Mémoires de P.-P.-J. Harmignie... » (pp. XI-XIV) ; elles se trouvent toutes à la Bibliothèque publique de notre ville, réunies à celles qui concernent la Belgique, y compris les pamphlets, sous les numéros 7108, 6881 (portefeuilles 42-72), dans les 17 volumes du n° 7088 et au supplément du catalogue, numéros 4283-4285.

Les ouvrages à consulter sur les réformes de Joseph II, la révolution belgique, la rentrée des Autrichiens et les deux invasions françaises jusque 1794, sont très nombreux. H. PIRENNE, dans son excellente *Bibliographie de l'histoire de Belgique, deuxième édition* (Gand 1902), les indique presque tous, aux numéros suivants : 972, AL. PINCHART ; 2461, E. HUBERT ; 2471, 2503, 2504, 2508, 2517, TH. JUSTE ; 2453,

---

[1] HENRI DELMOTTE, *Un orfèvre montois* (Bulletin des commissions royales d'art et d'archéologie, t. XIX, Bruxelles, 1880) p. 378 ; ERNEST MATTHIEU, *Biographie du Hainaut*, (Enghien, 1902), t. I, p. 42 ; LÉOPOLD DEVILLERS, *Le passé artistique de la Ville de Mons* (Annales du Cercle Archéologique de Mons, t. XVI, 1880), p. 351, note 4.

2498, 2511, Ad. Borgnet ; 2522, A. Orts ; 2502 et 2529, L. Delplace ; 2487, P. Gérard ; 2488, F. De Feller ; 2489, H. Schlitter ; 2490 et 2491, Gachard ; 2492, L.-P.-J. Van de Spiegel ; 2493, E. Dinne ; 2494, 2495 et 2496, L. Galesloot; 2497, G. Forster ; 2499, O. Lorentz ; 2505, M. Legrand ; 2506 et 2507, E. Disailles ; 2509, J. Staes ; 2510, J. Van Praet ; 2512, J. Daris ; 2513, H. Francotte ; 2514, von Dohm ; 2515, J. de Chestret de Haneffe ; 2516, Ch. Piot ; 2518, H. von Zeissberg ; 2519, K. Stahn ; 2520 et 2521, A. Chuquet ; 2523, J. Engling ; 2524, A. Levie ; 2525 et 2533, A. Thys ; 2528, Ch. De Le Court ; 2531, F. Van den Bergh ; 2532, P. Verhaegen ; 2534, P. Poullet ; etc.

Il faut encore ajouter : *Mémoires militaires sur la campagne de l'armée Belgique dans les Pays-Bas Autrichiens pendant la révolution de 1790, par un officier de l'armée* (Vilain XIIII), Londres, MDCC XCI, in-8º ; Félix Hachez, *Souvenirs de la révolution des Patriotes à Mons (1787-1790)*, Mons, 1855, pet. in-4º ; Commandant de Sérignan, *La première invasion de la Belgique (1792)*, Paris, 1903, in-8º ; etc.

Alphonse WINS

JOURNAL HISTORIQUE

JOURNAL HISTORIQUE

Du 27 avril.

Cette journée est mémorable à cause du paquet de 1787 lettres qui est arrivé à Mr le Président et qu'il a distribuées dans la séance de relevée aux membres de la Cour destinés à composer le nouveau tribunal de première instance à Mons, pour leur servir de patentes : j'inscris ici la mienne, car le modèle mérite d'être conservé. On a d'abord délibéré si et quelle démarche il restoit encore à faire à la noble et souveraine Cour à Mons, et on a projeté de faire soit des représentations ultérieures, soit une protestation en forme d'arrêté, à inscrire dans les registres dont extrait seroit envoyé à leurs Altesses Royales les gouverneurs généraux des Pays-Bas et par leur canal à Sa Majesté même. Sur quoi l'on s'est séparé pour par chacun méditer sur cette affaire importante et nous réunir les chambres assemblées demain.

Copie de la patente :

De par l'Empereur et Roi,

« On fait savoir au conseiller du conseil souverain du
» Hainaut Paridaens que, sur le bon compte qui a été rendu à
» Sa Majesté de son zèle, intelligence et expérience, dans les
» affaires de justice, ainsi que du résultat du choix fait par la

1787 » commune de la ville de Mons, Elle a daigné le nommer et
» commettre, comme elle le nomme et commet par le présent
» acte, conseiller du tribunal de première instance établi à
» Mons, et de lui accorder, en cette qualité, le gage annuel de
» quinze cents florins d'Allemagne faisant deux mille cent cou-
» rant de Brabant, lequel lui sera payé, par trimestre, hors du
» produit des taxes judiciaires du dit tribunal. On l'avertit au
» surplus, qu'en conséquence de cette souveraine résolution,
» il doit se présenter, le plus tôt que faire se pourra, muni de
» sa présente commission, au Président du dit tribunal Pépin
» pour prêter son serment (1), au jour et à l'heure que le dit
» Président Pépin lui designera.

Fait à Bruxelles, sous le cachet secret de Sa Majesté, le 17 avril 1787. »

- (Signé :) G. CRUMPIPEN   Par l'Empereur et Roi en son conseil souverain de Justice.

(Signé :) J. DE BARTENSTEIN

---

(1) Formule du Serment qu'auroient dû prêter les juges de première instance dans le nouveau système et d'après l'Édit du 3 avril 1787 sur la réformation de la Justice.

« Vous jurez à Dieu tout puissant, et vous promettez sur votre foi et
» honneur, à l'Empereur et Roi, notre Souverain et maître, que vous serez
» toujours fidèle, obéissant et entièrement dévoué au service de sa Majesté ;
» que, dans l'exercice de la place de . . . . . du . . . . . de
» première instance à . . . . . , vous ferez tout ce qui dépendra de
» vous pour promouvoir l'honneur et l'avantage de Sa dite Majesté, ainsi
» que le bien être de son royal service et celui du public; que vous rempli-
» rez les fonctions de votre place de . . . . . avec la plus parfaite
» fidélité, probité et exactitude ; que vous observerez ponctuellement les
» Édits, Règlemens et ordonnances déjà émanés et à émaner sur la nou-
» velle forme d'administration de la justice, ainsi que les instructions y rela-
» tives ; que vous observerez de même les lois, constitutions et coutumes
» légalement introduites et actuellement en vigueur dans l'étendue de la

La feuille de papier, d'abord pliée en deux dans toute sa longueur, puis en trois, étoit cachetée du scel de Sa Majesté portant cette inscription : *S. consilii Supremi justitiæ Belgicæ austriacæ ;* et la superscription de la lettre étoit de cette manière :

1787

De par

l'Empereur et Roi

Au conseiller du Conseil Souverain (1) de Hainaut : Paridaens.

» jurisdiction dudit . . . . . . , que vous jugerez avec un entier désin-
» téressement, et avec l'impartialité la plus scrupuleuse, les causes qui
» seront soumises à votre décision, sans faveur ni haine, sans amitié ni
» inimitié, sans vue particulière quelconque pour qui que ce soit ; et cela
» tant à l'égard des pauvres et des petits que des riches et des grands ; que
» vous garderez inviolablement, jusqu'à la mort, le secret le plus absolu sur
» toutes les délibérations, affaires et choses qui se traiteront dans le . .
» . . . dont vous êtes membre, et qui seront de nature à devoir être
» tenues cachées et secrètes, qu'enfin vous ferez et vous remplirez tout ce
» qu'un . . . . . fidèle et lié par son serment, doit et est tenu de
» faire, le tout de bonne foi et sans dol ni fraude. »

N. B. — L'actuaire qui assistera à la prestation du serment, lira cette formule à haute voix ; après quoi, M. le Président ou Juge royal prononcera, aussi à haute voix, les paroles suivantes que M. le Conseiller ou assesseur répétera de mot à mot :

» Je jure et je promets, sur ma foi et sur mon honneur, que j'obéirai et
» entretiendrai fidellement et soigneusement tous et chacun des points dont
» on vient de me faire lecture, et que je déclare d'avoir entendus distincte-
» ment et compris entièrement. Ainsi Dieu m'aide ! »

(1) Quel étonnant contraste entre le ton de cette commission et la qualité de la personne à qui elle est adressée; il est vrai que c'est une lettre circulaire et une formule générale, mais il semble qu'on auroit bien pu en faire une particulière pour ceux qu'on ravalloit de leur premier état.

Du 28 avril.

1787   Cejourd'hui, les chambres de nouveau assemblées, on a fait l'arrêté suivant, inscrit au registre des résolutions :

« Le conseil Souverain de Hainaut, les chambres assemblées
» ensuite de la délivrance faite à plusieurs de ses membres
» des lettres du 17 de ce mois, portant que S. M. les établit
» juges d'un tribunal de première instance à Mons, a cru
» devoir prendre en considération que, par des respectueuses
» représentations faites le 5 février dernier ensuite de la
» dépêche itérative de S. M. du 17 janvier précédent ordon-
» nant la publication d'un nouveau règlement de la procédure
» civile, il a été démontré que ce conseil non seulement re-
» présentoit mais étoit en effet la Noble et Souveraine Cour
» de S. M. à Mons, et que l'existence de cette Cour de justice
» faisoit partie des franchises et privilèges de ce pays, dont
» la conservation a été promise et jurée de la part du Souve-
» rain par le pacte inaugural, et par chacun des membres du
» conseil lors de leur admission.

« Le nouveau règlement pour la procédure civile paroissoit
» supposer la suppression du conseil. En conséquence, il
» a exposé qu'il ne pouvoit, sans que ses membres man-
» quassent à leur serment, publier ce règlement ; et il a
» supplié Sa Majesté de vouloir, ainsi qu'avoient toujours fait
» ses glorieux prédécesseurs, entendre les états de ce pays sur
» les changements qu'elle estimoit devoir être faits aux lois,
» constitutions et privilèges du Hainaut.

« Sa Majesté, par sa dépêche du 8 février 1787, a déclaré
» qu'elle avoit trouvé ces représentations *déplacées*, et nous a
» ordonné de procéder à la publication du prédit règlement
» au plus tard dans le terme de trois jours, nous prévenant
» que tout délai ultérieur seroit regardé comme une déso-
» béissance formelle à ses ordres.

« D'après cette dépêche, nous avons eu lieu d'espérer, et 1787
» nous avons en effet espéré que la suppression supposée du
» conseil n'auroit pas lieu, ou qu'elle ne s'opèreroit qu'avec le
» consentement des états de ce pays, envers lesquels sa con-
» servation a été promise et jurée par le souverain.

« Cependant, nous voyons avec la plus profonde douleur
» que par plusieurs édits, rendus publics (1), et dont les prédites
» lettres adressées à plusieurs d'entre nous sont une suite, le
» pacte inaugural est réellement enfreint, et que les constitu-
» tions et privilèges du pays sont enlevés aux habitants.

« C'est pourquoi le conseil est dans la nécessité de pro-
» tester contre tout ce qui se fait au contraire des engage-
» ments qu'il a contractés par son serment de garder et
» maintenir les franchises du pays, qui consistent principa-
» lement à ce que la cour soit tenue ouverte pour administrer
» sans ressort la justice à tous Hennuyers conformément aux
» lois, chartes et coutumes dudit pays.

« Et afin que S. M. puisse être informée que ses fidèles
» sujets composant son conseil souverain du Hainaut n'ont
» point participé à ce que sa religion fût surprise, il a été
» arrêté que LL. AA. Royales les gouverneurs généraux des
» Pays-Bas seront très humblement suppliés de vouloir faire
» parvenir la présente à sa sacrée personne, avec la copie
» ci-jointe de nos représentations du 5 février dernier.

« Au surplus, LL. AA. RR. seront très humblement sup-
» pliées de tenir entretems les choses en état et surséance. »

Cet arrêté a été envoyé, par extrait collationné des registres, à LL. AA. RR., par la voie de la poste, y ayant été mis
et recommandé le dit jour 28 avril, avec la lettre d'envoi qui
s'ensuit.

(1) Remarquez cette expression : on ne dit pas *publiés*, parce qu'ils ne
l'avoient été que par la voie de l'intendance.

Madame, Monseigneur,

1787 « C'est avec la confiance la plus respectueuse et la plus
» entière que le conseil souverain de S. M. en Hainaut s'adresse
» à vos Altesses Royales et les supplie de vouloir faire par-
» venir au pied du Trône son arrêté de ce jour ci-inclus avec
» copie de la représentation y rappelée, les suppliant au
» surplus d'appuyer de tout leur crédit ces très soumises
» représentations et de vouloir bien entretemps tenir toutes
» choses en surséance.
« Nous sommes en profond respect,
« Madame, Monseigneur,
» De vos Altesses Royales
» Les très humbles et très obéissants serviteurs :
» Les Grand Bailly, Président et gens du conseil souverain, etc. »

Mons, le 28 avril 1787.

Du 30 avril.

Cejourd'hui à six heures du matin est arrivé par estafette la dépêche suivante à M. le Président qui a d'abord fait assembler les chambres chez lui.

Marie Christine,   Albert Casimir.

Cher et bien-aimé,

« Nous vous remettons ci-joint un décret pour votre com-
» pagnie, et nous vous chargeons de convoquer chez vous,
» d'abord à la réception des présentes, les différens conseillers
» du conseil de Hainaut, et de pourvoir exactement à ce qui
» vous est enjoint par le dit décret. A tant, cher et bien amé,
» Dieu vous ait en sa sainte garde. De Bruxelles le 29 avril
1787. (Paraphé :) Bel. v^t.

(Signé :) Marie Albert

Par ordonnance de LL. AA. RR. 1787

(Signé :) L. C. Vandevelde

Au Président du conseil de Hainaut.
    s'ensuit le décret joint :

Marie-Christine, etc.   Albert Casimir, etc.

    Chers et bien amés,

« Nous n'avons pu voir qu'avec surprise qu'après avoir été
» choisis pour occuper les places de juges du tribunal de
» première instance à établir à Mons, vous aïez attendu le
» dernier instant fixé pour l'exécution de la souveraine réso-
» lution de l'Empereur, quant à l'établissement des tribunaux
» de justice, pour demander qu'il y soit surçis : Nous vous
» faisons la présente pour vous dire que, comme c'est la
» volonté expresse et irrévocable de Sa Majesté, que les nou-
» veaux tribunaux de justice soient en activité le 1er du mois
» de mai prochain, il ne peut pas être question d'en tenir
» l'exécution en état et surséance. En conséquence, c'est notre
» intention que, conformément à ce qui vous a déjà été mandé
» par nos ordres, vous cessiez absolument vos fonctions
» comme membres du Conseil Souverain de Hainaut, à peine
» de désobéissance, et que le tribunal de 1re Instance de
» Mons entre décidément en fonctions audit jour 1er de mai.

« En conséquence, le Président et les Conseillers nommés
» pour composer ce tribunal, auront à prendre possession de
» leurs nouvelles places et à entrer en activité ce même jour;
» à défaut de quoi, il y sera pourvu sur le champ, en nom-
» mant d'autres sujets à leurs places.

« Nous vous adressons la présente par estafette, et nous
» voulons que votre réponse sur nos présens ordres et la dé-

1787 » claration de chacun d'entre ceux qui sont désignés pour le
» dit tribunal, soit faite et expédiée par estafette à l'adresse
» du Ministre Plénipotentiaire de Sa Majesté, une heure après
» que vous aurez reçu la présente. A tant, Chers et bien amés,
» etc. De Bruxelles, le 29 avril 1787. (Paraphé :) Belhomme.

(Signé :) MARIE   ALBERT Cr

L'assemblée fut complette chez M. le Président vers sept heures et demie. Elle dura jusques à midi passé. Entretems, M. le Chevalier de Cour s'est rendu vers M. Demarbaix, son bon ami, indisposé par la goute, et vers une heure après-midi, est parti le paquet suivant par estafette.

MADAME, MONSEIGNEUR,

« Le conseil souverain de Hainaut, les chambres assemblées
» chez le Président, en exécution de la dépêche de vos
» A. A. R. R., a vu avec la plus profonde tristesse que cette
» dépêche lui ordonnoit de cesser absolument ses fonctions à
» peine de désobéissance, tandis que, par des remontrances du
» 5 février dernier et par son arrêté du 28 présent mois, il a
» représenté en acquit de son devoir que ce conseil étant en
» effet la noble et souveraine Cour à Mons, ne pouvoit être
» légalement dissoute ni fermée sans le concours des états de
» ce pays, vers qui S. M. en avoit promis et juré l'existence,
» la conservation et l'activité ; et que les membres de cette
» Cour, lors de leur réception, ont juré et promis de maintenir
» les franchises et privilèges du pays.

« Nous sommes obligés, en vertu du même devoir et de
» notre serment, de représenter très-humblement à vos
» Altesses Royales que cette Cour subsistant de droit, aucun
» de ses membres ne peut, sans manquer à son devoir et à
» son serment, accepter aucune commission de juge dans un
» autre tribunal.

« 'Cependant, d'après le commandement exprès de vos
» Altesses Royales, nous suspendrons provisionnellement
» l'exercice de nos fonctions comme membres du conseil
» souverain de Hainaut.

« Nous sommes en profond respect, etc. »

Mons, le 30 avril 1787.

Cette résolution fut envoyée à l'adresse du Ministre, avec la lettre d'envoy qui s'ensuit et avec un acte détaché, signé de ceux d'entre nous qui avoient reçu des commissions de juge au futur tribunal de première instance :

MONSEIGNEUR,

« En exécution de la dépêche de LL. AA. RR. du 29 de ce
» mois, que nous venons de recevoir et qui nous ordonne de
» faire parvenir notre réponse à Votre Exc., nous avons l'hon-
» neur de lui adresser nos très humbles représentations et
» déclarations sur le contenu de la dite dépêche.

« Nous sommes avec respect, etc. »

Mons, le 30 avril 1787.

Acte détaché.

« En conséquence de l'arrêté de la cour de ce jour sur la
» dépêche de LL. AA. RR. du 29 de ce mois, reçue aujour-
» d'hui, nous soussignés déclarons ne pouvoir accepter les
» commissions de juges au tribunal de première instance, qui
» nous sont respectivement adressées et parvenues le 27 de ce
» mois dans l'après-midi. Fait le 30 avril mil sept cent quatre-
» vingt-sept dans l'assemblée des chambres convoquée chez le
» Président en exécution de la prédite dépêche. »(Sont signés :)

J. Dassonleville, Demarbaix, G. Delecourt, J.-G. Sebille,
C. Demarbaix, À.-J. Paridaens, J.-J. Cornet, P. Abrassart.

1787   Pendant cette séance mémorable des membres de la Cour, les Députés des états leur adressèrent la lettre suivante :

MESSIEURS,

« Par lettres de ce jour, nous informons leurs Altesses
» Royales que les atteintes les plus formelles à nos constitu-
» tions et aux engagements les plus solennels et les plus sacrés
» que Sa Majesté a pris et jurés vers notre province, se multi-
» pliant, sans le concours des états nous nous trouvons réduits
» à la douloureuse extrémité de devoir leur déclarer que nous
» ne pouvons et ne pourrons considérer comme légalement
» établies tant les nouveautés déjà introduites que celles encore
» en projet, et contre lesquelles notre conscience, notre devoir
» et notre honneur nous obligent, d'après les connoissances
» certaines que nous avons des intentions des trois ordres,
» de protester.

« Nous demandons de plus à leurs AA. RR. un sursis à
» l'exécution des unes et des autres jusques après la tenue de
» l'assemblée de ces états (demandée et sollicitée à diverses
» reprises), pour y délibérer relativement à toutes ces innova-
» tions, et acquiescer à celles qui paroîtront conciliables avec
» nos constitutions et loix fondamentales.

« Témoins des engagemens réciproques que le souverain
» et le sujet ont pris l'un vers l'autre sous la religion du
» serment le plus solennel, vous n'avez pu, Messieurs, ne pas
» observer que le sujet n'a prêté aucun serment qu'après que
» le souverain s'étoit déjà lié vers lui par le sien ; celui-ci
» s'étoit obligé à tenir la Cour ouverte pour chacun faire
» avoir raison et justice selon la loi et coutume d'icelle Cour
» et chef-lieu du Pays. Ce n'est que postérieurement à la pres-
» tation de ce serment, et s'y confiant entièrement, que le

» sujet a prêté celui d'obéissance : il comptoit aussi, Messieurs, 1787
» sur celui que vous avez prêté à votre admission au con-
» sulat et en vertu duquel nous nous attendons que, loin de
» vous déplacer, la Cour restera ouverte et que vous conti-
» nuerez à y faire raison et justice selon nos lois et coutumes
» sans permettre le transport d'aucuns papiers à d'autres
» tribunaux quelconques, moins encore en une autre province.

« Nous nous ferons un devoir et un vrai plaisir de rendre
» compte à la nation de la conduite que vous aurez tenue en
» cette occasion ensuite de votre serment particulier, pour ne
» pas coopérer à aucune infraction aux constitutions du pays,
» sans le concours des états et à défaut du quel tout est nul.

« Nous avons l'honneur d'être avec infiniment de considé-
» ration,

(Paraphé :) Pep. v^t ; D'y. v^t ; Deb. v^t.

» Messieurs,

» Vos très humbles et très obéissants serviteurs. »
Mons, le 30 avril 1787.

Les Députés des États du Pays
et Comté de Hainaut.
(Signé :) DUPRÉ

Superscription :

Messieurs,

Messieurs les Grand Bailly, Président et gens du conseil souverain de Sa Majesté, à Mons([1]).

([1]) La résolution de renoncer à des places de conseillers au tribunal de première instance, étoit déjà prise quand cette lettre nous est parvenue, et l'on étoit occupé à rédiger les dépêches par écrit. Elle étoit bien propre toutefois à nous confirmer.

1787   Pendant cette même séance du conseil, et tandis que les députés des états étoient assemblés de leur côté, ceux-ci ont reçu de leur agent la lettre suivante, qu'ils ont d'abord communiquée au conseil; cette lettre portant date du 29 avril 1787.

Les propositions des états de Brabant, dont vous connoissez sans doute le précis, ont été toutes accordées et signées hier à onze heures du soir par LL. AA. RR. Les états firent convoquer de suite les chefs des nations pour leur communiquer le succès complet de leurs démarches ; M. Cornet de Grez a été le seul négociateur de cette pacification, sans laquelle on avoit tout à craindre de la fermentation des esprits échauffés et aigris. Tout est heureusement appaisé et définitivement réglé à la satisfaction générale.

« Précis des propositions faites par les états de Brabant le 26 avril 1787 et acceptées par Leurs AA. Royales le 28 dito à onze heures du soir, non cependant insérées dans la lettre ci-dessus, mais parvenues postérieurement par toute autre voie.

1

La conservation du conseil de Brabant avec les attributs de la Joyeuse entrée.

2

La restriction des pouvoirs des intendans à l'inspection économique et de police et à l'envoi des règlemens et requisitions purement officielles, dans aucune espèce de jurisdiction.

3

Qu'ensuite des lois fondamentales personne ne soit traité hors de jugement et de sentence, sous quel prétexte que ce puisse être.

4

La révocation de l'anéantissement de la députation des états, 1787 moyennant une administration gratuite.

5

L'assurance que les abbayes qui se trouvent sans chefs en seront pourvus ; que les chapîtres, maisons-Dieu, etc., etc., seront conservés : Rassurance contre les commandes.

6

La conservation des privilèges et nommément des chefs-villes.

7

Que les Justices Seigneuriales ne seront supprimées que pour la jurisdiction purement contentieuse, et leur existence ultérieure assurée.

8

Que tous juges et officiers, y compris les intendans, devront faire le serment de la joyeuse entrée, sans en pouvoir prêter d'autre au préjudice de cette joyeuse entrée.

9

Que tous les employés quelconques qui souffriront dans leur état ou dans leur fortune par une suite des changemens, seront pleinement désintéressés, ou par les finances royales ou par les fonds de la province. »

Du premier mai.

La grande porte du conseil est restée fermée; nous sommes tous restés tranquillement chez nous, et la journée s'est passée sans aucun fait et sans aucune nouvelle.

Du 2 mai.

1787   Cejourd'hui à cinq heures du matin est arrivé à Mons, venant de Bruxelles, le sr Delevielleuze, consr au futur conseil Souverain de justice, substitué par le Baron de Martini pour les affaires concernant la réformation de la justice dans le Hainaut et le Tournésis. Il est allé chez le Président vers sept heures et demie ; à neuf heures, il s'est rendu à l'assemblée des députés des états jusqu'à midi ; il a dîné chez le Président tête à tête.

Après-midi à 3 heures encore assemblée des députés. Les députés ont insisté fortement sur la convocation d'une assemblée générale, disant qu'ils ne pouvoient rien sans cela. Entretems ils ont fortement insisté sur une surséance aux nouveautés et à ce que la Cour à Mons fut au moins provisionnellement tenue ouverte. Sur réponse que fit à cet égard le sieur Delevielleuze que cela n'étoit pas au pouvoir de Leurs AA. RR., on lui répliqua que LL. AA. RR. venoient bien de traiter avec les états de Brabant et il resta muet. Il y a eu quelques ouvertures faites de sa part envers le chef des magistrats de Mons, pour voir si eux ne voudroient pas se charger provisionnellement de l'administration de la justice ; mais la proposition fut rejetée. Le matin, on avoit déjà tatonné pour tâcher d'engager les conseillers de la Cour, d'accepter au moins par provision leurs nouvelles commissions, mais celui d'entre nous à qui on s'étoit adressé à ce sujet avoit rejeté la chose avec hauteur et fermeté et dédain.

Dans l'après-dînée de ce jour, l'official Chevalier employé au bureau de l'intendance a quêté de porte en porte chez presque tous les avocats de la ville, en commençant par les meilleurs, pour en trouver qui voulussent accepter des places de juges au nouveau tribunal de première instance à Mons. On a été entre autres chez mon beau-père le sieur Harmignie, offrant le

même traitement que celui qui nous avoit été proposé, savoir 1787
de deux cents pistoles par an, mais généralement tous les
avocats ont refusé. Ces allées et venues ont excité une certaine
fermentation dans le peuple qui pendant toute la journée a été
assez nombreux sur la place, où il s'est même proféré des
menaces contre les avocats qui oseroient accepter. Dans la
séance des députés des états de l'après-midi, l'abbé de Cambron, un desdits députés, a fait connoître que le Président du
Conseil de Hainaut, son frère, avoit déclaré en dînant à M. Delevielleuze qu'il n'avoit consenti à être président du tribunal de
première instance à Mons que pour y être avec les membres
de son ancienne compagnie ; que ceux-ci ayant refusé d'accepter
leurs commissions, il renonçoit pareillement à la sienne. Cette
démarche fut fort applaudie par tout le monde.

Du 3 mai.

Ce matin, Chevalier est encore retourné chez quelques avocats qui ont persisté dans leur refus. Vers neuf heures, est
reparti M. Delevielleuze avec Monsieur Pepin, nommé au conseil d'appel, qui étant parti dimanche pour Bruxelles afin de
prendre possession de son nouvel état, avoit sans doute profité de l'occasion du voyage de M. Delevielleuze à Mons, pour
venir voir sa femme qu'il avoit laissée presque moribonde à
son départ de Mons. Je pense que ce fut là le motif de cette
course de M. Pepin, laquelle ne fut cependant pas regardée de
bon œil dans le public. M. Delevielleuze laissa à son départ
la lettre suivante pour Messieurs les Magistrats et conseil de
ville, qui ne la reçurent qu'à midi :

Messieurs,

« Les personnes que vous aviez choisies pour remplir les
» emplois de conseillers au tribunal de première instance de

1787 » la ville de Mons, ayant renoncé à ces places, je vous prie,
» M^rs, de vouloir procéder incessamment à une nouvelle
» élection conjointement avec la commune de la dite ville.

« J'espère que vous voudrez bien me prévenir du jour que
» vous aurez fixé.

« Et agréez les assurances des sentimens distingués avec lesquelles j'ai l'honneur d'être, etc.

« A Mons, le 2 mai 1787.

« P. S. J'attendrai votre réponse à Bruxelles. »

Du 4 mai.

Rien d'intéressant que l'attente de l'issue de l'assemblée des magistrats et du conseil de ville, qui étoit convoquée pour le lendemain en conséquence de la prédite lettre du sieur Delevielleuze.

Du 5 mai.

Le résultat du conseil de ville, tenu tant le matin qu'après-midi, fut de faire à LL. AA. RR. la représentation suivante, qui fut expédiée par exprès le même jour vers le soir :

A Leurs Altesses Royales.

« Exposent en très profond respect les magistrats et conseil
» de la ville de Mons, qu'ils ont reçu le 3 du courant à midi
» une lettre du conseiller aulique Delevielleuze, datée de la
» veille, par laquelle il les requiert de procéder incessamment
» à une nouvelle élection de juges au tribunal de première
» instance à établir en cette ville, à cause que les personnes
» déjà élues avoient renoncé à leurs places.

« Qu'ils ne peuvent déférer à cette réquisition tant parce que
» le maintien de la Cour à Mons fait partie des stipulations
» expresses du contrat social, qui, passé entre le Prince et les

» états, ne peut recevoir d'atteinte sans le concours de tous 1787
» deux, qu'à cause que les supplians engagés par les liens du
» serment qu'ils ont prêté, les uns en qualité d'avocats, les
» autres à titre de leurs charges, ne pouvoient procéder à la
» dite nomination sans compromettre leur honneur, trahir leur
» devoir, et perdre sans retour l'estime et la confiance de leurs
» cohabitans.

« Ils ne peuvent dissimuler qu'ensuite de lettres de jussion
» de vos AA. RR. ils n'aient déjà nommé une fois aux
» places dont il s'agit ; mais c'est qu'étant alors fermément
» persuadés que les choses rentreroient dans l'ordre, soit que
» les États obtinssent le redressement de tout ce qui étoit
» contraire à la constitution, soit qu'ils y donnassent leur
» consentement, ils ont cru pouvoir dans cette occurrence
» fermer les yeux sur toute autre considération.

« Mais quand ils pourroient honnêtement et légitimement
» procéder à la nomination requise, leur pouvoir en ce
» moment seroit sans effet par l'impossibilité de trouver des
» sujets convenables à l'accepter.

« Pour en convaincre vos Altesses Royales, on les supplie
» de considérer que les conseillers du Conseil de Hainaut
» méritent toute la bienveillance de S. M. par leur zèle
» constant pour son service, par leur attachement le plus pur
» pour sa personne sacrée et par leur soumission entière à
» ses ordres ; qu'ils viennent de donner une preuve nouvelle
» et bien éclatante de cette soumission, en suspendant pro-
» visionnellement, sur une dépêche de vos AA. RR., des
» fonctions qu'ils tiennent d'une loi fondamentale.

« Qu'ils sont également dignes de la confiance publique par
» leurs vertus et par leur assiduité infatigable au travail ; que
» tant de qualités estimables qui les rendent chers au public,
» jointes à l'engagement de *tenir leur Cour ouverte,* contracté

» par Sa Majesté, forment et formeront toujours une cause
» insurmontable qui empêchera tout homme de bien de
» rechercher ou d'accepter ces places de juge dont il s'agit.

« C'est une vérité déjà prouvée par le fait. Le dit Jour, 2 de
» ce mois, pendant le séjour du dit conseiller en cette ville,
» on alla chez plusieurs avocats pour leur proposer d'agréer
» ces places. On y retourna le lendemain jusques vers midi,
» (quoique le dit conseiller étoit parti vers les neuf heures),
» et ce ne fut qu'après tant de démarches infructueuses
» connues de toute la ville, qu'on remit aux magistrats la
» prédite lettre qui les requéroit d'une chose qu'on savoit
» être impraticable lors de la remise, puisqu'il ne restoit plus
» dans le temps aucun espoir de trouver des juges, et qu'il
» n'y avoit pas la moindre apparence que les avocats, qui
» avoient refusé de l'être quand on le leur avoit offert chez
» eux, pourroient se résoudre à rechercher la Commune pour
» les obtenir.

« Toutes ces considérations font voir, qu'il n'est aucun
» moyen de soustraire la ville aux dangers imminents et de
» toute espèce où elle est exposée, par la défection de la jus-
» tice, si ce n'est, en rendant à la Cour à Mons, l'activité
» qu'elle avoit auparavant.

« C'est pour quoi les exposants supplient vos Altesses
» Royales, en très profond respect et avec les plus vives
» instances, de permettre provisionnellement aux conseillers
» de ladite Cour de rentrer dans l'exercice des fonctions de
» leurs charges, et au besoin de leur enjoindre de le faire
» jusques à ce qu'il en soit autrement disposé. »

(Paraphé :) Deb. v^t. (1),   C'est la grâce etc.

(Signé :) J.-J. HAMALT (2).

(1) Debehault de Warelles, premier échevin.
(2) Pensionnaire de la ville.

Pendant tout le temps que dura cette assemblée du Conseil 1787
de ville, il y eut beaucoup de monde sur la place et jusques
dans la chambre des sergens. Dès le matin, le peuple avoit
demandé de pouvoir entrer dans la salle de l'assemblée, disant
qu'ils estoient aussi membres de la Commune, mais il leur fut
répondu que cela ne seroit pas régulier ; que, s'ils vouloient
convenir entre eux de soixante personnes, on convoqueroit
l'assemblée des soixante hommes, ce qui pouvoit se faire.
L'après-midi lorsque la résolution fut prise et la représentation
conçue, la porte à deux battantes de la salle verte fut ouverte,
et le mayeur de Mons, le p^r échevin, le premier membre du
Conseil de ville et le pensionnaire Hamalt se présentèrent au
peuple, lui firent part de ce qui avoit été résolu, et déclarèrent
qu'afin que le public en fût mieux informé l'on feroit dépêcher
quelques copies de la représentation pour être délivrées aux
chefs des corps de stile et de métiers. Cette démarche pleine
de confiance fut extrêmement agréable au peuple assemblé, et
il s'éleva à l'instant d'incessantes acclamations : *Vive Mess.
les magistrats, vive le Conseil souverain de Hainaut, vive les
députés des États !* Les copies furent en effet expédiées et dès
le lendemain les arrière-copies se multiplièrent à l'infini parmi
toute la ville.

Du 6 mai.

Cejourd'hui dimanche, rien de nouveau. On s'entretient beaucoup de l'assemblée du conseil de la ville du jour précédent
et on se passe de main en main des copies de la représentation
envoyée à LL. AA. RR. J'ai oublié de dire hier que, pour
réponse à la lettre du Sr Delevielleuze du 2, on l'a informé
qu'on venoit de faire une représentation à LL. AA. RR. sur le
sujet y repris ; de laquelle représentation on ne lui a cependant point envoyé copie.

1787

Du 7 mai.

Rien de nouveau ; de vives inquiétudes sur les nouvelles qui pourroient arriver demain au sujet de la représentation de la Commune, et si on ne lui enjoindra pas de nommer, à peine de désobéissance.

Du 8 mai.

HÆC DIES QUAM FECIT DOMINUS LÆTEMUR IN EA.

Oui c'est ici le grand jour, plus important pour la nation que ne pourroit être la paix après une guerre de cinquante ans.

A une heure et demie du matin, est arrivée l'intéressante dépêche dont voici la copie :

  MARIE CHRISTINE, etc. ALBERT CASIMIR, etc.

Chers et bien amés,

« Nous vous faisons les présentes pour vous dire que nous
» avons vu avec peine que les différentes classes du peuple ne
» se soient pas éclairées sur le vrai but du nouveau plan
» d'organisation des tribunaux de Justice. Sa Majesté ne l'a
» donné à ses peuples que comme un bienfait (1). Nous ne
» doutons pas que les yeux se dessileront et qu'on reconnaîtra
» ci-après le prix du don qu'on vouloit faire au peuple. Nous
» sentons qu'il faut un certain intervalle pour dissiper les
» soupçons et ramener la confiance. Pendant cet intervalle nous
» rendrons compte à Sa Majesté de l'état des choses. Nous
» avons en conséquence résolu de tenir en surséance tout ce
» qui concerne l'établissement des nouveaux tribunaux pour
» le Hainaut.

(1) A cause de ce terme dont se sert cette dépêche, on a fait l'espèce de chronogramme que voici :

BENEFICIUM IN VITIS ET JURE RELUCTANTIBUS NON DATUR.

« Nous vous chargeons de reprendre, tous, vos fonctions 1787
» sous votre premier serment (1) : il en sera de même des
» magistrats, judicatures et autres officiers ; de quoi vous
» informerez par lettres closes les magistrats des principales
» villes et les autres principales judicatures. A tant, chers et
» bien amés, Dieu vous ait en sa S^{te} garde. De Bruxelles, le
» 7 mai 1787 ». (Paraphé :) Belg.v^t.

  (Signé :) Marie   Albert

Plus bas : Par ord^{ce} de LL. AA. RR. (Signé :) H. Demuller.

  Au conseil du Hainaut.

Reçu le 8 dito à une heure et demie de la nuit, et la cour convoquée à l'instant.

   La Superscription :

A nos chers et bien amés ceux du Conseil d'Hainaut,

             à *Mons*.

M. le Président ayant reçu cette dépêche au lit, il fit d'abord convoquer sa compagnie. L'huissier de chambre Dupont vint chez moi premier. L'ayant fait monter, il étoit devant mon lit à une heure trois quarts. M. le Président avoit eu la précaution de lui dire en gros de quoi il étoit question afin de pouvoir nous en prévenir. L'assemblée fut complète vers trois heures ; on monta à la première chambre du Conseil, et on y résolut d'écrire la lettre suivante qui fut envoyée par des cavaliers de la maréchaussée, fil à fil de l'expédition, à Ath, Leuze, Enghien, Hal, Braine, Soignies, Binche, Fontaine, Beaumont, Chimay, etc.

(1) Ceci étoit relatif à ceux qui en avoient déjà prêté un deuxième.

1787   Chers et bien amés,

« Leurs Altesses Royales nous ayant fait connaître par leur
» dépêche du 7 de ce mois, qu'elles avoient résolu de tenir en
» surséance tout ce qui concerne l'établissement des nouveaux
» tribunaux pour le Hainaut, nous chargent de reprendre, tous,
» nos fonctions sous le serment que nous avons prêté à notre
» admission (1); Elles déclarent aussi qu'il en soit de même
» des magistrats, judicatures et autres officiers. En consé-
» quence, et en exécution de ladite dépêche, nous vous fai-
» sons cette pour vous en informer, et vous enjoindre de
» continuer vos fonctions sur le pied ancien et sous le serment
» que vous avez prêté à votre admission. A tant, chers et bien
» amés, Dieu vous ait en sa S^{te} garde, » etc.

Cette lettre étant composée, nous nous sommes séparés à cinq heures du matin et nous sommes convenus de recommencer nos séances ordinaires à huit heures. Il y avoit déjà beaucoup de monde sur pied, et quand nous sommes rentrés au Conseil, toute la ville étoit déjà en mouvement. Les acclamations d'un peuple innombrable et le carillon avec la grosse cloche de la paroisse de Ste Élisabeth, formoient un bien touchant concert.

Pendant cette séance commencée à huit heures on a fait les deux lettres suivantes, l'une pour LL. AA. RR., l'autre pour le duc d'Aremberg, grand bailly. Cette dernière fut dépêchée par exprés et l'autre fut expédiée, le même jour, par la voie de la poste.

I. Lettre à LL. AA. RR :

MADAME,   MONSEIGNEUR,

« A la réception de la dépêche de vos AA. RR., nous nous

(1) Remarquez que nous ne disons pas ici *premier serment*, parce que deux seulement d'entre nous en avoient prêté un deuxième.

» sommes assemblés d'abord et avons fait expédier les lettres 1787
» convenables envers les magistrats des principales villes et
» les autres judicatures ; nous nous sommes aussi empressés
» à reprendre l'exercice de nos fonctions et de nous rendre à
» cette effet au Conseil à l'heure ordinaire de la séance du
» matin. Les acclamations du peuple, en apprenant la dispo-
» sition de vos AA. RR. qui rend libre le cours de la justice
» ordinaire et constitutionnelle du pays, sont un témoignage
» de la joye universelle que cette disposition a versé dans les
» cœurs. En notre particulier, nous l'avons reçue dans les
» sentiments de la plus vive reconnoissance. Nous prions vos
» AA. RR. d'avoir pour agréables le dévouement entier et le
» profond respect avec lesquels nous sommes :

  MADAME,   MONSEIGNEUR,

« De vos AA. RR., les t. h. et t. ob. serviteurs : les grand Bailly, Président et gens du Conseil souverain de l'Empereur et Roi en Hainaut. »

II. Lettre au duc d'Arenberg :

  Monsieur le Duc,

« Nous nous empressons de faire parvenir à votre Altesse
» copie de la dépêche de LL. AA. RR., du 7 de ce mois, que
» nous avons reçue cejourd'hui à une heure et demie du matin.
» Nous nous sommes assemblés de suite et avons fait expé-
» dier les lettres convenables envers les magistrats des prin-
» cipales villes et autres judicatures du pays. Nous avons
» repris nos fonctions à l'heure ordinaire de la séance du
» matin. Les acclamations du peuple assemblé près du conseil
» dans ce moment intéressant furent si vives et si cordiales
» qu'il fut impossible de n'en être pas extrêmement touché.

1787 » Notre satisfaction en est d'autant plus complète que nous
» conservons, à ce moyen, notre illustre chef sous les auspices
» duquel nous avons tout lieu d'espérer que les lois et consti-
» tutions du pays seront maintenues dans leur intégrité. Nous
» avons l'honneur d'être, Monsieur le Duc, vos t. h. et t. ob.
» Serviteurs : les Président et gens, » etc.

Pendant la même séance et vers dix heures et demie, se sont présentés les avocats en corps, qui se sont faits annoncer et ont demandé de pouvoir complimenter la Cour. On s'est empressé à ne pas les laisser à l'antichambre ; on les a fait introduire par le greffier de service à la chambre des comptes, et après une courte délibération, une Commission composée d'un ecclésiastique, du chevalier de Cour et d'un des anciens conseillers de robe longue, est allée recevoir leur compliment que voici :

Nosseigneurs,

« Les grands événements sont faits sans doute pour inspirer
» des sentimens extrêmes : heureux témoins de celui que ce
» jour nous présente, nous voyons finir nos allarmes et leur
» succéder une joye au dessus de toute expression. Puisse votre
» noble fermeté, puissent vos vertus, transmises d'âge en âge,
» exciter encore nos derniers neveux à l'amour de la patrie ;
» puissent-elles leur rendre chère la mémoire des respectables
» magistrats qui se sont si généreusement dévoués à la défense
» des lois fondamentales, des libertés et privilèges de la nation ;
» puisse cette même nation, sensible et reconnaissante à vos
» bienfaits, célébrer dignement votre gloire. Tels sont, Nossei-
» gneurs, les vœux que forment les avocats de cette noble et
» souveraine Cour, trop heureux d'avoir à défendre les droits
» de leurs concitoyens, les lois de leur pays, sous des magis-
» trats qui en sont de si dignes organes et de si zélés protec-
» teurs ».

La Commission répondit à Messieurs les Avocats, que la 1787
Cour avoit leurs sentimens pour agréables, et qu'elle louoit la
conduite qu'ils avoient tenue dans ces conjonctures. (On a dit
ci-dessus que personne d'entre eux n'avoit voulu accepter d'être
juge au tribunal de première instance à établir à Mons.)

Durant toute cette séance (et il en fut de même durant
celle de l'après-midi), une troupe de musiciens se fit entendre
dans la cour du Conseil, et lors de notre descente à onze heures
cette troupe de musiciens s'étoit approchée jusqu'au pied de
l'escalier, où nous trouvâmes des cavaliers de la plus grande
distinction mêlés avec le peuple, qui nous adressèrent leurs
salutations et leurs compliments. La cour étoit si remplie
de monde, que pour pouvoir passer j'ai dû prier qu'on
ne nous étouffât pas à force de caresses. On avoit détellé les
chevaux de la voiture de M⁰ Delecourt, et comme par cette
raison il se disposoit de retourner à pied, on l'enleva et on le
mit dans sa voiture, et auprès de lui M⁰ Dassonleville notre
ancien. Ils furent ainsi traînés jusques chez eux par des
clercs d'avocats et d'honnêtes bourgeois en grand nombre qui
se tenoient par la main, tandis que de toutes parts les acclamations et les cris d'allégresse redoublèrent de manière que le
carillon et les cloches pouvoient à peine se faire entendre.
Vive le Conseil de Hainau! étoit le cri général, et ce cri étoit
répété non seulement par les personnes de toute espèce qui
étoient dans les rues, mais encore par des femmes de tout
état et de tout rang qui étoient partout aux fenêtres.

Après la séance de relevée, même allégresse et même spectacle, sauf que Mons⁰ Delecourt n'étoit plus venu en voiture.
Le coup d'œil des fenêtres étoit encore plus brillant par le plus
grand nombre de femmes parées. Le soir, grande musique sur
la place et puis des sérénades à chacun des conseillers jusques
bien avant dans la nuit. Il étoit près de douze heures, quand

1787 on passa chez moi, et quoiqu'il pleuvoit de temps en temps, la troupe de musiciens étoit suivie d'un cortège considérable de cavaliers et de dames très distinguées qui s'étoient comme données le mot pour se vêtir tout en blanc et avec des chapeaux. Nous avons su que c'étoient ces cavaliers qui faisoient les frais de toute cette musique, c'est-à-dire que les personnes les plus notables de la ville s'étoient engagées par une souscription subite à nous rendre cet hommage public. Personne de nous ne s'est montré pendant les sérénades, et nous n'avons rien donné ni fait donner aux musiciens, la chose étant ainsi convenue. Nous nous sommes seulement dit qu'à l'occasion chacun témoigneroit sa reconnoissance et sa sensibilité aux auteurs de la fête. Ce jour restera sans doute le plus beau de notre vie. En mon particulier, je ne pense pas qu'il soit possible de se trouver dans une situation plus délicieuse : c'étoit une véritable résurrection, et une résurrection bien glorieuse.

Du 15 mai.

Lettre circulaire écrite aux tribunaux de première instance pour leur notifier, de la part de S. M., de suspendre leurs fonctions.

L'Empereur et Roi,

« Ayant trouvé convenir de tenir en état et surséance, par
» décret du 7 de ce mois, tout ce qui concerne la nouvelle
» administration de la justice dans le Brabant et dans le Hai-
» naut, nous vous en donnons part pour votre information et
» direction, vous déclarant que c'est notre intention que tant que
» cette surséance durera, vous vous absteniez de l'exercice de
» toutes les fonctions qui vous avoient été attribuées, vous
» déclarant que vous pourrez reprendre l'exercice des emplois

» que vous pouviez avoir ci-devant, et vous assurant au sur- 1787
» plus que nous prendrons en considération le zèle avec lequel
» vous vous êtes prêté à remplir le but que nous nous étions
» proposé pour le bien de nos peuples.

Fait à Bruxelles le 15 mai 1787.

(Signé :) Delevielleuze

Au tribunal de première ins-   Par l'Empereur et Roi en son
tance à Ath.   Conseil souverain de justice.

(Signé :) Delannay.

Du 26 mai.

Cejourd'hui, les chambres assemblées, il fut porté sur requête des députés des États l'arrêt concernant les intendances, qui fut imprimé tout de suite pour être affiché et envoyé partout.

Du 27 mai.

Cejourd'hui jour de l'Ascension, l'arrêt des intendances, dont un exemplaire imprimé est ci-joint, fut affiché à onze heures trois quarts, à la Toison d'Or, à Mons, et de suite en plusieurs autres endroits de la ville. Il en fut envoyé des exemplaires de tous côtés, et on en a délivré un très grand nombre au grand salon des États, gratis à ceux qui en alloient chercher. Le peuple en témoigna beaucoup de joie.

Du 5 juin.

Cejourd'hui, vers huit heures du soir, est parti pour Bruxelles, l'huissier des États, Brogniez, avec la dépêche pour LL. AA. RR. dont un exemplaire imprimé est ici joint ainsi que des deux pièces d'accompagnement. Il fut conduit jusques

1787 à Nimy par plus de mille jeunes gens ayant au chapeau la cocarde de joie couleur jaune, noir et rouge, marchant en ordre, avec drapeaux aux armes des États et de la ville de Mons, et ayant avec eux diverses troupes de musiciens.

Du 6 juin.

Ce matin, les députés des États ont reçu la lettre suivante de leur agent d'Otrenge, qui a causé de grands mouvemens de joie parmi toute la ville : grosse cloche, carillon, etc., et qu'ils ont fait communiquer tout de suite au Conseil. Cette lettre s'étoit croisée en route avec la dépêche que portoit Brogniez.

Monsieur,

« Je viens d'être requis par M. Cornet De Grez de me
» rendre chez lui pour m'apprendre que le Décret porté le 30
» du mois passé aux pressantes instances des États de Bra-
» bant, alloit être envoyé, *mutatis mutandis,* à toutes les autres
» provinces, et pour me dire en même tems que, comme il n'y
» a point de subside à demander aux États de Hainaut dans le
» moment prescrit, le gouvernement ignore si Messieurs les
» députés continuent d'insister sur la nécessité d'une assemblée
» générale ; que si néanmoins, nonobstant l'extension dudit
» Décret, ils la désirent, elle leur sera accordée d'abord, et
» l'ordre de la convoquer donné en conséquence. Il a ajouté,
» Monsieur, que la réponse que vous me ferez suffira pour
» déterminer la résolution de LL. AA. RR. à cet égard. J'ai
» l'honneur d'être, avec un parfait dévouement, M\ Votre t. h.
» et t. ob. Serviteur ».

(Signé :) DOTRENGE.

Bruxelles, le 5 juin 1787.

« A M. Dupré, cons. pensionnaire des États de Hainaut, » etc.

Du 6 juin. 1787

Dans la séance de relevée, les députés des États ont envoyé à la Cour la réquisition suivante :

Messieurs,

« La vigilance que nous apportons au maintien des privilè-
» ges du pays, dans un temps où ils se trouvent dans le plus
» grand danger, a dirigé nos vues aujourd'hui sur la place de
» chevalier de Cour, vacante dans votre compagnie depuis plu-
» sieurs mois. Si vous aviez quelques raisons, Messieurs, de
» ne point procéder à la nomination à cette place, vous nous
» obligeriez infiniment de vouloir bien nous les communiquer :
» si, au contraire, vous n'en avez pas, nous vous prions avec
» instance de la déclarer vacante, pour procéder ensuite à la
» nomination de trois sujets selon la charte et en la manière
» accoutumée.
« Nous avons l'honneur d'être avec infiniment de considé-
» ration, » etc.

(Signé :) J.-J. Hamalt.

Mons, le 6 juin 1787.

Les chambres assemblées à l'instant pour délibérer sur cette réquisition, il fut dit qu'il n'y avoit pas de raison de ne point procéder à la nomination dont il s'agissoit, vu que M. de Gomegnies, ayant remercié la Cour, le 12 mars, sa place étoit depuis lors vacante par départ. En conséquence, il fut résolu d'écrire la lettre d'usage à LL. AA. RR. pour les informer que la Cour se disposoit à procéder à cette nomination et il fut résolu qu'elle procéderoit en effet à la fixation du jour, si après un temps moral il ne survenoit rien de contraire.

Dans cete même séance, le nommé Descamps, député du peuple, à la tête d'une compagnie nombreuse d'habitans por-

1787 tant tous la cocarde de joye aux couleurs des États, sont entrés dans la cour du Conseil avec une troupe considérable de musiciens, et ayant demandé à être admis à complimenter la Cour sur l'heureux changement des choses, Monsr Abrassart fut député pour aller recevoir leur compliment à l'autre chambre. Avant que de prendre congé, ils ont déclaré que le peuple verroit avec une satisfaction extrême que Messrs les conseillers voulussent aussi prendre la cocarde. De quoi, M. Abrassart a dit qu'il feroit rapport à la Cour ; et ils sont partis.

La chose mise en délibération, on est convenu de dire, chacun à l'occasion, que la cocarde n'étoit pas convenable à notre état, et que nos sentiments ne pouvoient être équivoques au peuple, après ce que nous avions fait.

Dans la séance du matin, il nous avoit déjà été présenté un placet à ce sujet, de la teneur comme suit :

« A Nosseigneurs : les Président et gens du conseil souve-
» rain de l'Empereur et Roi en Hainaut.

« Représente très humblement le peuple de la ville de
» Mons, que pour ne rien laisser à désirer à la joie publique
» sur la révocation de tous les nouveaux changemens, il verroit
» avec plaisir les membres de la Cour avec une cocarde au
» chapeau, à l'instar de tous les remontrans et de la Noblesse
» de la province.

« C'est pourquoi le peuple de la ville de Mons prend son
» très humble recours vers eux, les suppliant de leur pro-
» curer cette satisfaction. Quoi faisant » etc. (Étoient signés :) C. H. F. Scauflaire, T. J. Dutillœul, J. B. C. Fanchey, Fonson apothicaire, Scauflaire, E. J. Plisnier, L. F. J. Vanderstadts, J. Bapte, A. J. Dumarez, A. Vanderstads, A. J.Caulier, L. J. Treszenies, F. J. Latteur, N. B. J. Battelet, J. J. Fonson, C. J. Botte, Alexandre Leclercq.

Du 7 : Fête du Saint-Sacrement.

Il faut savoir d'abord que la procession a été fort belle par 1787
la circonstance inusitée jusqu'ici que les avocats l'ont accompagnée en corps, tous en habits noirs avec flambeaux. Ils avoient, comme tous les autres citoyens, la cocarde de joie au chapeau qu'ils portoient sous le bras. Il y avoit encore cette particularité que la place étoit bordée de deux côtés d'un nombre de troupes plus considérable que d'ordinaire. Quelques spéculateurs ont cru que c'étoit pour faire parade de la garnison, durant ces jours d'une joie si tumultueuse dans le peuple.

Dans la matinée, les députés des États ont reçu la fameuse dépêche de LL. AA. RR. du 6 et qui est ici jointe en imprimé, mais cette dépêche n'a fait son entrée solennelle dans la ville que l'après-midi vers cinq heures. Le cortège étoit suivi de plus de vingt voitures ornées de dames du plus beau parage. L'estafette étant parvenu à l'hôtel de ville, le marquis de Moulbaix, membre de la chambre de la Noblesse, s'est présenté au Balcon et a montré la dépêche au peuple en disant : *la voilà, la voilà, la voilà !* Sur quoi il s'est élevé de vives acclamations et toute la cohorte qui remplissoit la place a crié : *vivat !* en élevant le chapeau au bout de leurs cannes ; ce qui étoit très intéressant à voir ; et tout de suite, on a répondu dans le public un grand nombre d'exemplaires de ladite dépêche qu'on avoit eu soin de faire imprimer depuis le matin. Ensuite et après s'être montré dans les principales rues, toute la cohorte est encore revenue sur la place et a arboré au balcon de l'hôtel de ville les deux drapeaux aux armes des États et à celles de la ville de Mons, et entre ces deux drapeaux un autre qu'on avoit fait depuis hier, aux armes de l'Empereur. Quand ces drapeaux furent placés, un espèce de Héraut entonna

1787 jusques à trois fois différentes ces cris de joie : *vive l'Empereur, vive leurs Altesses Royales, vive les États du Hainaut !* et le peuple y répondit en tournant le chapeau. Le soir des illuminations parmi toute la ville, sauf que les édifices publics n'étoient pas encore illuminés. Cette belle fête a été un peu altérée par une anecdote qui heureusement n'a pas eu de suites, mais qui auroit pu être l'occasion d'un terrible massacre entre les bourgeois et la garnison.

Les députés des États écrivent à LL. AA. RR. la lettre de remercîment dont un exemplaire imprimé est ci-joint.

Du 8 juin.

M. le Président nous a communiqué la lettre qui lui avoit été remise hier par l'huissier des États Brogniez, de la part de duc d'Arenberg notre grand Bailly, de la teneur suivante :

Bruxelles ce... Juin 1787.

MONSIEUR,

« Devant aller incessamment à Mons pour l'assemblée géné-
» rale des États de notre province, je m'empresserai de pren-
» dre séance au Conseil et de vous témoigner de vive voix
» combien je suis heureux de me retrouver à la tête d'un
» corps aussi respectable, auquel je vous prie d'annoncer
» l'envoi que je fais à la députation d'une dépêche de Leurs
» Altesses Royales qui doit combler les vœux de nos conci-
» toyens. J'ai l'honneur d'être avec une parfaite considération,

Monsieur,

Votre t. h. et t. ob. serviteur,
(Signé :) LE DUC D'ARENBERG.

« A M. Pepin, Président du Conseil souverain de Hainaut. »

Du 9 juin.

Un échevin étant venu donner part à la Cour qu'ils étoient 1787 informés que le peuple étoit fort mécontent de ce que Messrs les conseillers ne prenoient pas la cocarde, surtout eu égard que ceux du Conseil de Brabant la portoient bien, et nous ayant prévenu qu'il étoit très prochainement à craindre que le peuple ne se portât à quelque acte de despect à notre égard, la chose fût mise en délibération par communication des chambres, et il fut dit qu'il étoit très important que la Cour se conservât la confiance du peuple, et qu'elle ne perdît pas la haute considération qu'elle s'étoit acquise dans son esprit ; que si, dans ce temps d'effervescence il arrivoit quelque désordre, ces sentiments seroient peut être les seules ressources à y opposer. D'après ces considérations qui ont été amplement développées et discutées, nous sommes convenus enfin de porter aussi la cocarde ; ce qui a commencé à être effectué de ma part ce jour même, samedi après-midi.

Du 11 juin.

Des feux de joye dans la rue de Nimy et illumination du frontispice de l'église des Minimes, à cause de la nouvelle que ces religieux pouvoient rentrer dans leur couvent d'où on les avoit fait émigrer pour Grammont, par ordre du gouvernement, le 30 avril de cette même année. Le carillon et la cloche de la paroisse de sainte-Élisabeth vont pour la troisième fois en ce moment, dix heures du soir, ce qui attire presque toute la ville dans ce quartier.

Ce jourd'hui, le fiscal a reçu la dépêche suivante :

Marie Christine,   Albert Casimir.

Très chers et bien amés,

« Quoique nous n'entendions pas empêcher l'expression de
» la joie du peuple au sujet des dispositions que nous avons

1787 « faites sur les représentations des États, cependant, comme
» suivant ce qui nous a été exposé, il pourroit être à craindre
» que l'occasion des réjouissances ne prête à des désordres ou
» à des embarras, nous vous faisons la présente pour vous
» charger d'y veiller attentivement et de donner vos soins à
» cet effet en vous concertant avec ceux qu'il appartient :
» vous prévenant que nous avons déjà donné nos ordres pour
» maintenir la plus parfaite harmonie entre les chefs civils et
» militaires. A tant, etc., le 10 juin 1787 ».

Les montois partent pour Bruxelles avec une troupe de 42 musiciens, magnifiquement habillés en costume à la turque, le surnommé comte Talard à leur tête vêtu en sultan, homme d'une figure colossale. Ils portent avec eux une ode pour être présentée demain à Messrs les Barbançons, composée par M. Le Mayeur.

Je joins un exemplaire de la gravure qui a été faite depuis, pour représenter l'entrée des montois à Bruxelles le 14 juin 1787. L'on y voit le comte Talard levant son turban au bout de sa canne, pour donner le signal à ses musiciens et en manière d'acclamation. Ce qui précède sont les Bruxellois qui étoient venus à leur rencontre. L'estampe est manquée en ce que le comte Talard n'y est pas représenté en robe, comme il étoit en effet. La date est aussi fausse puisque cette entrée eut lieu non le 15, mais bien le 14, comme à l'ode.

Du 15 juin.

Les députés des États présentent à la Cour trois requêtes contre le ci-devant soi-disant intendant du cercle de Mons, contre son premier commissaire et contre son secrétaire pour les faire déclarer déchus du droit d'intervenir aux assemblées des États ; le premier, comme membre de la chambre de la noblesse, les deux autres, comme membres du tiers état,

MONUMENT CONSACRÉ

Le 15 juin M.rs les Citoyens de Mons, plein d'Ardeur et de Courage, animé
Brabant, de la fermeté avec laquelle ils ont soutenus les privilèges,

GLOIRE DU HAINAUT

la Patrie sont venus en Corps a Bruxelles remercier les Etats de
et se sont unis ensemble inviolablement pour conserver leur Liberté

ayant respectivement été du Conseil de ville et échevin de 1787
Mons, avec demande provisionnelle d'interdiction d'intervenir
à l'assemblée générale fixée au 17 de ce mois. Voici la principale de ces requêtes ; les deux autres étoient composées sur le même protocole, *mutatis mutandis*.

A la Cour,

« Remontrent les Députés des États du pays et comté de
» Hainaut, que Sa Majesté l'Empereur et Roi, par une suite de
» la nouvelle forme qu'elle venoit de donner à son gouverne-
» ment général des Pays-Bas par diplôme du pr. janvier 1787,
» ayant jugé à propos, par son Édit du 12 mars ensuivant,
» de diviser ses provinces Belgiques en neuf cercles, et d'éta-
» blir dans chacun de ces cercles un bureau d'intendance, qui
» en y représentant le gouvernement, seroit chargé d'y exécu-
» ter ses ordres, et de vieller à tous les objets ainsi qu'à
» toutes les branches de l'administration publique, on vit avec
» surprise que le comte François Franeau de Gomignies, qui
» jouissoit du double et honorable avantage d'être membre
» de la chambre de la noblesse et chevalier de cette noble et
» souveraine Cour eût renoncé à son consulat pour accepter
» l'intendance de cette province et devenir à ce titre conseiller
» du gouvernement.

« A l'époque fixée par l'article 9 de l'Édit qu'on vient de
» rappeler, tout bon citoyen et éclairé fut étonné de voir ce
» seigneur, qui par état, devoit autant que personne être
» instruit des lois constitutionnelles et franchises de son
» pays, exercer les fonctions d'une charge que son devoir, ses
» lumières et le patriotisme qu'on étoit en droit d'exiger de
» lui, auroient dû l'empêcher d'accepter.

« Cet étonnement redoubla, et tout bon patriote en fut
» scandalisé, lorsqu'au mépris de son devoir et de son serment

1787 » on le vit continuer l'exercice de ces mêmes fonctions, non-
» obstant les réclamations de toutes les provinces Belgiques,
» et nommément au mépris de l'arrêt de cette noble et souve-
» raine Cour du 16 mai dernier, qui, en déclarant l'établisse-
» ment des intendants, de leurs commissaires et autre suppôts
» en ce pays et comté du Hainaut, contraire aux lois, consti-
» tutions et franchises dudit pays, défendoit à tous habitants
» d'icelui, de déférer à aucun ordre ou réquisition quelconque
» du soi disant intendant, de ses commissaires et autres
» suppôts : fonctions qu'il continua encore d'exercer non-
» obstant les déclarations des 30 avril et 16 mai, qui en lui
» mettant sous les yeux la décadence des pouvoirs primitive-
» ment lui attribués, lui en présageoient le total et prochain
» anéantissement par l'autorité même du souverain : époque
» qui tardoit aux vœux de la nation entière, et qui enfin
» arriva le 28 du dit mois de mai : témoin la déclaration de
» S. M. en date du même jour.

« Après les preuves certaines et publiques que ledit sei-
» gneur, ci-devant soi-disant intendant, a données de son
» peu d'attachement aux lois, constitutions, franchises, et
» libertés du pays, dont il devoit être un des premiers défen-
» seurs, la nation ne pouvant plus avoir la moindre confiance
» en lui, a le droit de le rayer du nombre de ses représentans
» et de l'exclure de toutes délibérations où l'on discute des
» intérêts qu'il a frondés, malgré les réclamations du public et
» l'arrêt de cette noble et souveraine Cour.

« A ces causes, les remontrans s'adressent vers elle, con_
» cluant à ce qu'il lui plaise déclarer le dit seigneur comte
» François Franeau de Gomignies, ci-devant soi-disant inten-
» dant en cette province, déchu de son droit d'intervenir à
» l'avenir aux assemblées générales des États et aux délibéra-
» tions de l'ordre de la noblesse ; lui faire en conséquence

» inhibition et défense de s'y présenter à l'avenir, nonobstant 1787
» toutes lettres de convocation qui pourroient lui avoir été
» expédiées à ce sujet ou qui pourroient l'être à l'avenir ;
» et provisionnellement lui interdire de se trouver à l'assem-
» blée générale fixée au dix-sept du courant.

« En cas de communication, que ce soit l'interdiction
» requise préalablement accordée pour y dire au rôle à 3 j.
» de l'insinuation péremptoirement. — Demandant dépens.
» Quoi faisant, etc.

(Signé :) L. Petit

Apostille :

« Les grand Bailly, Président et gens du Conseil souverain
» de l'Empereur et Roi en Hainaut, ayant vu cette, ordonnent
» de la communiquer à partie pour y répondre au rôle à 3
» jours de l'insinuation péremptoirement ; l'interdiction provi-
» sionnellement requise tenant lieu. »

Cet appointement fut décerné à mon rapport, la première chambre consultée : voix unanime pour l'interdiction provisionnelle.

Du 17 juin.

Cejourd'hui dimanche, vers quatre heures après-midi, les bourgeois sont sortis de la ville avec leur superbe musique turque et diverses autres troupes de musiciens, pour aller au devant du duc d'Arenberg, grand Bailly de Hainaut, qui venoit présider l'assemblée des États. Il y avoit de plus que le jour de la fête-Dieu, plusieurs jeunes gentils hommes et autres notables jeunes gens à cheval en uniforme aux couleurs des États, qui ouvroient la marche. Le duc n'arrivant pas, cette belle cohorte est rentrée en ville vers huit heures et demie, marchant toujours en ordre et sans armes. Il y avoit aussi grand nombre d'avocats et de bons bourgeois en uni-

1787 forme qui marchoient à pied deux à deux. On avoit appris par des seigneurs arrivant de Bruxelles, que le duc d'Arenberg avoit dû partir subitement pour Anvers à cause de quelque émotion dans le peuple qui, disoit-on, avoit pillé le bureau du ci-devant intendant ou la maison de son premier commissaire.

Du 18 juin.

Le duc d'Arenberg est arrivé vers 11 heures de la nuit. Il s'est rendu aux États, vers midi, précédé de tout le brillant cortège qui avoit été hier à sa rencontre ; il étoit traîné dans sa voiture par des avocats et des bourgeois des différentes classes ; la corde avoit au moins cent pieds de longueur, garnie de monde de chaque côté autant qu'elle pouvoit en contenir ; sur le passet du cocher étoit un avocat en uniforme avec une branche de verdure dans la main ; derrière la voiture trois personnes aussi en uniforme ; aux deux portières, marchoient Messrs les avocats Mary frères, l'un châtelain de Braine (1) et l'autre avocat résidant à Mons se mêlant des affaires de la maison d'Arenberg au comptoir du Sr Gendebien avocat en titre de cette maison. Ils étoient aussi tous deux en habit d'uniforme. On l'a conduit et ainsi mené en triomphe par les rues des Groseilliers, du Haut-Bois, d'Houdaing, des Viesiers (2), de la Chaussée et au travers de la place jusques à l'hôtel de ville. Il s'est montré aux fenêtres de la chambre de la noblesse, où il a savouré à longs traits le plaisir d'entendre les acclamations vives et redoublées de cette foule innombrable de monde qui étoit sur la place.

Pendant toute cette première séance de l'assemblée générale des États, les trois ordres ont siégé dans la même chambre, celle de la noblesse. Les États de Brabant ayant envoyé une

(1) J'ai mal vu : c'étoit le sr avocat Farin de ce côté là de la voiture.
(2) Rue des Fripiers.

proposition aux États de Hainaut, elle fut acceptée dans cette 1787
même séance et en conséquence la coalition fut annoncée au
public par le pensionnaire Hamalt qui à cet effet, se rendit sur
le balcon de l'hôtel de ville précédé du chef de la musique
turque qui, faisant fonctions d'Héraut, imposa silence au peuple en lui criant : *Paix !* d'une voix proportionnée à la structure
colossale de son corps. Après la séance, le duc d'Arenberg fut
promené de la même manière parmi la ville et reconduit à
son hôtel.

Du 19 juin.

Une garde bourgeoise dont le siége est dans l'intérieur de
l'hôtel de ville, commence à patrouiller dans les rues pour le
maintien de la police. Le grand Bailly à qui le militaire n'avoit
point jusques là envoyé de sentinelles, reçoit une sorte d'excuses
du commandant, et on lui envoye deux sentinelles qui essuyè-
rent d'abord quelqu'opposition de la part des sentinelles bourgeoises qui occupoient le poste ; mais le duc arrange le tout :
les deux sentinelles militaires prennent le poste à la porte de
l'hôtel et le duc accepte l'offre des bourgeois de faire la garde
dans l'intérieur de son hôtel. En conséquence quatre bourgeois,
deux en uniforme et deux autres, font la garde dans la salle
après celle de la livrée.

L'avocat Lemayeur fils lui présente une ode dont un exemplaire imprimé est ici joint. M. le Président, qui déjà
depuis quelques jours avoit invité le Conseil à dîner lorsque
le grand Bailly viendroit y prendre séance, est allé demander
ce matin au duc quel jour il viendroit, l'invitant au dîner ce
jour là. Le duc lui a répondu qu'il viendroit demain siéger au
Conseil, mais que pour des dîners il étoit résolu de n'en
accepter nulle part cette fois-ci ; que ce seroit lui qui donne-
roit ce jour-là à dîner à la compagnie. M. le Président lui ayant
dit, en conséquence, que M. le Chevalier de Cour viendroit

1787. le prendre et se mettroit dans la même voiture, le duc lui répondit en ces termes : *nous irons tous ensemble à pied, cela fera un beau cortège :* réponse qui embarrassa le Président et à laquelle il ne fut point dans le cas de répliquer à cause qu'il survint d'autres personnes. Ayant communiqué la chose à la Cour, on mit en délibération, les chambres assemblées, si on iroit en corps chercher le seigneur grand Bailly à son hôtel ou comment l'on s'y prendroit : tout le monde fut d'accord qu'il convenoit de lui rendre dans ces circonstances le plus d'honneur qu'il étoit possible, mais il fut dit aussi qu'il ne falloit pas excéder de manière à nous mettre hors d'état de rendre compte de notre conduite si nous en étions requis. La conclusion fut que nous irions en détail, et néanmoins en robe, faire visite au duc vers huit heures, et qu'ensuite nous reviendrions tous ensemble avec lui au Conseil ; que les huissiers devoient aller essentiellement chercher le grand Bailly à son hôtel et qu'ainsi ils s'y trouveroient à cause de lui ; que les secrétaires ne seroient pas convoqués ni avertis : attendu qu'ils n'ont pas l'entrée dans les chambres de séance. M. le Président invite de nouveau sa compagnie à dîner chez lui pour après-demain jeudi.

Les États envoient à LL. AA. RR. en forme de remercîment, une pièce remarquable composée par le pensionnaire Hamalt.

Du 20 juin.

Nous nous sommes rendus, ainsi que les greffiers chez le duc, les uns avant, les autres après, entre sept heures et demie du matin, et nous sommes sortis de son hôtel à huit heures, tous ensemble, lui marchant à la tête, la main droite appuyée sur le bras de M. le Président, et nous conseillers, marchant familièrement à sa suite deux à deux. Il étoit escorté par des bourgeois en uniforme, et la grande musique turque, qui

avoit eu connoissance de la chose, quoiqu'on ne l'avoit pas 1787
ébruitée, marchoit devant. On s'est rendu droit au Conseil par
la rue Verte. Dans la cour du Conseil étoit une compagnie
bourgeoise sous les armes, qui y a fait la garde durant tout
le tems de la séance. Ceux en uniforme ont fait la garde dans
l'intérieur et jusques dans l'antichambre où il y avoit une
sentinelle l'épée à la main. On s'est rendu directement à la
première chambre où M. le Président a fait une petite harangue
relative aux circonstances, à laquelle le seigneur grand Bailly
a fort obligeamment répondu. Ensuite on a mis sur le tapis
de prendre jour pour procéder à la nomination à la place de
Chevalier de Cour vacante depuis que Messire comte de Gomegnies de Franeau étoit venu remercier la Cour le 12 mars 1787,
annonçant qu'il étoit fait intendant du cercle de Mons, et l'on
a effectivement préfigé jours à cet effet aux 9 et 10 de juillet
prochain. Ce fait, Messieurs de la seconde chambre se sont
détachés et on a vu un petit procès à la première. Vers dix
heures et demie le grand Bailly est venu siéger à la seconde
chambre où il fut conduit par M. le Président et tous ceux de
la première chambre, les trois huissiers porte-masse marchant
en avant. Nous avons disposé sur une demande afin de
nomination d'experts, et puis avons appointé deux requêtes :
l'une, des Maire et Échevins d'Irchonwelz qui demandoient autorisation d'asseoir taille : sur quoi fut ordonné de communiquer
par publication et affiche, etc. ; l'autre, d'une famille de particuliers à fin d'autorisation de vendre sous le chef-lieu de
Valenciennes, ce qui fut accordé. Le seigneur grand Bailly a
donné son suffrage délibératif sur l'une et sur l'autre de ces
deux requêtes. Cela fait, il étoit 11 heures : la séance fut levée
dans les deux chambres, et on descendit tous ensemble.
Monsr le grand Bailly est monté dans sa voiture avec M. Obert
et s'en sont allés aux États. Nous sommes convenus de nous

1787 mettre en petit costume, c'est-à-dire en rabat et en manteau pour aller dîner chez M. le duc où nous étions invités pour deux heures.

Nous nous y sommes rendus en effet, où nous avons été régalés d'un repas magnifiquement servi. Outre le Président, les conseillers et les greffiers du Conseil, il y avoit le général comte d'Arberg, le comte de Rodoan et le comte de Mouscron, tous trois membres de la chambre de noblesse. Le comte d'Arberg n'étoit arrivé qu'aujourd'hui de Bruxelles.

Du 21 juin.

Arrive au Conseil un décret de LL. AA. RR. qui l'autorise, d'après ses représentations, de retrancher les articles 2 et 3 de l'Édit du 29 mai dernier relatif aux corps de métiers, lesquels articles 2 et 3 avoient rapport à une ordonnance sur la même matière, du 21 janvier 1771, qui n'avoit pas eu lieu ni été publiée en Hainaut. Voici ce décret qui n'a rien de remarquable sinon que c'est déjà un effet de la promesse de LL. AA. RR. de diriger immédiatement par elles-mêmes toutes les affaires du gouvernement.

MARIE CHRISTINE, ALBERT CASIMIR.

Chers et bien amés,

« Ayant vu votre représentation du 6 de ce mois concer-
» nant l'Édit du 29 mai dernier relatif aux corps des métiers,
» nous vous autorisons à retrancher de cet Édit les articles
» 2 et 3, qui ont rapport à l'ordonnance du 21 janvier 1771,
» laquelle n'a pas eu lieu dans la province du Hainaut.
» A tant, etc. De Bruxelles, le 19 juin 1787. »

Le Conseil dîne chez M. le Président, c'est-à-dire les conseillers et les deux greffiers. M. le duc d'Aremberg donne à dîner à son hôtel à la chambre de la noblesse et aux officiers de la garnison. On y porte la santé de Messieurs de la garnison ; ces Messieurs ne portent pas celle des États : le général comte d'Arberg y étoit néanmoins présent.

1787

Les magistrats de Mons font afficher l'ordonnance de police dont un exemplaire est ci-joint.

Du 22 juin.

M. le duc d'Aremberg donne à dîner en son hôtel à la chambre du clergé et aux magistrats de Mons.

On lit aux États un mémoire anonyme, sous ce titre de *Vœu des patriotes adressé aux États de Hainaut*. Ce mémoire est bien accueilli ; on conclut qu'il sera imprimé aux frais des États et que l'auteur sera prié de se faire connoître. J'entends parler de ce mémoire et l'on dit que l'avocat *** en est l'auteur (1). Ce mémoire signé est envoyé à un des députés ordinaires des États.

Ce mémoire lui a dans la suite mérité la disgrâce du gouvernement, car, ayant demandé des lettres de comptabilité pour pouvoir être nommé au consulat vacant par la mort de M. Debehault, décédé le 22 août 1788, le ministre comte de Trautsmansdorff lui délivra, dans sa dernière audience, un exemplaire du Vœu des patriotes, lui disant : " *voilà ma*

---

(1) Le manuscrit contient ici des lacunes causées par des mots et même des phrases entières grattées avec le plus grand soin. Quelques mots sans relation entr'eux restent seulement visibles. M. Paridaens aurait pu se dispenser d'effacer le nom : *Harmignie* (Pierre-Philippe-Joseph), puisque ce dernier l'apposa au bas de son factum lorsqu'il le publia.

(Note du copiste H. Delmotte.)

1787 réponse », et lui tourna le dos, et ce, le 3 ou le 4 octobre 1788. Les États nomment un comité qu'on dit le comité des infractions et ils l'annoncent au public par l'avertissement imprimé ci-joint.

Du 23 juin.

Pendant la séance de cejourd'hui samedi le matin, on a apporté à chaque chambre un billet d'invitation manuscrit en ces termes :

« On chantera une messe solennelle en l'église de Sainte-
» Waudru, dimanche 24 juin à onze heures.

« Les dames chanoinesses ont l'honneur d'inviter Messieurs
» du Conseil souverain de Hainaut d'y assister comme parti-
» culiers. On mettra dans le chœur des bancs et des sièges
» pour s'y placer sans rang ni distinction. »

Sur cette invitation, nous avons résolu d'y aller en petit costume, chacun se plaçant où il le trouveroit convenir.

Le mémoire de l'avocat Harmignie sort de la presse ; le public le lit avec plaisir et sensibilité. Les États en envoient cinquante exemplaires à l'auteur qui les distribue à ses amis ; il m'en donne trois pour ma part. J'en joins ici un.

Le comité établi pour le maintien de la bonne police dans ce pays fait afficher l'avertissement suivant, qui avoit déjà annoncé au public au son du tambour dès le 21.

« Messieurs des trois ordres composant les États de cette
» province et Messieurs les magistrats de cette ville, ayant
» pris en considération qu'il se répand dans ce pays une
» quantité d'étrangers venant des provinces circonvoisines à
» dessein d'y exciter du trouble et de faire naître l'occasion du
» tumulte afin de profiter de ce moment pour piller et vexer
» en toutes manières les bons habitants de ce pays, ont de

» commun accord résolu d'établir un comité chargé de tra- 1787
» vailler à éviter semblable inconvénient en mettant sur pied
» des compagnies bourgeoises et volontaires.

« En conséquence, le susdit comité fait savoir à tous et un
» chacun que ceux qui voudront s'inscrire en qualité de
» volontaires, pourront se présenter à commencer de cejourd'hui
» 21 juin jusqu'à neuf heures du soir et les jours suivans
» depuis huit heures du matin jusqu'à midi et depuis deux
» heures jusqu'à huit, à la salle verte de l'hôtel de ville, où ils
» trouveront un official qui les enregistrera en présence d'un
» commissaire dudit comité.

« Et ceux qui voudront se faire registrer comme gardes de
» police bourgeoise, auxquels il sera payé dix patars par
» chaque garde de vingt-quatre heures qui commencera à la
» cloche de la porte du soir, pourront se présenter au greffe
» de police de cette ville aux heures ci-dessus indiquées, où
» ils trouveront également un bureau établi à cet effet, dirigé
» par un membre dudit comité en présence d'un de leurs
» capitaines.

« Que l'un en avertisse l'autre. »

Du 24 juin.

La messe solennelle se célèbre à Sainte-Waudru à onze heures avec beaucoup de pompe. M. le duc d'Aremberg y assiste, on le place sur un priez-Dieu arrangé avec plusieurs autres devant l'autel. Les membres des États, les conseillers, les magistrats, les officiers du chapître et autres notables citoyens sont au chœur sur des bancs et des chaises, sans distinction de rangs ni de condition. Les dames chanoinesses sont dans leurs stalles. La jeune bourgeoisie en uniforme, précédée de la superbe musique turque, reçoit le duc à l'entrée

1787 de l'église. Elle fait le tour de la carolle et sort. Le duc ne veut pas de carreau ni de coussin, mais se place sur son priez-Dieu à nud. La messe se dit au Corps saint (1). La messe finie, encore la jeunesse et la musique turque jusqu'à son carrosse. Des seigneurs des États de Brabant (2) arrivés de Bruxelles (entre autres le comte de Limmingen qui avoit prononcé le magnifique discours à l'assemblée des États de Brabant du 23 avril 1787), entrent au chœur après la messe finie. Le duc d'Arenberg les invite à dîner. La chambre de la noblesse y est pareillement invitée et quelques membres des autres ordres, aussi M. le Président du Conseil et M. Delecourt, conseiller. Au dessert, entre dans le jardin la jeunesse en uniforme, avec la musique turque ; on y fait plusieurs évolutions, et on exécute plusieurs morceaux de musique. Après table, le duc avec sa compagnie se mettent au milieu du cortège et se promènent en ville et jusque hors de la porte de Nimy, où Messieurs des États de Brabant remontent en voiture et partent pour Bruxelles.

Du 26 juin.

Le sieur Brouwet, receveur-général des domaines et finances, présente requête pour faire déclarer illégale et nulle la suspension de ses fonctions de receveur qui lui avoit été notifiée par une dépêche de la chambre des comptes du ... janvier 1786, d'après un décret y rappellé du comte de Belgiojoso, ministre, etc., contre tout quoi il n'avoit cessé de faire des représentations infructueuses au gouvernement. On a délibéré longtems,

(1) C'est-à-dire à l'autel où était déposée la châsse de sainte Waudru. (*Note de l'éditeur*.)

(2) Ces seigneurs sont arrivés de hier le soir et ont logé chez le duc d'Arenberg.

à la communication des chambres, si on accorderoit d'emblée la réintégration provisionnellement requise, mais on s'est enfin borné d'ordonner de communiquer la requête tant au conseiller avocat de sa Majesté qu'à l'official de la chambre des comptes Brogniez, pour y tenir tels termes qu'ils trouveroient respectivement convenir par avertissement à fournir sur le bureau dans huit jours : surséant de disposer sur la provision requise jusque avertissement vu ou qu'autrement seroit ordonné.

1787

M. Brogniez avoit été proposé à l'exercice des recettes du sieur Brouwet, et sa commission avoit été notifiée au public par de simples affiches en faisant mention.

Vers quatre heures et demie après midi arrive un estaffette au marquis de Moulbaix, député de la chambre de la noblesse de nos États, avec la lettre suivante du baron de Gentinnes, membre de chambre de la noblesse des États de Brabant.

« Le prince de Kaunitz vient d'envoyer un courrier à la Cour
» avec la nouvelle qu'il avoit tout ratifié et qu'il ne doutoit
» nullement que Sa Majesté l'Empereur ne l'approuveroit dans
» tous ses points. Je vous embrasse, mon cher marquis, et
» suis tout à vous. »

(Signé :) le baron de Gentinnes.

P. S. « Mes expressions sont trop faibles ; Kaunitz a tout
» ratifié au nom de l'Empereur. »

Cette lettre fut d'abord communiquée au tiers état qui étoit encore assemblé et la nouvelle fut incontinent annoncée au peuple par le carillon et la grosse cloche du château, et successivement par le carillon de Ste-Élisabeth.

Elle est arrivée fort à propos pour ralentir un peu les importunes et pressantes sollicitations du peuple ou plutôt d'une partie du peuple, excitée par certaines personnes intéressées personnellement à la chose, à l'égard de l'abolition

1787 ou de la diminution des impôts sur la bière et à l'égard de la suppression de la genièvrerie d'Hion. Sur quoi les États avoient dès le matin fait distribuer des exemplaires d'un avertissement imprimé ci-joint.

Le duc d'Arenberg fait servir un repas en mets froids aux Dames chanoinesses et autres de la ville sur la bruière de Mézières (1). Le soir, il entre en ville à cheval accompagné de quelques seigneurs des États et précédé de la grande musique turque.

Les Dames suivoient en voitures. Cette fête, où l'on a aussi dansé sur le gazon, fut présidée et inspectée par Mme la comtesse de Choisoeul-Mens.

Du 27 juin.

A la représentation des États et sur réquisition du conseiller avocat de Sa Majesté, le Conseil proscrit et défend pour le Hainaut les feuilles périodiques intitulées *Journal général de l'Europe*, à cause des allégations et réflexions téméraires, injurieuses et fausses tendant à exciter l'esprit de parti, la division et le trouble parmi les citoyens, etc., insérées dans les cahiers n°s 310 et 312 dudit journal. Ces feuilles paroissent se diriger par des personnes soldées par ceux de l'ancien gouvernement, puisqu'elles rapportent avec affectation des vraies ou prétendues pièces faisant l'éloge du système arbitraire et absolu qu'on avoit voulu introduire par toutes les nouvelles dispositions. Ci-joint un exemplaire de cet arrêt.

Les États reçoivent une dépêche de LL. AA. RR. du 26, leur envoyant copie de la lettre qu'elles venoient de recevoir du prince de Kaunitz. Ces deux pièces ont d'abord été imprimées. J'en joins ici un exemplaire.

(1) MAISIÈRES, commune limitrophe de Nimy. *(Note de l'éditeur.)*

On voit de la lettre du prince de Kaunitz que le billet qu'on a 1787 reçu hier du baron de Gentinnes étoit plus correct que son postcrit.

Il continue à y avoir beaucoup de fermentation dans le peuple au sujet de la genièvrerie d'Hion et pour l'abolition ou diminution des impôts.

Les magistrats de Mons font afficher à tous les coins de rue un avertissement imprimé pour obliger les gens de métier de reprendre leur travail. Je joins ici un imprimé de cet avertissement.

Du 28 juin.

Arrêt de la Cour sur réquisition du conseiller avocat de Sa Majesté, pour faire tenir exactement les patrouilles, et pour empêcher toutes autres cocardes que celle que l'on porte généralement dans ce pays en signe de joie au sujet des dispositions bienfaisantes de LL. AA. RR. L'on joint un exemplaire imprimé du dit réquisitoire et de l'arrêt. Cet arrêt est singulièrement remarquable en ce qu'il autorise indirectement la cocarde d'insurrection.

Du 30 juin.

Les patrouilles bourgeoises montent la garde avec des fusils de calibre que les États ont fait venir de *Fier Le Petit* (1), près Maubeuge, et la baïonnette au bout du fusil, ce qui leur donne beaucoup de contenance.

---

(1) FERRIÈRE-LA-GRANDE où se trouvaient les usines de la manufacture d'armes de Maubeuge, et à 2 kilomètres 1/2 de cette ville. C'est donc par erreur que le manuscrit porte : *Fier le Petit*. (Note de l'éditeur.)

Du 1ᵉʳ juillet.

1787   Dans le Journal historique et littéraire de cette date, l'auteur distingue le chronographe suivant parmi ceux consacrés à l'époque actuelle :

BeLgICa gens gaUDe, PatRIos en PatRIa VIrtUs Mores aC aras, JUraqUe restItUIt.

Du 3 juillet.

Le duc d'Arenberg a reçu la nuit par estafette copie d'une dépêche intéressante de LL. AA. RR. du jour de hier, adressée aux États de Brabant, donnant de nouvelles assurances sur la ratification de l'empereur et contenant des choses satisfaisantes quant à la nomination aux abbayes vacantes, quant à la caisse de religion et quant au rétablissement des couvents supprimés. On dit que cette dépêche sera incessamment imprimée.

Au soir arrive la nouvelle de la nomination d'un abbé de l'abbaye des Écoliers en cette ville, sur la personne du sieur Ducornet. Le carillon et la cloche de la dite abbaye annoncent cette nouvelle au public, vers sept heures.

Du 6 juillet.

Grande émotion dans le peuple ameuté sur la place au sujet des maltotes et de la geniévrerie d'Hion : un d'entre eux voulant monter aux États reçoit un coup de baïonnette d'un cavalier de la maréchaussée ; un autre bourgeois est traîné dans les prisons de la ville. Les cocardes nationales sont insultées et arrachées par les mutins ; les États, pour faire cesser l'émotion, sont forcés de tout accorder. On vient l'annoncer sur le balcon, on fait imprimer et on répand des billets dont un est ci-joint. Dans l'instant le mécontentement se change en joie ; on carillonne et on sonne la grosse cloche.

Du 7 juillet.

On fut averti que le marquis de Moulbaix, qui étoit revenu 1787 la nuit de Bruxelles avec des nouvelles, viendroit vers dix heures et demie communiquer à la Cour ce qu'il savoit. Là-dessus, on délibère sur la manière de le recevoir et il fut résolu de le faire introduire à la chambre des comptes, où nous nous rendrions tous. Ainsi fut fait. Le marquis de Moulbaix nous conte qu'il avoit été présent la veille lorsque le comte de Cornet de Grez étoit venu de la part de LL. AA. RR. donner part aux États de Brabant qu'elles avoient reçu une lettre de l'Empereur datée de Lemberg, à deux journées de Vienne, selon laquelle S. M. n'adoptoit pas le plan d'envoyer des pleins pouvoirs à Leurs Altesses Royales, mais que ses intentions étoient de conférer lui-même avec les députés de toutes les provinces des Pays-Bas qui se rendroient à cet effet à Vienne et où se rendroient aussi les s^{rs} gouverneurs généraux pour servir de médiateurs, etc.

Le duc d'Arenberg étoit parti pour Bruxelles à quatre heures du matin. Les États de Hainaut avoient été assemblés la nuit et l'on avoit fait apposer, pour plus grand appaisement du peuple, la résolution ci-jointe.

Le soir, vers sept heures, arrive une estafette de Bruxelles avec une dépêche de LL. AA. RR. vers les États. Les États s'assemblent, restent jusque vers dix heures : on ne sait rien de leur délibération.

Du 8 juillet.

Le duc d'Arenberg arrive de Bruxelles à quatre heures du matin. Les États s'assemblent vers onze heures ; on conclut de faire imprimer et de rendre publique la dépêche de LL. AA. RR. arrivée hier. On en distribue une grande quantité dans le peuple ; j'en joins ici un exemplaire imprimé.

Du 9 juillet.

1787 Le duc d'Arenberg vient siéger au Conseil à dix heures pour intervenir à la délibération sur les mérites des sujets qui se présentoient pour être compris dans la nomination qui doit se faire demain à la place de Chevalier de Cour vacante comme ci-devant page 41. On avoit envoyé à son hôtel les trois huissiers porte-masses. Il arrive au Conseil à pied précédé desdits huissiers et accompagné de Messieurs les vicomte de Bavay et marquis de Moulbaix, membres de la chambre de la noblesse et tous deux députés de leur ordre, pour intervenir à la nomination dont il s'agit. Nous allons en robe au-devant de lui jusque près l'escalier et nous rentrons ensemble à la première chambre.

M. Obert, Chevalier de Cour, qui s'étoit engagé à aller chercher le duc, arrive trop tard et vient après lui au Conseil.

Le duc prenant le bras qui lui fut offert par M. le Président, on lit les placets des aspirants qui sont au nombre de quatre, savoir : M^{rs} d'Auxy de Neufvilles, de Grouff de Frameries, de Bouzies, vicomte de Rouveroy, et le comte de Thiennes de Lombize. Ce dernier joint à son placet de bons témoignages de ses professeurs de philosophie et de ceux en droit; il est licencié en droit ainsi que le vicomte de Rouveroy. L'on convient que dès longtems il n'y a eu un aussi beau concours. Après la séance, on descend tous ensemble et le duc s'en va aux États, encore à pied, précédé des porte-masses.

Le duc d'Arenberg me fait inviter à dîner ; je m'y rends. Il y avoit quelques gentilshommes d'État : M. Carpentier, doyen de Binche, député ordinaire du clergé, M. Cornet, receveur général des États, et moi, seul conseiller. Il y avoit aussi un seigneur étranger, le marquis d'Ytre, père de la chanoinesse de Sainte-Waudru. On converse agréablement sur des choses indifférentes ; au dessert, on renvoye les domestiques et la conversation devient intéressante sur les affaires du tems, et notamment etc... 1787

Du 10 juillet.

Vers dix heures du matin, le S^{gr} grand Bailly arrive au Conseil à pied comme hier. On procède à la nomination : les votants sont au nombre de dix-sept. Le comte de Thiennes réunit sur son chef les dix-sept premiers suffrages, le vicomte de Rouveroy réunit les dix-sept deuxièmes suffrages, le comte d'Auxy de Neufvilles réunit quatorze troisièmes et Messire de Grouff de Frameries a les trois suffrages restans. En conséquence, Messrs de Thiennes et de Rouveroy sont nommés tous deux *primo loco* et le comte d'Auxy de Neufvilles est nommé *tertio loco*.

A onze heures, le duc s'en va encore à pied aux États ; nous le reconduisons jusques au bas de l'escalier, après quoi, nous remontons pour délibérer, les chambres assemblées, sur une affaire qui avoit été proposée en sa présence et pendant laquelle Messrs les deux députés de la noblesse s'étoient retirés dans la deuxième chambre, accompagnés d'un greffier.

Les États reçoivent la dépêche de Leurs Altesses Royales du 9, notifiant qu'elles ont chargé le conseiller d'État, comte Cornet de Grez, de se rendre à Mons, etc. Les États font d'abord imprimer cette dépêche ; j'en joins ici un exemplaire. Le mot *indispensables* intrigue beaucoup.

Dans la séance de relevée, le Conseil reçoit un placet d'invitation de la part des bourgeois notables de la ville de Mons, à assister à une messe solennelle qu'ils feront célébrer demain, à onze heures, à l'église de Ste-Élisabeth « pour rendre » au Très-Haut des actions de grâces en reconnoissance des

1787 " bénédictions qu'Il a répandues sur les travaux et les délibé-
» rations des pères de la province, et pour qu'Il daigne les
» combler de toute prospérité à l'entière satisfaction du peu-
» ple ». Il est dit dans le placet qu'ils ont prévenu l'assemblée
des États, ainsi que le duc d'Arenberg et les Dames du
chapître.

Du 11 juillet.

A onze heures, s'est célébrée la messe solennelle à Ste-Élisabeth, où nous nous sommes rendus comme particuliers, en petit costume. Le duc d'Arenberg y est venu à pied, précédé de la grande musique turque, accompagné de plusieurs seigneurs des États, escorté de quelques patrouilles volontaires l'épée à la main et suivi de différentes autres compagnies de volontaires marchant en ordre, l'épée dans le fourreau et sans autres armes. Presque toutes les Dames du chapître étoient dans le chœur sur des chaises; les différens ordres des États aussi au chœur sur des chaises et dans les stalles, ainsi que plusieurs d'entre nous conseillers. Il n'y avoit dans le chœur aucune autre dame que le chapître et Mme la comtesse de Choisoeul; toutes les autres étoient restées dans les nefs.

Les États reçoivent, par communication avec les États de Brabant, copie de la lettre de l'Empereur du 3 juillet 1787, aux dits États de Brabant, en réponse à leurs remontrances du 22 juin. Cette lettre est appréhendée(1) diversement; on ne la communique pas au peuple de crainte de l'alarmer par les passages qui semblent tenir de la menace.

Du 12 juillet.

Des particuliers reçoivent par la poste des exemplaires imprimés à Bruxelles de la lettre de l'Empereur aux États de

(1) Appréciée.

Brabant du 3 de ce mois. On la réimprime à Mons avec celle 1787
y jointe du Prince de Kaunitz. En voici un exemplaire.

A midi arrive le comte Cornet de Grez, en suite des ordres de LL. AA. RR. communiqués aux États par leur dépêche du 9 ; les États s'assemblent à son sujet vers quatre heures : il parle aux trois ordres réunis dans la chambre de la noblesse.

Du 13 juillet.

Le comte Cornet de Grez repart pour Bruxelles vers huit heures du matin. Les États s'assemblent plusieurs fois dans cette journée sur le point si on envoyera des députés à Vienne.

Du 14 juillet.

On envoye deux députés de chaque ordre à Bruxelles pour conférer avec les États de Brabant et avec les députés des États des autres provinces, sur le parti à prendre dans ces conjonctures délicates.

Du 15 juillet.

Nos États reçoivent par communication des États de Brabant, copie de la dépêche de LL. AA. RR. du 14 de ce mois, tendant à engager les États des différentes provinces à envoyer des députés à Vienne. Cette dépêche fut d'abord ici imprimée ; j'en joins un exemplaire.

Du 17 juillet.

Le duc d'Arenberg part le soir pour Bruxelles en suite d'une lettre d'invitation qu'il a reçue de quelques membres des États de Brabant, afin d'intervenir à la délibération sur le point capital et décisif si les provinces Belgiques envoyeront des députés à Vienne.

Du 19 juillet.

1787   On reçoit des lettres de Bruxelles que la résolution est prise d'envoyer des députés à Vienne. On apprend en même tems qu'en conséquence LL. AA. RR. sont parties, et que le général d'armes comte de Murray est nommé pour gouverner par intérim les Pays-Bas.

Nos États reçoivent par communication des États de Brabant, copie de la dépêche de LL. AA. RR. du 18 de ce mois tendant à rassurer les esprits sur quelques mouvemens des troupes en Allemagne. Cette dépêche a été réimprimée à Mons ; j'en joins ici un exemplaire.

Du 20 juillet.

Le duc d'Arenberg est revenu de Bruxelles et arrivé à Mons à cinq heures et quart du matin. Nous recevons au Conseil par la poste une dépêche de LL. AA. RR. avec copie jointe des patentes du général Murray comme gouverneur général par intérim, durant leur absence. On reçoit la même dépêche aux États.

Du 21 juillet.

Chaque ordre de nos États procède à la nomination d'un député pour se rendre à Vienne.

Dans l'après-midi passe à Mons le Cardinal Archevêque de Malines revenant de Vienne où il étoit resté depuis que l'Empereur l'y avoit appelé au mois de février dernier, étant passé ici le lundi gras 19 du dit mois. Le duc d'Arenberg lui parle à la poste et se retirent à deux dans une chambre particulière.

Du 22 juillet.

Ce jourd'hui dimanche les confrères de la confrérie de N.-D. 1787 de Tongre à Ste-Waudru font célébrer une messe fort solennelle à onze heures, *pour les nécessités présentes*. Cette messe se dit à un autel dressé devant le chœur où l'on a placé l'image de la Vierge. Les différentes compagnies de volontaires patriotes s'y rendent en uniforme. Le duc d'Arenberg n'y assiste pas, ayant dû aller aux États vers onze heures, mais Madame la duchesse, qui étoit à Mons depuis quelques jours, y assiste. Elle se place dans la chapelle des chanoinesses près de la chaire de vérité où il y avoit aussi grand nombre de Dames du chapître.

L'après-midi, Mme la duchesse repart pour Enghien. Le corps des officiers des volontaires patriotes se présente pour lui faire la cour ; mais elle étoit déjà partie.

Du 23 juillet.

On délibère au Conseil, les chambres assemblées, sur le point si on envoyera une députation pour complimenter le général Murray au sujet de sa commission de gouverneur par intérim des Pays-Bas, ou si l'on se bornera à lui écrire. Il emporte de toutes voix d'envoyer une députation, mais il y a différence d'avis sur le point si ce sera une grande députation composée du Président, d'un conseiller ecclésiastique, d'un Chevalier de Cour et de deux conseillers de robe longue ; ou si ce sera une petite députation composée d'un membre de chaque ordre seulement. Pour l'avis de la grande députation, on rappeloit ce qui avoit été fait lorsque le prince de Starenberg avoit été nommé gouverneur par intérim à la mort de S. A. R. le duc Charles de Lorraine. Pour l'avis de la petite députation, il fut dit que le Président ne déplace que pour le Souverain ou pour des Princes de son sang. Il emporte de

1787 sept voix contre six d'envoyer une petite députation. C'étoit une nouveauté contraire aux rétroactes ce qui s'étoit fait pour M.r de Starenberg, contraire d'ailleurs à la raison et à la bonne politique, puisqu'il doit y avoir de la différence entre la courtoisie qu'on rend à la personne du Souverain ou à des Princes du sang royal et celle qui peut se rendre à toute autre personne ; qu'au surplus, il est contraire au 15.me article du traité d'Arras, que ces pays soient gouvernés, même *per interim*, par autres personnes que des Princes du sang royal. Enfin on a dit qu'il y avoit aussi de la différence entre le cas de M. de Starenberg et le cas présent, puisque M. de Starenberg étoit vraiment gouverneur pendant la vacance du siége, tandis que M. Murray n'est nommé que pour en faire les fonctions durant l'absence de LL. AA. RR. sur qui le titre de la dignité continue de résider.

Pendant cette même séance, on nous a distribué à chacun, de la part des États, un exemplaire du traité d'Arras du 17 mai 1597, que les États venoient de faire imprimer : tous les dits exemplaires collationnés par l'archiviste Dumont et signés de sa main.

Dans la séance de relevée, le Président met de nouveau en délibération, les chambres assemblées, si on envoyera une petite ou une grande députation au général Murray, et d'après certaines considérations particulières au cas, et qui ne devront pas tirer en conséquence pour l'avenir, il emporte enfin de sept voix contre six, qu'on envoyera une grande députation.

Du 24 juillet.

Le pensionnaire de la ville de Mons, Hamalt, sur qui étoit tombé le choix du tiers état dans la délibération du 21 pour être envoyé comme député à Vienne, s'étant excusé sur la faiblesse de sa constitution physique d'accepter cette commission, l'on procède à un nouveau choix, et les suffrages se

réunissent sur l'avocat Louis Petit, natif d'Ath, exerçant avec 1787
distinction sa profession à Mons depuis plusieurs années, et
membre du conseil de ville. Les deux autres députés choisis
dans la délibération du 21 sont : M. l'abbé de St-Ghislain pour
le clergé et M. le Chevalier de Ham pour la noblesse.

Du 25 juillet.

La députation du Conseil part pour Bruxelles, composée de
Messrs Le Président, Farin conseiller ecclésiastique, Obert Chevalier de Cour, Demarbaix et Kovahl de robe longue ; Messrs
Delecourt et Meuret, tous deux plus anciens que M. Kovahl,
s'en étant excusés.

Du 26 juillet.

On vend publiquement dans les rues une estampe représentant un homme appliqué sur le banc du capitaine de cercle. J'en joins ici un exemplaire.

On a depuis débité une autre estampe enluminée et très
hideuse, représentant le même objet, avec un imprimé y
relatif.

Du 27 juillet.

Retour de la députation du Conseil qui avoit été complimenter le comte de Murray. Ces Messieurs avoient été très
bien accueillis.

Du 30 juillet.

Les députés de nos États vers l'Empereur à Vienne, partent
de Mons vers deux heures et demie après midi ; bien entendu
l'abbé de St-Ghislain et l'avocat Petit qui rejoindront le chevalier d'Ham à Bruxelles. Un cavalier de la maréchaussée,

1787 homme de confiance et qui sait fort bien l'allemand, leur sert d'estafette. Le peuple fait des vœux en les voyant partir, mais nulle démonstration.

Le Conseil reçoit une déclaration du 25 de ce mois, portant défense de faire distribuer, colporter ou imprimer des libelles, etc., avec une dépêche du comte de Murray, en sa qualité de gouverneur général par intérim, ordonnant de faire publier la dite déclaration; ce qui fut ainsi résolu. C'est ici la première disposition qui nous parvient sous le nouveau gouvernement du comte de Murray.

Du premier août.

Les États ayant fait imprimer le traité de confédération dit la Pacification de Gand, du 8 novembre 1576, en font distribuer à chaque membre du Conseil un exemplaire, collationné par leur archiviste Dumont et signé de sa main.

Du 3 août.

Les États font délivrer à chaque conseiller un exemplaire imprimé et collationné par leur archiviste Dumont, de l'acte d'union des États des Pays-Bas du 9 janvier 1577, auquel ont accédé les États de Hainaut le 26 ensuivant.

Du 4 août.

Cejourd'hui samedi sont arrivés le soir, à Mons, quelques patriotes brabançons accompagnés de quelques Dames, comme pour rendre en petit la visite qui leur avoit été faite par les députés du peuple de Mons, le 14 juin. Le duc d'Arenberg va à leur rencontre, ou du moins il va promener jusqu'à Casteau avec des Dames du chapître et avec Mme la comtesse de Maldeghem dans une grande voiture de promenade ouverte;

d'autres Dames du chapître sont à cheval avec quelques 1787
cavaliers accompagnés des écuyers du duc d'Arenberg et
suivis de gens de ses écuries. La grande musique turque
attend les Brabançons à Nimy : leur compagnie consistoit en
deux carosses avec des chevaux de poste, et deux à trois
chaises. Soupé et bal chez le duc d'Arenberg.

Du 5 août.

Dîner de la part des États à M^{rs} et Dames brabançons à
l'hôtel de Ligne. L'après-midi grand exercice dans la cour de
l'hôtel de Ligne par les patriotes volontaires en uniforme ;
plus tard, grand exercice des patriotes volontaires sans uniforme dans la cour du Saint-Esprit. Il y avoit eu le matin grande
parade d'Église, et une partie des volontaires en uniforme
avoit assisté à la messe solennelle que les paroissiens du
Béguinage ont fait chanter à Notre-Dame de Bon-Secours. Le
duc d'Arenberg avoit aussi assisté à cette messe. Le duc part
vers midi pour Bruxelles.

Du 6 août.

Messieurs et Dames brabançons repartent pour Bruxelles
vers deux heures après-midi, après avoir pris un déjeuner. Les
États reçoivent par correspondance avec ceux de Brabant des
nouvelles inquiétantes, d'après une note remise par M. Cornet
de Grez de la part du comte de Murray aux États de Brabant,
suivant laquelle il alloit se faire un déplacement dans les
troupes de ces Pays-Bas, pour des raisons politiques connues
à l'Empereur.

Du 7 août.

Le duc d'Arenberg arrive à huit heures du soir revenant
de Bruxelles.

Du 8 août.

1787 On reçoit à Mons la note du comte de Murray adressée aux différents États des provinces des Pays-Bas ; cette note s'imprime à Mons, comme on l'avoit déjà fait à Bruxelles. Ci-joint un exemplaire. La dépêche dont il y est parlé du 18 juillet, est celle de LL. AA. RR. Les États de Hainaut ayant fait imprimer l'Édit perpétuel ou traité d'accord entre Don Juan d'Autriche au nom de Philippe II, roi d'Espagne, et les États Généraux des Pays-Bas, du 17 février 1577, en font délivrer un exemplaire à chaque membre du Conseil.

Du 10 août.

Ce matin, à cinq heures, sont parties deux divisions du régiment d'Arberg, dragons en garnison ici à Mons, avec ordre d'aller jusqu'à Tubize.

Vers six heures du soir, est parti le duc d'Arenberg pour Enghien, les États s'étant réajournés pour le 20, en manière telle cependant que les députés pouvoient continuellement convoquer les présens s'il survenoit quelque chose.

Du 11 août.

Les États font délivrer à chaque membre du Conseil la note imprimée de ce qui s'étoit passé le 7 de ce mois à l'audience de Son Excellence le comte de Murray, gouverneur général par intérim. Je joins ici cette note.

Le Conseil rend, à mon rapport, un arrêt qui maintient provisionnellement M. Brouwet dans son état et office de conseiller receveur général tel qu'il lui avoit été conféré par lettres patentes du 7 mai 1760 et dans les fonctions duquel il avoit été troublé par une dépêche de la chambre des comptes ensuite d'un décret du comte de Belgioioso du 13 janvier 1786.

Du 15 août.

On reçoit des nouvelles que nos députés étoient arrivés à 1787 Ratisbonne le 7 et que ledit jour tous les députés des provinces belgiques s'étoient trouvés réunis à midi en ladite ville et y avoient dîné ensemble, aussi qu'ils étoient convenus que ce seroit M. l'avocat Petit, notre député du tiers état, qui porteroit la parole vis-à-vis de S. M.. Le courrier étoit porteur d'une lettre de M. Petit ostensible à ses amis, adressée à son clerc Battelet qui est venu me la montrer.

Du 18 août.

Les deux chambres du Conseil entrent en vacance pour rentrer au premier octobre.

Du 28 août.

On assemble les membres du Conseil présens en ville, au nombre de dix, pour délibérer sur le projet de rescription à faire sur une dépêche arrivée antérieurement du comte de Murray, tendant à faire cesser les précautions et mesures extraordinaires prises pendant les derniers embarras, pour le maintien de la police.

Le dit jour 28, on imprime de la part des États, et on nous en fait délivrer un exemplaire à chaque membre du Conseil; on imprime, dis-je, la lettre écrite le 16 par l'Empereur au comte de Murray, contenant que S. M. veut avant tout que dans toutes les provinces des Pays-Bas toutes choses soient remises sur le pied qui existoit le 1er avril de cette année, etc. Ci-joint un exemplaire de cette lettre. Elle fait une sensation alarmante. Les alarmes augmentent par une lettre particulière de Bruxelles du jour d'hier, selon laquelle la même lettre de l'Empereur a mis tout en fermentation dans le Brabant, et qui

1787 mande que l'on venoit d'être informé, par des estafettes de Louvain et de Namur, que le nouveau séminaire général étoit incendié par les quatre coins (1), et que les habitans de Namur avoient repris par force sur le militaire la garde de la citadelle, que quatre officiers avoient été tués, etc.

Dudit jour 28 août.

Les États ayant fait imprimer les articles de la capitulation proposée par les États de Hainaut et par les Magistrats de Mons, en 1710, en font délivrer à chaque membre du Conseil un exemplaire collationné à l'original par leur archiviste Dumont.

Du 29 août.

L'imprimeur des États a imprimé et débité un précis de la relation parvenue aux États de Brabant de la part de leurs députés à Vienne. En voici un exemplaire.

Nos États ont reçu, par correspondance de ceux de Brabant, le mémoire présenté par lesdits États de Brabant à son Excellence le comte de Murray relativement au contenu de la lettre désastreuse de l'Empereur, du 16 de ce mois. Voici un exemplaire de ce mémoire.

Du premier septembre.

On assemble le Conseil, pendant vacances, au sujet de l'envoy d'un placard ou déclaration de S. M. concernant la police et le maintien du bon ordre, du 28 août 1787. Ci-joint un des exemplaires imprimés, envoyés de Bruxelles, de cette déclaration. La résolution du Conseil porte : « qu'il sera donné com-
» munication de l'ordonnance aux échevins de la ville de

---

(1) Cette nouvelle s'est trouvée fausse.

» Mons, pour qu'avant sa publication, ils se mettent en état de 1787
» pourvoir le plus tôt possible au maintien de la police con-
» formément au dispositif de la dite ordonnance. »

On a ajouté verbalement, qu'entretems les échevins de Mons, ainsi que les États à qui l'on délivreroit aussi quelques exemplaires de la déclaration, pourroient préparer les esprits afin de quitter la cocarde ainsi que les uniformes sans répugnance. L'on est convenu aussi que, pour donner l'exemple, les conseillers et leurs gens, de même que les suppôts du Conseil ôteroient la cocarde d'abord. C'est ce que nous avons fait avant que de sortir du Conseil ; j'ai mis la mienne en poche et je la dépose dans mon présent registre *ad perpetuam rei memoriam*, telle qu'elle a été attachée à mon chapeau depuis le 9 juin jusqu'à ce jour.

L'on m'a aujourd'hui vendu sous le manteau une gravure déjà faite depuis quelque tems, où le Lion Belgique . . . qui... (lacunes dans le manuscrit causées par des mots grattés) églises, chapelles, confrairies, etc. Je joins ici cette gravure.

Du 2 septembre.

Aujourd'hui dimanche, on a annoncé au prône des paroisses, par ordre de Monseigneur l'archevêque de Cambray, que tous les dimanches et fêtes après la messe paroissiale et après vêpres, l'on feroit des prières publiques jusques à ce que le calme seroit rétabli dans ces provinces.

Nos États reçoivent par correspondance le précis de la relation parvenue aux États de Brabant de la part de leurs députés à Vienne en date du 22 août 1787. On imprime d'abord ce précis : j'en joins ici un exemplaire.

Du 4 septembre.

1787 On débite un précis imprimé de la lettre que les États de Hainaut ont reçue hier de leurs députés, datée de Vienne le 24 août. On y a joint copie de la lettre écrite aux États de Flandre par leurs députés à Vienne datée du 22 août. Je joins ici un exemplaire de ce cahier.

Du 5 septembre.

Le Conseil s'assemble de nouveau ensuite de l'ajournement qu'il s'étoit donné à la séance du premier de ce mois, pour disposer définitivement à l'égard de la publication de la déclaration du 28 août, (page 64 ci-dessus), et la résolution porte d'en ordonner la publication. Par *retentum* l'on convient de ne point presser l'imprimeur afin que la publication ne puisse se faire que lundi prochain 9 de ce mois, ainsi que les échevins de Mons le désiroient pour le bien public et pour pouvoir entretems disposer les esprits à quitter la cocarde même avant la publication. L'on fait aussi dépêcher pour les États une copie collationnée de la résolution du Conseil, et l'on me charge moi Paridaens, de me rendre vers le S^{gr} grand Bailli en son hôtel à Mons, pour l'informer en son particulier de la même résolution. Je m'y transporte à dix heures et demie : il étoit déjà allé aux États ; j'y retourne à l'issue de son dîner après lui avoir fait demander une audience. Je suis reçu très courtoisement : il avoit entretems appris la chose à l'assemblée des États. J'apprends de lui que les membres de l'assemblée des États sont convenus d'ôter la cocarde demain. La commission de la police de cette ville qui s'étoit rendue le matin vers M. le Président pour prier la Cour de différer encore la publication jusques à lundi, est informée de la part de M. le Président, qui devoit s'absenter, qu'on pouvoit s'adresser à moi pour la réponse. En conséquence, le sʳ échevin Delaroche étant venu chez moi vers deux heures de relevée, je lui ai fait récit de ce qui étoit résolu.

1787

Du 6 septembre.

Les États ôtent la cocarde et la plus grande partie du peuple suit leur exemple.

On aggrée aux États une représentation à faire concernant les préalables exigés par l'Empereur. On convient de se rassembler le 17 de ce mois.

Du 9 septembre.

Les députés des États de Hainaut, revenant de Vienne arrivent à Mons à neuf heures du soir. Le chevalier Deham met pied à terre à l'auberge, les deux autres au refuge de Saint Ghislain.

Du 10 septembre.

On publie la déclaration du 28 août concernant les cocardes, (page 65 ci-dessus). La chose se passe sans aucun tumulte.

Du 14 septembre.

Les syndics des nations de Bruxelles s'adressent aux États de Brabant, au sujet des excès que commettent les militaires : ci-joint un imprimé de leur représentation.

Du 15 septembre.

Étant aujourd'hui à Bruxelles, j'ai su que le Conseil de Brabant, qui s'étoit assemblé pendant vacances en suite de lettres de jussion itératives et menaçantes, pour faire émaner

1787 la déclaration du 28 août concernant les cocardes, avoit enfin porté une résolution en ces termes : ce Conseil délibère en flamand.

« Resolutum, ter interventie van het officie fiscael, te
» emaneren ende te doen uytkondighen alomme in het ressort
» van den rade de declaratie dragende den datum van den
» 28 augusti laastleden raeskende de policie ende handt
» haevinge van de goede order volgens de minute alhier
» gesien en de gelesen.

« Wel verstaende dat dese declaratie sig bepaelt om te doen
» cesseren het gene onwettelyck souden wesen, ende diens
» volghens dat het verbod begrepen in de selve declaratie
» niet en betreft de gildens, wycken en de andere wettelycke
» corporatien ende des selfs geaggregeerde supposten, nochte
» in eenigher wyse en benaedeelt hunne gerechtigheden,
» voordeelen, distinctive teekenen, privilegien ofte gebruicken,
» ende voorders geresolveert copeye van dese resolutie toe te
» senden aan de staeten van Brabant, aan de Magistraeten der
» hosfsteden van Loven, Brussel ende Antwerpen, de selve
» Magistraten belastende dese resolutie kenbaer te maken aan
» hunne respective gildens, wycken en de andere diergelycke
» wettelycke corporatien, mits gaeders copeye de selve reso-
» lutie te senden alomme met de gewoonelycke circulaire
» brieven. (¹) »

(¹) « Résolu, à l'intervention de l'officier fiscal, de publier et faire con-
» naître à tous dans le ressort du conseil, la déclaration portant la date du
» 28 août dernier, concernant la police et le maintien du bon ordre, suivant
» la minute ici vue et lue.
« Bien entendu que cette déclaration n'a pour objet que de faire cesser ce
» qui pourrait être illégal et par conséquent la défense y contenue ne con-
» cerne pas les gildes, les sections et les autres corporations légales et leurs
» suppôts aggrégés et ne peut en aucune manière nuire à leurs droits,

Du 18 septembre.

Le Conseil s'assemble pendant vacances pour délibérer sur 1787 une dépêche du comte de Murray du 11 de ce mois, pareille à celle adressée au Conseil de Brabant et qui avoit déjà été distribuée et imprimée hier en cette ville, dont je joins ici un exemplaire. La résolution porte de se communiquer avec les États pour qu'ils puissent y fournir leurs observations s'ils en ont aucunes à faire, leur fesant entendre que le préavis de la Cour étoit de faire inscrire au rôle et afficher au greffe ladite dépêche, avec certaines réserves de non préjudice aux droits publics et particuliers, etc. Mr Abrassart est chargé de la commission.

Ce même jour, les députés des États de Hainaut font imprimer et répandre dans le public les nouvelles qu'ils ont reçues de leur correspondant à Bruxelles : que le courrier Erden, arrivé de Vienne la nuit du 16 au 17, a remis au comte de Murray une dépêche etc. : ledit imprimé ci-joint.

Du 20 septembre.

Le duc d'Arenberg est arrivé à onze heures de la nuit pour intervenir à l'assemblée des États de ce jour. On aggrée aux États un projet de lettre à écrire au Comte de Murray pour lui notifier que quant à ce qui le concerne, l'on tient les préalables

» avantages, marques distinctives, privilèges ou usages; et résolu ensuite
» d'envoyer copie de cette résolution aux États de Brabant, aux Magistrats
» des chefs-villes de Louvain, Bruxelles et Anvers, chargeant ces mêmes
» Magistrats de faire connaître cette résolution à leurs gildes respectives,
» sections et autres semblables corporations légales ; en même temps
» d'envoyer copie de la même résolution à tous, avec les lettres circulaires
» habituelles. »

1787 pour accomplis. Je suis invité chez le duc d'Arenberg et j'y dîne. Notez que la représentation agréée le 6 de ce mois n'avoit pas eu lieu.

Du 21 septembre.

Le Conseil s'assemble de nouveau pour délibérer définitivement sur la dépêche du 11 de ce mois, à l'égard de laquelle on avoit eu une première séance le 18. Mr Abrassart fait rapport que, s'étant communiqué avec le Pensionnaire des États et lui ayant laissé copier certains projets d'arrêté, les États lui avoient fait parvenir leur résolution à cet égard, qui portoit ces termes : « Conclu de requérir Messieurs du Conseil, » en les remerçiant de leur communication, de vouloir suivre » le projet d'arrêté. » Côté L^a. A.

En conséquence, l'arrêté du Conseil sur la dite dépêche du comte de Murray fut résolu et conçu en ces termes : « Conclu, » sans entendre de déroger en aucun point à la constitution de » ce pays, ni aux droits, franchises et privilèges publics et » particuliers, et sans préjudice à toutes protestations et ré- » clamations faites et à faire au sujet des États, ordonnances, » déclarations et décrets dont il s'agit, de déclarer que ledit » décret sera enregistré et publié au rôle ».

On apprend, par plusieurs lettres venant de Bruxelles, qu'il y a eu hier une bagarre très vive entre le militaire et les volontaires bourgeois, au sujet des cocardes et uniformes que le comte de Murray avoit voulu faire ôter. A quoi les volontaires avoient refusé d'obtempérer avant qu'on n'eût publié la ratification de l'Empereur. Le surnommé comte Tallard part de Mons vers onze heures avec deux autres volontaires montois pour aller s'appaiser, par eux mêmes, de quoi il s'agit à Bruxelles. Grand nombre d'autres de nos volontaires font des préparatifs pour partir au premier coup de sifflet. On voit

reparaître dans toutes les rues les uniformes patriotiques qui 1787
avoient commencé à disparoître depuis quelques jours. Au
moment où j'écris, quatre heures et quart après-midi, j'entends la grande musique turque qui sort du lieu de ses
assemblées ordinaires : je ne sais où elle va ni pourquoi elle
est en action. Elle se promène par la ville et sort par la porte
de Nimy, va jusqu'au faubourg. Vers six heures du soir, une
compagnie de nos volontaires part avec armes et bagages vers
Bruxelles pour voler au secours des Brabançons si l'on
apprend par Tallard qu'il y a eu en effet un soulèvement
et que les choses ne soient pas appaisées. Toutes les autres
compagnies se tiennent prêtes à marcher dans le même cas.
L'après-midi s'est passée de leur part à disposer leurs armes et
à faire des cartouches. Voici une anecdote qui mérite d'être conservée. Dans la compagnie qui est partie vers six heures étoit
un menuisier : sa femme vint le retirer de son rang en l'accablant de reproches sur sa dureté d'abandonner toute une
famille qui n'avoit de ressources que dans son travail. Il dut
céder aux instances de sa femme et retourna avec elle. Un des
spectateurs prit ses armes et marche à sa place. Le menuisier
arrivé chez lui, enferme sa femme dans une chambre et revient
à sa compagnie. Celui qui avoit pris sa place et ses armes
refuse de les lui rendre ; le conseil de guerre de la compagnie
décide qu'il faut les rendre. Il les rend en effet et veut se retirer ;
mais sa femme qui se trouve là à portée, le traite de poltron et
de lâche et le renvoye à coups de pied prendre poste dans la
compagnie. — Je n'ai pas de fusil, dit-il ; — N'importe,
marche toujours, tu en trouveras un quelque part. Il
s'associe en effet à la compagnie et marche avec les autres.

On apprend par les personnes de la diligence partie de
Bruxelles à dix heures du matin, que tout étoit appaisé et que
le comte de Murray avoit engagé sa parole de donner le lende-

1787 main la ratification, ou plutôt la déclaration qu'il étoit autorisé de donner au nom de l'Empereur par sa royale dépêche arrivée la nuit du 16 au 17 de ce mois. (Page 69 ci-dessus.) Malgré cela, les compagnies de volontaires se tiennent en allerte et prêtes à marcher jusques à ce que l'on reçoive des nouvelles directes par le retour du comte Tallard.

Du 22 septembre.

Le comte Tallard est arrivé de Bruxelles vers onze heures de la nuit porteur de bonnes nouvelles et de quelques exemplaires imprimés de la dépêche du comte de Murray adressée hier aux États de Brabant. Cette nouvelle se répand d'abord par la ville. Le peuple court dans les rues en criant : *vivat !* et sonne aux principales maisons. A quatre heures et quart, on sonne chez nous et l'on arrache la chaîne de la sonnette ; je me mets à la fenêtre et j'apprends d'un membre du magistrat qui passe dans ce moment, que les États sont convoqués et qu'il est en chemin pour s'y rendre. Le comte Tallard est suivi du retour de la compagnie des volontaires qui étoit partie hier, vers six heures du soir, et qui s'étoit tenue stationnée à Soignies pour servir d'avant-garde en cas de besoin. Plus tard dans la matinée, le carillon et la cloche du château, celui de Ste-Élisabeth et le reste.

Toutes les compagnies de volontaires ainsi que les serments auxquels elles s'étoient agrégées, se rendent en grande parade sur la place vers onze heures et y exécutent de très belles évolutions avec la contenance et toute l'exactitude de vieux soldats. Arrive le marquis de Moulbaix venant à franc étrier et en poste de Bruxelles ; il est porteur de la dépêche originale pour les États de Hainaut. Il se rend droit à l'hôtel-de-ville, nos États y étant de nouveau assemblés.

Le Pensionnaire vient lire cette dépêche au balcon et notifier 1787 les nouvelles ultérieures que venoit d'apporter le marquis de Moulbaix. A chaque fois les volontaires font des décharges et pendant ce tems, quelques pièces de canon qu'ils avoient été retirer de l'arsenal de la ville et qu'ils avoient placées sur les remparts, donnent des salves et servent à communiquer la chose au plat pays. Dès le matin, on avoit déjà fait réimprimer ici et répandre dans le public la dépêche adressée aux États de Brabant : l'on fait aussi imprimer d'abord celle adressée aux États de Hainaut, qui est substantiellement la même. Je joins ici un exemplaire de cette dépêche fameuse qui est une confirmation mémorable des constitutions de notre pays. Les États prennent la résolution de faire chanter le Te Deum en actions de graces, ce qui fut effectué à Ste-Waudru vers une heure. On y vit trois abbés à la fois à l'autel : celui de St-Denis officia et les abbés de Bonne Espérance et de St Ghislain assistèrent. Les Dames du chapitre qui avoient repris leurs habits noirs depuis quelques jours pour satisfaire aux préalables exigés par l'Empereur, étoient dans les stalles du chœur avec ces habillemens. Le duc d'Arenberg sur un priez-Dieu sans carreaux (sans doute parce qu'il n'en avoit pas voulu) étoit dans le milieu du chœur. Les États, quelques membres du Conseil invités à la hâte et plusieurs autres personnes notables se trouvèrent pêle-mêle sur des chaises et sur les bancs au chœur et ailleurs dans l'église. Les volontaires firent toudis ([1]) plusieurs belles décharges dans l'enceinte du chapitre et il y fut répondu par le canon des ramparts.

Le duc donne à dîner à quelques membres des divers ordres des États. Au dessert, arrive la musique turque qui exécute plusieurs morceaux dans le jardin et on chante un couplet à

([1]) Toujours. (Note de l'éditeur.)

1787 la louange dudit seigneur duc. Ce couplet imprimé se joint ici, et j'y ait noté l'air. Le soir, illuminations par toute la ville.

Les autres nouvelles qu'avoit apporté le marquis de Moulbaix consistent principalement en ce que, par une dépêche du 20 de ce mois, le comte de Murray avoit suspendu l'ouverture du cours de Théologie jusqu'au premier novembre prochain, ordonnant à ceux de la faculté de Théologie de lui envoyer incessamment des députés pour les entendre sur les dispositions à faire, etc. Cette dépêche ci-jointe en imprimé. On apprend aussi que l'abbé Dufour et le conseiller Leclercq avoient signé un avis envoyé à l'Empereur, contraire à l'établissement du nouveau séminaire général : cette dernière nouvelle fait un plaisir extrême puisque c'étoient les fauteurs et peut-être les auteurs du plan de ce nouvel établissement.

Le pensionnaire des États ayant confié à M. Meuret, ancien des conseillers en ville, la dépêche originale du comte de Murray du 21 de ce mois pour que la Cour put en tirer un *vidimus*, si elle le trouvoit convenir, le Conseil s'assemble à ce sujet, à trois heures après-midi, et la résolution porte que ladite dépêche seroit enregistrée et qu'il en seroit dépêchées lettres de *vidimus* pour être déposées aux archives de la Cour.

Quelqu'importante que soit cette journée, puisqu'elle met fin à nos inquiétudes et qu'elle écarte absolument la malheureuse révolution dont nous étions menacés, cependant la joye n'a pas été si vive ni cordiale que celle de la journée du 8 mai (page 20 ci-dessus) pour une simple surséance.

Du 23 septembre, dimanche.

Les États reçoivent de leur correspondant une relation de ce qui s'est passé à Bruxelles à la journée du 20. Cette relation,

qui ne m'est pas encore parvenue, trouvera sa place ailleurs. 1787
(Voyez le petit recueil imprimé ci-joint: item les deux relations imprimées depuis, ici aussi jointes, concernant le Brabant et le Hainaut respectivement.)

L'après-midi, toutes les compagnies de volontaires vont en grande parade rechercher les neuf pièces de canon qu'on avoit placées la veille sur les remparts. On fait trois salves de ces canons et la mousqueterie y répond par plusieurs décharges. On ramène ces pièces en ville; la grande musique turque est à la tête, le duc d'Arenberg avec plusieurs personnes des États et autres qui avoient dîné chez lui sont du cortège. La plus grosse pièce nommée: *Le Lion*, est décorée d'un grand bouquet de fleurs et de verdure: on commence depuis hier à l'appeler *Le Lion Belgique*.

Le soir, encore grande illumination accordée aux vœux et aux murmures du peuple; car pour ne pas frayer bien d'honnêtes gens dont les moyens sont médiocres, il avoit été convenu aux États que l'on se borneroit à un seul jour d'illumination. Mais le comte Tallard s'est adressé au duc d'Arenberg disant que le peuple étoit inquiet de ce l'on n'illuminoit pas, et qu'il soupçonnoit qu'il étoit arrivé quelque nouvelle sinistre à l'assemblée des États tenue ce matin.

Du 24 septembre.

Il prend fantaisie à deux compagnies de volontaires d'aller se camper de grand matin dans l'enclos du chapître de Ste-Waudru, à l'heure des matines. On empêche ces Dames de se rendre au chœur autrement que dans leur ancien costume. A neuf heures, la même chose, disant que tout étant remis sur l'ancien pied, elles devoient aussi reprendre leurs habits de chœur ordinaires, et qu'elles ne passeroient pas

1787 dans un autre accoutrement: *Nous ne voulons pas avoir de chanoinesses noires*. Enfin à dix heures, à la sollicitation de ces Dames, de leurs officiers, des magistrats de Mons et des capitaines d'autres compagnies de volontaires, le camp est levé et on permet aux Dames de commencer matines ; et on leur donne trois jours de délai pour obtenir (comme elles disoient d'en avoir besoin) de pouvoir reprendre leurs anciens habits, fesant entendre qu'on reviendroit au bout de ce terme.

Du 27 septembre.

On colporte dans les rues des copies imprimées de la lettre écrite le 20 de ce mois pour les États de Brabant aux États des autres provinces, pour les inviter à agir de concert pour empêcher toute exécution quelconque, même provisionnelle, du plan de rétablissement du séminaire général, attendu que la chose seroit irréparable en définitif. Ci-joint un exemplaire de cette lettre adressée aux États de Hainaut et l'imprimé qui est à la suite est la dépêche par laquelle les États de Brabant ont communiqué aux gens de loi de leur province la déclaration donnée, le 21, par le comte de Murray au nom de l'Empereur.

On se passe de main en main une chanson satyrique contre le général comte d'Arberg qui, à la journée du 20 de ce mois, étoit entré dans Bruxelles à la tête d'une division de son régiment de dragons pour faire oter aux bourgeois l'uniforme et la cocarde patriotique, et qui avoit courru un très grand danger d'être tué d'un coup de fusil tiré sur lui presqu'à brule-pourpoint.

Du 29 septembre.

On colporte dans les rues un petit imprimé ayant pour titre : *Sort et Salut du peuple, dédié aux États et à la nation*. Ci-joint un exemplaire.

Du 30 septembre.

On colporte un imprimé ayant pour titre : *La liberté Belgique*. Ci-joint un exemplaire. 1787

Du premier octobre.

Cejourd'hui, à la rentrée des Chambres après vacances, deux compagnies des ci-devant volontaires sont venus saluer le Conseil de trois décharges tirées dans la cour, tandis qu'on sonnoit le carillon et la grosse cloche à Ste-Élisabeth. Pendant la séance, M^r le Président a fait rapport que des députés de l'ordre des avocats s'étoient rendus hier chez lui, pour l'inviter avec sa compagnie, à une grand'messe et *Te Deum* que l'ordre des avocats feroit chanter aujourd'hui à onze heures, à l'Église de Ste-Élisabeth, le prévenant qu'il y auroit des chaises au chœur. En conséquence, nous nous y sommes rendus pêle-mêle à la suite du Président, et nous nous sommes placés au chœur, dont l'entrée étoit défendue par deux fusiliers des ci-devant volontaires en habits rouges, mais sans épaulettes ni cocardes, seulement une branche de verdure au chapeau. Messrs les avocats, tous vêtus de noir, étoient dans la nef à gauche en entrant. La droite étoit libre pour les Dames et autres personnes notables. Les mêmes compagnies des volontaires ont fait les décharges en tel cas accoutumés, et une à notre sortie. Elles étoient placées vis-à-vis de l'Église à l'autre rang de la rue.

Du 5 octobre.

Son Excellence envoye au Conseil une copie collationnée de la dépêche du 21 septembre adressée aux États (page 72 supra), avec la lettre qui s'ensuit :

« Joseph, comte de Murray etc., gouverneur et capitaine
» général par intérim, etc.

« Très chers et bien amés,

1787   « Ayant trouvé convenir de faire émaner et publier par la voie
» de la Législation la dépêche que nous avons adressée aux
» États de la Province du Hainaut pour le maintien de la con-
» stitution, sous la date du 21 septembre dernier et dont nous
» joignons ici une copie, nous vous chargeons de nous propo-
» ser la forme dans laquelle vous croyez que cette publication
» pourra se faire dans votre ressort.
« A tant, . . de Bruxelles le 2 octobre 1787.
Paraphé : C^r. v^t. (Signé :) Murray.

Plus bas : Par ordonnance (contre-signé :) Delannoy ; et au pied est écrit : Au Conseil du Hainaut. »

La chose mise en délibération, on a rescrit comme s'ensuit, moi rapporteur, après communication avec le Pensionnaire Hamalt de service aux États:

« Monseigneur,

« Nous avons reçu, cejourd'hui, la dépêche du 2 de ce mois
» par laquelle votre Excellence nous envoye copie collationnée
» de la déclaration du 21 septembre adressée aux États sur le
» maintien des constitutions de ce pays, et nous charge de lui
» proposer la forme dans laquelle la publication pourroit en être
» faite dans le ressort de ce Conseil.
« Cette déclaration, ainsi qu'elle est émanée au nom et en suite
» des ordres de S. M., assure suffisamment et irrévocablement
» le maintien et la conservation des droits constitutionnels de
» ce pays ; cependant nous ne saurions qu'applaudir à la
» résolution que votre Excellence a prise de faire émaner et
» publier par la voie de la législation les dispositions y con-
» tenues : nous estimons même que cette émanation ne sauroit

» avoir lieu trop tôt, comme étant un des moyens les plus 1787
» efficaces de rétablir absolument le calme dans l'esprit du
» peuple.

« Quant à la forme, nous estimons qu'il ne s'agiroit que de
» nous faire parvenir un Décret du gouvernement porté en
» la manière ordinaire, qui nous ordonneroit de faire publier
» la déclaration dont il s'agit, dans tous les lieux accoutumés
» de ce pays et comté de Hainaut.

« Nous sommes avec respect, Monseigneur, de votre Exc.,
» les très-humbles et t. ob. serviteurs,

« Les G. B., Président et G. du Conseil souverain de l'Empereur et Roi en Hainaut.

(Signé :) Maugis.

« Mons, le 5 octobre 1787. »

Du 6 octobre.

L'on vend en cachette, à Mons, deux estampes, l'une représentant le Grand Turc qui crie : *une partie des Pays-Bas perdus !* les Rois d'Espagne, d'Angleterre et de Prusse, disant chacun leur propos et le Roi de France qui reste sans rien dire : un courrier dans le lointain apporte la ratification, c'est-à-dire la ratification des dispositions de LL. AA. RR. du 30 mai, étendues à la province de Hainaut par leur dépêche du 6 juin, (page 31) ; l'autre estampe représentant deux volontaires brabançons (cavalier et fantassin) qui, après la journée du 20 septembre et après la déclaration donnée le 21 sur le maintien de nos constitutions, se lient par de nouveaux engagemens à combattre plutôt jusqu'à la mort, que de se laisser jamais tromper par une paix simulée. Je joins ici ces deux gravures.

1787 On colporte publiquement dans les rues *le catéchisme constitutionnel à l'usage de la nation Belgique, par H.-J. Vanderhoop avocat au Conseil souverain de Brabant.*

Je joins ici un exemplaire de cette pièce singulièrement remarquable, sauf à le retirer si le volume devenoit plus gros par une suite qu'on semble annoncer du même ouvrage.

Du 15 octobre.

Cejourd'hui, les chambres assemblées au sujet de la dépêche de son Excellence du 11 de ce mois, ordonnant la publication d'un règlement y joint en copie, relatif à l'établissement en ce pays et comté de Hainaut, des brasseries d'eaux-de-vie de genièvre, au commerce des eaux-de-vie de France et à leur distillation ; règlement homologué d'après le projet formé par les États.

La cour a fait différentes réflexions sur la rigueur de ce règlement du chef des amendes et confiscations et sur la sujétion aux visites des commis. Après quoi elle a arrêté : » Qu'avant de procéder à la publication du prédit règlement » les considérations ci-dessus seront communiquées aux » États assemblés de ce pays, les requérant de communiquer à » la Cour la résolution qu'ils auront prises sur icelles ».

Cette arrêté fut couché au registre des résolutions de la p[re] chambre, moi Paridaens rapporteur, et il fut communiqué en copie collationnée, par extrait dudit registre, aux États de ce pays le même jour 15 octobre. Le début est conçu en ces termes : « Il a été pris en considération que l'objet et le but de

« tout impôt ne doit et ne peut être autre que de procurer au
» Souverain le moyen de faire jouir, sous la sauvegarde de
» la loi, chaque citoyen du droit qu'il a à sa propriété et à sa
» liberté ; que, d'après cette vérité incontestable, la manière
» de percevoir l'impôt et les précautions pour en empêcher
» la fraude, ne peuvent jamais tendre, même indirectement,
» à la frustration de ce droit inaliénable ». Plus bas, il est dit :
« Les dispositions de ce règlement qui porte indirectement
» atteinte à la propriété du citoyen sont celles qui, statuant
» la confiscation de tous les ustensiles des brasseurs ou
» distilateurs d'eau-de-vie et fixant, presque dans tous les cas,
» les amendes à de trop fortes sommes, tendent à les ruiner
» absolument, en les empêchant de continuer le travail et le
» trafic qui leur procuroit la subsistance ; de sorte qu'ils se
» trouveroient réduits à l'extrême alternative ou de violer les
» lois pour se procurer le nécessaire, ou de tomber avec leur
» famille à la charge de la communauté. La confiscation des
» ustensiles paraît surtout être déplacée lorsque la contraven-
» tion ne consiste pas dans le fait seul de posséder de tels
» ustensiles, mais dans l'abus qui en a été fait. D'autres
» dispositions tendent à troubler la tranquillité et la liberté
» dont en général le citoyen doit jouir chez lui, sans être
» exposé au caprice, et souvent à la brutalité d'un commis,
» qui à toute heure, même au milieu de la nuit, pourroit
» venir troubler le repos d'une famille par des visites tout au
» moins importunes ».

Après avoir ainsi fait des observations sur les dispositions intrinsèques du dit règlement, la Cour a, au surplus, pris en considération que « dans le préambule de ce règlement il est
» énoncé qu'il a été porté de l'avis du conseil du gouverne-
» ment ; en outre que le mandement en est aussi adressé au
» conseil du gouvernement, tandis que dans aucun Édit,

» ordonnance ni déclaration légalement émanée, il n'a jusqu'ici
» été fait mention dudit conseil qui n'a jamais été établi, et dont
» les fonctions n'ont jamais été déterminées par aucun Édit,
» ni acte ayant force de loi ». En conséquence, arrêté encore :
» qu'il sera rescrit à Son Excellence le gouverneur et capitaine-
» général par intérim, pour, après lui avoir fait les observations
» qui précèdent, concernant ce dernier objet, l'informer que
» la Cour estime que, lors de la publication à faire du règlement
» dont il s'agit, il sera de son devoir indispensable d'omettre
» les expressions qui sont relatives à ce conseil du gouverne-
» ment. Et sera le présent arrêté ultérieur également commu-
» niqué aux États de ce pays. »

Du 20 octobre.

Aujourd'hui la Cour a reçu la dépêche suivante :

« Joseph, comte de Murray, etc., lieutenant, gouverneur et
» capitaine-général par intérim, etc.

« Messieurs, la charge d'intendant de Mons que Sa Majesté
» avoit conférée au comte de Gomegnies, Chevalier de Cour au
» Conseil de Hainaut, étant éteinte et supprimée avec l'intendance,
» par une suite de la déclaration que nous avons portée au nom
» de S. M., par dépêche adressée aux États de Hainaut le
» 21 septembre dernier, et dont nous vous remettons un double
» authentique par dépêche de ce jour, c'est l'intention de S. M.,
» en tenant comme non avenu le serment que ledit comte
» de Gomegnies a prêté pour la dite charge d'intendant, qu'il
» rentre dans celle de Chevalier de Cour qu'il avoit auparavant
» et dans le même rang, et qu'il en reprenne les fonctions sur le
» pied du serment qu'il a prêté à son avénement à ladite charge

» de Chevalier de Cour. En conséquence, la nomination que 1787
» vous avez faite pour remplir cette place vient à cesser.
» A tant, Messieurs..... Bruxelles, le 17 octobre. »

Etoit paraphé : Cr. vt. (Signé :) Murray, et par ordonnance de Son Excellence (contre-signé :) P. Lederer.

La chose mise en délibération, les chambres assemblées, conclu de ne point s'opposer à la rentrée dudit comte de Gomegnies, en qualité de Chevalier de Cour, quand il se présenteroit.

Ce même jour, les États ont communiqué au Conseil les changemens qu'ils avoient faits au règlement à émaner sur le fait des eaux-de-vie, et lui ont envoyé copie du nouveau projet qu'ils avoient déjà envoyé à Bruxelles pour en solliciter l'homologation. Quant aux observations que le Conseil avoit faites relativement au Conseil du gouvernement, la résolution des États portoit que rien n'empechoit que la Cour n'écrivit sur ce point, d'après ces observations, au lieutenant gouverneur-général par intérim, suivant qu'elle l'avoit arrêté.

L'arrêté du Conseil sur cette communication a porté de suspendre ultérieurement la publication du règlement et de tenir aussi en surséance l'exécution du deuxième point de l'arrêté du 15 de ce mois concernant le Conseil du gouvernement. Quelques changements survenus dans l'état politique des choses ont motivé ce changement de résolution de la part du Conseil.

Du 26 octobre

Les États reçoivent de leur correspondant, la nouvelle que le nouveau ministre, comte de Trauttmansdorff, est arrivé à Bruxelles.

1787 Le Conseil reçoit le règlement au fait du commerce des eaux-de-vie suivant le nouveau projet. L'on conclut de le faire imprimer et publier tel qu'il est, quoique contenant les mêmes expressions que le premier relativement au Conseil du gouvernement.

Du 27 octobre.

On publie à Mons le règlement au fait des eaux-de-vie. Tout se passe fort paisiblement, quoique l'on avoit craint quelqu'émotions dans le peuple. J'étois commissaire pour la publication, comme ayant été rapporteur de l'affaire.

Du 31 octobre.

Les chambres assemblées, on délibère si l'on envoyera une députation à Bruxelles pour complimenter le nouveau ministre comte de Trauttmansdorff, et il emporte d'envoyer une grande députation composée de cinq personnes. En conséquence, M. le Président est député avec MM. Farin, Obert, Demarbaix et Sebille, et l'on convient qu'ils partiront lundi prochain 5 novembre.

On convient aussi, après de grands débats, que la Cour prendra vacance jusques après la Saint-Martin.

Du premier novembre.

Le régiment de Wurtemberg arrive à Mons pour y rester en garnison. Il y est bien accueilli parce qu'il n'a pas donné de marques d'antipatriotisme dans tous ces embarras, durant lesquels il étoit en garnison à Luxembourg, et parce que d'ailleurs presque tous les officiers sont des personnes connues, même plusieurs montois, avec lesquels, ainsi qu'avec 1787 toute la troupe, le civil a vécu en bonne intelligence lorsque le même régiment étoit autrefois encore de garnison à Mons sous les noms successifs de Ligne, de Deinze et de Kaunith.

Les États reçoivent de leur correspondant à Bruxelles la nouvelle que les Brabançons ont consenti à la rentrée du chancelier de Brabant et des deux conseillers qui avoient abandonné leurs places en acceptant d'être placés dans le nouveau Conseil Souverain de justice que l'Empereur avoit voulu établir, à charge cependant que ledit chancelier et lesdits conseillers prêteroient de nouveau serment aux États comme de coutume, et sans préjudice aux représentations que les États de Brabant se réservoient de faire sur ce sujet à Sa Majesté.

Du 3 novembre.

Arrive à Mons le deuxième bataillon du régiment de Wurtemberg, le prince de Wurtemberg, colonel-propriétaire, étant à la tête.

Du 4 décembre.

Les États font des observations sur l'Édit du 22 novembre dernier envoyé au Conseil pour être procédé à sa publication, concernant les écrits satyriques, libelles diffamatoires, scandaleux, factieux ou séditieux ; d'après lesquelles les États concluent ainsi : « Pourquoi, MM. sont d'avis que MM. du
» Conseil, aux quels il sera donné communication des obser-
» vations des ordres, seront requis de ne pas passer outre à
» la publication de l'Édit prémentionné ainsi qu'il est conçu,
» et de vouloir communiquer également aux États les réflexions
» qu'ils pourroient avoir faites à cette occasion ».

Du 8 décembre.

1787   Séparation des États du Hainaut. Les députés sont chargés de reconvoquer s'il se présentoit des cas où la Constitution fut en danger.

Le duc d'Arenberg part pour revenir mardi 11, et assister à un grand dîner que donnera ledit jour le prince de Wurtenberg, propriétaire du régiment de son nom ici de garnison.

Du 11 décembre.

Le duc d'Arenberg est arrivé hier. Ce matin les députés des États sont allés en corps, en suite de charge leur donnée par l'assemblée générale avant sa dissolution, remercier ledit seigneur duc des soins infatigables qu'il s'est donnés pendant tout ce temps d'embarras et de crise, pour le maintien de la Constitution. Après cette visite, le duc s'est rendu à la chambre des États et y a fait sa contre-visite.

Du 12 décembre.

Le Conseil adresse à Son Excellence le comte de Trauttmansdorff la lettre dont voici copie : moi Paridaens rapporteur.

Monseigneur,

« Il nous est parvenu hier un paquet d'exemplaires imprimés » d'une ordonnance en date du 3 de ce mois portant défense » d'insulter des personnes constituées en dignité ou qui sont » en fonctions publiques.

» Ce paquet n'étant pas accompagné d'une dépêche signée de » la main de Votre Excellence, nous avons l'honneur de nous » adresser à Elle pourqu'elle daigne nous faire connaître si sa

» volonté est qu'il soit procédé à sa publication. Nous obser- 1787
» vons toutefois qu'il semble que telle ordonnance seroit
» absolument inutile pour le Hainaut, où les excès mentionnés
» dans le préambule ne paroissent pas être à craindre. Nous
» sommes en profond respect, » etc.

La dépêche qui accompagnoit le paquet et qui ordonnoit de publier l'ordonnance étoit intitulée : *L'Empereur et Roi*, et en bas paraphé : C^r. v^t., sans doute, Crumpipen, secrétaire d'État et *novissime* vice-président du nouveau Conseil du gouvernement, puis signé : DE MULLER.

On a tenu d'après nos constitutions, et d'après la patente même de M^r De Trauttmansdorff que nous ne devions déférer à aucun ordre qui ne fut signé du gouverneur-général des Pays-Bas ou de celui qui en tient provisionnellement la place.

Du 19 décembre.

Le Conseil reçoit réponse à la lettre du 12 ici immédiatement précédente, ladite réponse de la teneur comme s'ensuit :

Ferdinand, comte du Saint-Empire, de Trauttmansdorff, etc.

Messieurs,

» Ayant vu votre représentation du 12 du courant, par laquelle
» en nous accusant la réception d'un paquet d'exemplaires de
» l'ordonnance du 3 de ce mois, portant défense d'insulter des
» personnes constituées en dignité, vous nous demandez si
» notre volonté est, vu que ce paquet n'étoit pas accompagné
» d'une dépêche signée de notre main, que vous procédiez à la
» publication de ladite ordonnance; nous vous faisons la pré-
» sente pour vous dire que l'envoi des exemplaires de cette
» ordonnance ayant été accompagné d'un ordre du gouverne-

1787 « ment de la publier, ordre qui a été dépêché dans la forme
» ordinaire au nom de l'Empereur, signé par un de ses secré-
» taires et l'enveloppe du paquet muni du cachet secret de
» S. M., vous ne pouviez vous dispenser de déférer audit ordre;
» en conséquence, nous vous ordonnons d'y obtempérer inces-
» samment en procédant à la publication de l'ordonnance dont
» il s'agit, et de déférer également dans tous autres cas, aux
» ordres du gouvernement qui (') ont été dépêchés dans les
» formes en usage jusqu'à présent. A tant... De Bruxelles, le
» 17 décembre 1787. »

     Paraphé : C^r. v^t. (Signé :) Trauttmansdorff et
par ordonnance de S. Exc. (contre-signé :) H. Wildt.

   Au Conseil de Hainaut.

En conséquence de cette dépêche, on a conclu et ordonné que l'ordonnance seroit publiée, etc., mais que dans l'appointement du Conseil, il ne seroit fait mention que de cette seule 2me dépêche.

L'on joint ici un almanach chantant des Belges colporté dans les rues. Il mérite d'être conservé et de faire partie de l'histoire du temps.

Du 24 décembre.

M. le Président délivre à chaque membre de la Compagnie un exemplaire de l'« Exposition de la constitution, des lois
» fondamentales, libertés, franchises et privilèges du pays et

---

(') Remarquez ce prétérit ; c'est la cause que le Conseil n'a pas rescrit ultérieurement.

» comté de Hainaut, et des principales infractions qui y ont été 1788
» faites, conçue dans un Comité établi par les États du pays ».
Cette distribution fut faite de la part des députés des États qui en avoient envoyé à cet effet un paquet d'exemplaires à M. le Président.

Le rédacteur de ce précieux ouvrage fut M. le conseiller Charles Demarbaix, qui avoit été membre du Comité établi par les États.

Du 20 janvier 1788.

L'on commence à vendre à l'encan à l'hôtel du grand bailliage, les meubles et effets que le duc d'Arenberg n'avoit pas trouvé bon de faire transporter.

Le Conseil reçoit une dépêche itérative du gouvernement contenant injonction de procéder à la publication de la déclaration du 17 décembre 1787, incessamment, à peine de désobéissance. Les chambres assemblées, l'on conclut de rescrire ultérieurement.

Du 21 janvier.

Le Conseil rescrit ultérieurement au sujet de la déclaration du 17 décembre, et il dit que ce seroit contre son serment que de coopérer par cette publication à l'émanation de lois inconstitutionnelles telles qu'il y en a plusieurs entre les Édits, ordonnances et autres dispositions que cette déclaration a pour objet.

Du 23 janvier.

On apprend de Bruxelles que le Conseil de Brabant a reçu défense du gouvernement de lever la séance jusques à ce

1788 qu'ils auront ordonné la publication de la même déclaration du 17 décembre, et qu'à ce sujet, tout est encore en fermentation dans ladite ville.

Du 24 janvier.

On apprend que le Conseil de Brabant n'a levé la séance du 22 qu'à une heure après minuit, et après avoir résolu l'émanation de la déclaration du 17 décembre, avec plusieurs réserves inscrites dans les registres.

Voici des pièces qui me sont parvenues postérieurement, relatives à cette intéressante journée du 22 janvier 1788.

A l'entrée de la séance, c'est-à-dire vers 8 h. 3/4 du matin, le Chancelier reçut du ministre la lettre dont la teneur s'ensuit, avec une dépêche pour la Compagnie, telle qu'elle est transcrite ci-après :

Monsieur,

« Je vous envoye, Monsieur le Chancelier, une dépêche pour le
» Conseil, que je vous prie de faire lire d'abord, et le contenu
» de laquelle vous annoncera que je suis irrévocablement décidé
» de faire exécuter ce que j'y dis dans la matinée, dussai-je en
» venir à toutes les extrémités que j'ai eu le bonheur d'éviter
» jusqu'ici, mais dont l'explosion seroit infaillible aujourd'hui
» et pour le total et pour beaucoup d'individus, Sa Majesté
» voulant absolument, ainsi que sa dignité l'exige, que tout ce
» qui tient aux préalables ne soit plus sujet à aucun doute et
» ne puisse être altéré par la moindre représentation. Vous
» trouverez donc dans la dite dépêche, la défense la plus
» expresse de vous séparer avant que l'émanation ne soit
» décidée et qu'on ne soit venu me faire rapport de la résolu-

» tion y relative ; je charge aussi le conseiller fiscal de veiller 1788
» à tout ce qui se fera, et de m'en rendre compte.

» Je vous avertis en même temps, que je n'accepterai plus
» aucune représentation, et que si on m'en envoyait, le Conseil
» s'exposeroit à l'humiliation de se la voir renvoyer sans l'avoir
» seulement ouverte.

» Tout comme je vous ai donné vingt-quatre heures hier, je
» ne peux plus vous en accorder que quatre aujourd'hui. Si
» l'émanation ne se fait pas d'ici à deux heures, je la ferai faire de
» force, dussai-je faire investir le Conseil, et employer ensuite les
» tristes moyens de canons et de bayonnettes que Sa Majesté
» m'a très expressément prescrit, pour le cas d'une résistance
» aussi complette que seroit celle du Conseil, produite par celle
» des États, qui, en difficultant l'émanation en question, s'op-
» pose par le fait aux préalables et renonce volontairement à
» la déclaration du 21 septembre, dont la révocation se feroit
» encore ce matin(¹) si la difficulté n'est pas levée à deux heures.

» J'ai l'honneur d'être, Monsieur le Chancelier, votre très
» humble et obéissant serviteur.

(Signé :) TRAUTTMANSDORFF.

Rª le 22 janvier 1788, à 8 h. 3/4 du matin.

Copie de la dépêche jointe :

FERDINAND, ETC.

» Messieurs, comme nous voulons absolument que, confor-
» mément à nos ordres précédens et nommement à ceux d'hier,
» la déclaration du 17 décembre soit émanée dans le terme de
» vingt-quatre heures et que ce terme est au moment d'écouler,
» nous vous faisons les présentes pour vous ordonner itérati-
» vement d'y satisfaire, vous défendant à peine de désobéissance

---

(¹) Il compte la matinée jusqu'au dîner qui se fait fort tard chez les grands.

1788 " de vous séparer ou de quitter le Conseil avant que d'avoir
» procédé à cette émanation et de nous avoir rendu compte de
» la résolution d'y pourvoir.

» Nous vous prévenons d'ailleurs que nous avons aussi fait
» connaître de nouveau nos intentions absolues aux députés
» des États dans des termes qui leur annoncent les suites immé-
» diates du moindre délai à cet égard. A tant, Messieurs,
» Dieu vous ait sous sa s^{te} garde. »

De Bruxelles le 22 janvier 1788.

Paraphé : C^r. v^t. (Signé :) TRAUTTMANSDORFF.

(Contre-signé :) ....

Au Conseil de Brabant.

R^a le 22 janvier 1788, à 8 h. 3/4.

Sur ces lettres, il fut résolu de ne pas procéder à l'émanation de l'Édit ; de quoi il fut donné connaissance à S. E. par
le fiscal à 7 heures du soir.

Ensuite nouvelle lettre à M. le chancelier, en réponse à la
sienne écrite à 8 heures par laquelle il avoit demandé que le
Conseil put se séparer, annonçant que le Conseil ne procéderoit pas à cette émanation tant que l'obstacle opposé par les
États ne seroit pas entièrement levé. S. E. dit dans cette nouvelle lettre, que l'opiniatreté du Conseil est incroyable, qu'il
devroit s'en repentir à jamais puisque la suite en avoit été la
mort de quelques malheureux([1]) ; qu'il saura y suppléer. Il
annonce une nouvelle lettre des députés des États. A dix
heures, il envoya cette lettre qui contenoit effectivement un
consentement. Sur quoi, fut résolu à une heure après minuit
comme s'ensuit :

Resolutum, à l'intervention de l'office fiscal, pris égard au

---

([1]) Une patrouille militaire ayant été huée par des personnes du peuple,
avoit fait feu dans l'après-dinée.

» consentement porté par les députés des États de Brabant par 1788
» leur lettre de ce soir, d'émaner et de faire publier la déclaration
» de l'Empereur du 17 décembre 1787 concernant les Édits et
» ordonnances qui étoient publiés au 1er avril 1787, bien entendu
» que le Conseil n'entend pas, par l'émanation de ladite décla-
» ration : 1º de donner une nouvelle ou plus de force et de
» légalité aux Édits, ordonnances et autres dispositions y rap-
» pelées que celles qu'ils avoient ou qu'ils ont pu avoir, aux
» termes de la constitution du pays et à l'époque du 1er avril
» dernier ; 2º que toutes les clauses resservatoires ajoutées
» par le Conseil à ses différentes résolutions relatives à l'éma-
» nation précédente des mêmes Édits, ordonnances ou autres
» dispositions, nommement sur l'Édit du 17 mars 1783 con-
» cernant la suppression de quelques couvents ainsi que celui
» du 28 septembre 1784 concernant les mariages, demeureront
» dans leur pleine et entière vigueur ; 3º que le Conseil
» n'entend pas de porter par ladite émanation en aucune manière
» quelque préjudice à la constitution du pays, non plus
» qu'aux réclamations et représentations déjà faites et à faire
» ou à renouveler de la part des États ou des corps et autres
» intéressés, sur le maintien de tous les points et articles de
» la joyeuse entrée. »

Dudit jour 24 janvier.

Le Conseil reçoit à 7 h. 3/4 du soir, par estaffette, la dépêche du gouvernement, ou plutôt de Son Exc. le ministre, conçue en ces termes :

FERDINAND, ETC.

Messieurs,

« Nous vous faisons la présente pour vous dire que c'est

1788 » notre intention qu'à la réception de la présente, vous
» Président, vous conseiller avocat, et quatre conseillers de
» votre compagnie, vous vous mettiez en route pour vous
» transporter à Bruxelles, et que cette députation soit rendue
» chez nous demain à huit heures du matin. A tant, Messieurs,
» Dieu vous ait en sa S^te garde. »

De Bruxelles le 24 janvier 1788.

Paraphé : C^r. v^t. (Signé :) TRAUTTMANSDORFF.

(Contre-signé :) L.-C. VANDEVELD.

R^a à 7 h. 3/4 dito.

Aux Président et Gens du Conseil de Hainaut.

M. le Président ayant en conséquence fait convoquer le Conseil pour 9 heures du soir, la chose y fut mise en délibération, et la résolution porta d'obtempérer à la dépêche. L'on députa pour les quatre conseillers : Messrs Farin, ecclésiastique, Obert, Chevalier de Cour, C. Demarbaix et moi Paridaens.

Nous partîmes à minuit.

Il étoit neuf heures du matin le lendemain 25, lorsque nous arrivâmes à Bruxelles. Nous envoyâmes d'abord notre agent Mertens prévenir Son Exc. qu'à cause des retards que nous avions essuyés dans la route, nous venions d'arriver seulement et que nous nous disposions à nous présenter à son audience. L'agent vint nous rapporter que nous pouvions y aller prêtement. Nous nous y rendimes vers dix heures, en robes et avec rabats.

Nous fûmes introduits d'abord. Son Exc. nous reçut de pied droit ayant le dos tourné au feu ; il avoit à sa droite M. Decrumpipen, vice-président du conseil du gouvernement, à sa gauche M. Delevielleuze, membre du même conseil.

Du 30 janvier.

On apprend par des lettres particulières de Bruxelles, que 1788 LL. AA. RR. les S^mes Gouverneurs généraux y sont arrivés la veille vers six heures du soir.

Du 10 février.

Aujourd'hui dimanche, premier du Carême, le prince de Wurtemberg, colonel du régiment ici en garnison, donne un grand dîner aux officiers de sa garnison pour leur dire *à Dieu*.

Du 11 février.

Le prince de Wurtemberg est parti ce matin, à l'issue du bal, pour Paris, et de là à Vienne, etc.

Du 21 avril.

Arrivent au Conseil les patentes de grand bailli sur le comte d'Arberg, pour le *déport*, y est-il dit, du duc d'Arenberg, avec une dépêche signée de LL. AA. Royales.

Du 22 avril.

Le premier bataillon du régiment de Würtemberg repart de Mons sur Luxembourg. Le même jour, arrive contre-ordre ; on envoye à la suite de la troupe partie.

Du 23 avril.

Le premier bataillon de Wurtemberg, parti hier, rentre en ville, ayant logé à Seneffe.

1788

Du 7 mai.

Le premier bataillon repart sur Seneffe, où il avait laissé ses canons et ses caissons avec une garde, depuis le 23 avril.

Du 10 mai.

Ce matin, est parti de Mons l'autre bataillon de Würtemberg; plus tard est arrivé à Mons un bataillon de régiment de Murray, venant de Namur.

Du 12 mai.

Aujourd'hui, lundi de la Pentecôte, beaucoup d'inquiétude dans la garnison, qui ne consiste qu'en un seul bataillon du régiment de Murray, une garde renforcée sur la place et plusieurs sentinelles se promenant en avant afin qu'on ne puisse s'en approcher de fort près ; d'autres sentinelles à quelques avenues de la place, tout le surplus de la garnison est renfermé dans les casernes, sauf quelques patrouilles parmi la ville ; point de gardes aux portes, point de sentinelles sur les remparts. On dit que c'est à cause que hier le soir, l'ancienne musique turque des patriotes s'est assemblée sur la place St-Jean, sans être néanmoins revêtus de leur costume turc ; que de là, ils sont allés en jouant sur la Grand'Place, suivis de beaucoup de monde, et que là, on avoit crié, soit les musiciens, soit d'autres personnes : « *Vivent les patriotes* ». Ce fut en effet le bruit de la musique turque qui occasionna ces allarmes. Le commandant militaire en ayant écrit à Bruxelles, arrive à six heures du soir, par estafette, une dépêche du gouvernement qui ordonne aux magistrats de faire émaner une ordonnance de police pour défendre tout attroupement, prévenant le public que le militaire a ordre de dissiper les personnes qui se trouveroient attrouppées ou assemblées au nom-

bre de huit et de se servir au besoin de leurs armes à cet effet. 1788
Les échevins font en conséquence imprimer tout de suite une ordonnance de police où la dépêche est insérée; cette dépêche contenant au surplus, que deux de leurs corps devoient se rendre demain au matin chez le ministre, le baron de Franqué, p^r échevin, — la place de chef étant vacante, — se met d'abord en route avec le pensionnaire Auquier. Le fiscal vient aussi de partir en poste pour Bruxelles en suite d'une dépêche particulière lui adressée.

Du 13 mai.

Les inquiétudes commencent à se calmer dans la garnison ; cependant, mêmes précautions que hier. L'on trouve de grand matin, affichée à tous les coins de la rue, l'ordonnance de police défendant les attroupemens. Vers trois heures après-midi, il arrive un détachement de la garnison d'Ath pour renforcer celle de Mons.

Par des lettres venant de Douay, on apprend la suppression des parlemens en France, ou si l'on veut, leur réduction, l'établissement des grands bailliages, l'érection d'une cour plénière pour la vérification des Édits, et plusieurs autres nouveautés approchant beaucoup du système qui devoit être sur pied dans ces pays-ci, au premier mai 1787.

Du 14 mai.

On sait des députés revenus de Bruxelles, qu'ils y ont été reçus avec affabilité et que le Ministre, qui avoit cru que tout étoit ici à feu et à sang, avoit été extrêmement satisfait que ce n'étoit rien, et que le tout avoit consisté en ce que le militaire avoit pris mal à propos l'allarme à cause de quelques

1788 sérénades que la musique bourgeoise avoit données dans les rues, comme cela se fait bien quelques fois par la musique militaire, quand les officiers veulent bien en faire la dépense pour fêter quelques dames ou autrement.

Du 15 mai.

A midi et demi est arrivé, à Mons, un escadron du régiment d'Arberg-dragons.

Du 19 mai.

Aujourd'hui à midi, les précautions extra-ordinaires de la part de la garnison ont cessé. La grand'garde a été réduite au nombre accoutumé, on a remis des gardes aux portes de la ville, des sentinelles sur les remparts et ailleurs comme auparavant, on a ôté les deux pièces de canon qui avoient été placées devant la grand'garde. Tout ceci fut arrangé par l'entremise du Sr Delevielleuze, conseiller au Conseil Royal, et d'un autre commissaire du gouvernement, qui étoient arrivés hier sur les représentations réitérées du magistrat.

Du 28 mai.

Aujourd'hui, l'agent Mertens a envoyé, au Conseil, un exemplaire imprimé de la dépêche de LL. AA. RR. adressée hier aux États de Brabant, qui, la veille, avoient accordé la continuation des impôts.

Voici copie de cette dépêche que l'on a reçue ici avec assez d'indifférence, quoique les lettres de Bruxelles, reçues déjà de hier, l'annonçaient avec beaucoup d'emphase :

Très-Révérends, Révérends pères en Dieu, nobles, chers
et bien Amés,

« Sur le compte qui a été rendu à l'Empereur des instances
» que vous avez adressées directement à sa personne sacrée,   1788
» à l'effet d'obtenir de sa bonté qu'elle rende sans réserve à
» son peuple belgique, le précieux bien de sa confiance sou-
» veraine et de son amour paternel, Sa Majesté nous a ordonné
» de vous déclarer :
» Que, regardant avec complaisance et avec sa générosité
» ordinaire la démarche que vous avez faite, et bien certaine
» de la sincérité du retour comme des sentimens d'une nation
» qui, dans tous les tems, a marqué son attachement et sa
» fidélité à ses maîtres, n'attribuant d'ailleurs tout ce qui s'est
» passé qu'aux impulsions de quelques esprits violents égale-
» ment ennemis du Souverain, de la patrie et du repos public,
» il entroit dans son cœur et dans les sentimens de son
» affection pour ses fidèles sujets, de saisir la première expres-
» sion d'une partie de leurs représentans pour accélérer, pour
» leur bonheur et la félicité publique, le moment du plein et du
» parfait retour de ses bonnes grâces ; qu'en conséquence, se
» livrant, comme vous l'en avez suppliée, à tous les mouve-
» mens de sa tendresse et de son cœur sensible, elle vouloit
» bien accorder l'oubli total du passé et rendre à la nation et
» à ses représentans son ancienne bienveillance et sa confiance,
» de la continuation des quelles, les États ne pourroient mieux
» s'assurer qu'en lui donnant sans cesse les preuves réelles et
» constantes de leur attachement à sa personne et au bien de
» son royal service : sentimens dont votre représentation con-
» tient l'hommage et auxquels elle est d'autant plus en droit de
» s'attendre que, résolue de maintenir la constitution actuelle de
» ses provinces belgiques, elle s'occupe constamment de tout
» ce qui peut contribuer à leur bien-être et à leur prospérité.

1788 » C'est avec une satisfaction extrême que nous vous annon-
» çons ces dispositions gracieuses de Sa Majesté, qui se
» promet, de l'attachement et de la soumission de chaque
» individu de la nation, que personne ne s'en rendra indigne
» par de nouveaux faits ou démarches repréhensibles, et ne
» renoncera par là volontairement à cet acte de générosité,
» que Sa Majesté est même disposée à étendre au point d'avoir
» les égards que les circonstances permettront aux instances
» qu'on pourroit faire pour ceux qui sont déjà actuellement
» poursuivis en justice.
» A tant, etc., de Bruxelles, le 27 mai 1788.
Paraphé : Tr. v^t. (Signé :) MARIE.   ALBERT.
Plus bas étoit : par ordonnance de Leurs Altesses Royales,
(contre-signé :) L. VANDEVELD. »

Cette dépêche ayant d'abord été réimprimée à Mons, j'en joins ici un exemplaire qui vient de m'être remis à l'instant.

Du 21 juin.

Le Conseil reçoit, de la part du gouvernement, la liste des nouveaux échevins et membres du Conseil de ville qui doivent entrer en fonctions à la St Jean-Baptiste prochain.

Le baron Ferdinand Franqué est nommé chef. Tous les autres échevins, à deux près, ont été pris parmi les personnes qui avoient accepté des places dans le nouveau système, soit comme juges de première instance, soit comme suppôts de l'intendance.

Du 24 juin.

Aujourd'hui, jour de la St Jean, les nouveaux échevins ont prêté serment en mains du Président du Conseil, à la tête de sa compagnie, comme d'ordinaire, en l'Église de St-Germain.

Tout s'est passé assez tranquillement, sauf certains bruits 1788
comme de huées, lorsque l'avocat Lelièvre est monté à l'autel
pour prêter son serment et lorsqu'il en est descendu. Ce
membre n'avoit cependant pas été employé dans le nouveau
système, mais il n'a peut-être point paru être d'une extraction
convenable pour être échevin.

D'un autre, plusieurs personnes du peuple ont prétendu
qu'il avoit entretenu des correspondances contraires aux intérêts de la patrie, avec quelqu'un, à Vienne, durant les derniers
embarras, qu'on avoit même découvert une de ses lettres.

Ce même jour, les Députés des États ayant présenté une
requête où ils disoient simplement *Remontrent les Députés, etc.*,
je fus chargé à la communication des chambres, en ma qualité
de rapporteur, de faire venir l'avocat Petit qui l'avoit signée
pour lui faire observer que cette requête ne contenoit pas
l'expression des sentimens convenables avec lesquels les
députés des États devoient s'adresser à la Cour. S'étant rendu
à l'antichambre, où je lui en fis l'observation, il me répondit
qu'il avoit mis dans sa minute *Remontrent en dû respect*, mais
que le Pensionnaire, de la participation de Messrs les députés,
avoit effacé ces mots de sa minute. Je lui rendis donc la
requête, et il me dit qu'il communiqueroit la chose au Pensionnaire des États ; il me demanda si avec le terme de *dû respect*,
la Cour seroit apaisée. Je lui dis que je n'étois pas chargé de
lui prescrire la formule, et qu'il ne devoit pas manquer de
rétroactes aux États. Je lui dis encore que la Cour avoit à la
vérité déjà passé une fois la chose lorsque les députés s'étoient
pourvus, par-devant elle, le 15 juin de l'année dernière, pour
faire interdire au ci-devant intendant du cercle de Mons, et à
deux de ses ci-devant suppôts, d'intervenir à l'assemblée
générale alors prochaine, mais que, dans ces moments d'embarras publics, la Cour avoit bien voulu attribuer à oubli, ce

1788 qui manquoit à la forme des requêtes, pour ne s'attacher qu'au fond. Il prit congé en me priant d'assurer la Cour des sentimens de profond respect dont il étoit et avoit toujours été personnellement pénétré envers Elle.

Du 25 juin.

Les députés des États ont fait remonter leur requête de hier, à laquelle ils ont fait ajouter par interligne ces mots *en dû respect*, ce qui a été tenu suffisant par les deux chambres, et en conséquence la requête a été appointée.

C'étoit en matière de droit privé; elle a été prise pour réponse à celle présentée le 16 de ce mois, de la part de dame Anne-Marie Devos, veuve du sieur André Demeuldre, relativement à l'extraction des pierres pour des aqueducs à la nouvelle chaussée à construire de Soignies à Ghislenghien.

Du 18 juillet.

Vers dix heures du matin, est revenu de Bruxelles, Mr Pepin, Président du Conseil. Il y avoit été appelé pour accepter la place de Président grand bailli de Tournai, qu'il avoit déjà refusée par lettres. On lui a notifié que sa patente étoit toute prête, qu'il n'avoit qu'à la lever, que l'Empereur le vouloit ainsi. Il a prié de faire parvenir ses dernières représentations à la personne de S. M., ce qu'on lui a promis. Entre-tems, il est revenu sans avoir levé ses lettres patentes. On sait que c'est pour faire vaquer la Présidence du Conseil de Hainaut, en faveur du comte de Gomegnies, ci-devant intendant du Cercle de Mons et antérieurement chevalier de Cour au même Conseil.

Du 22 juillet.

Le Conseil reçoit, par dépêche du gouvernement, copie des dépêches circulaires adressées aux supérieurs des ordres religieux, et aux évêques de ces pays qui s'opposent à l'établissement du Séminaire général de Louvain, concernant respectivement..... (lacune dans le manuscrit).

1788

Du 26 juillet.

Le sr Durieu, greffier du Conseil, étant décédé hier le soir, on a mis aujourd'hui en délibération, les chambres assemblées, si la Cour iroit en corps à son convoi funèbre, attendu que les héritiers étoient venus donner part de cette mort à M. le Président et lui avoient dit que l'enterrement se feroit demain à onze heures.

Personne ne pouvoit répondre positivement de l'usage, attendu qu'il y avoit longtemps que le cas ne s'étoit présenté, et on ne trouva aucune note dans les rétro-actes de la Cour. On prit en considération qu'encore que, par l'article 1er du chap. 72, les greffiers soient reputés du nombre et corps du Conseil de la Cour, ils ne sont cependant pas les égaux des conseillers ; qu'au contraire, les derniers mots du même article désignent positivement un rang de subordination ; qu'aussi, il étoit bien dit qu'ils jouiroient des mêmes privilèges et exemptions que les conseillers, mais qu'il n'étoit pas ajouté des mêmes honneurs ; que la Cour ne devoit, ne pouvoit même, marcher en corps que dans les cas déterminés par les

1788 règlemens ou par l'usage ; que l'usage suivi à l'égard des conseillers pour le convoi funéraire ne pouvoit faire règle à l'égard des greffiers. D'après ces réflexions, il fut préavisé de ne point y aller en corps et néanmoins on chargea un membre de la compagnie d'en prévenir sur le champ le greffier Maugis et de lui demander s'il étoit en état de donner quelques renseignemens d'un usage contraire. Le greffier Maugis déclara qu'il ne lui étoit tombé sous la main, dans les registres et archives de la Cour, aucune note relative à cet objet ; qu'il étoit de sa connoissance certaine que le greffier Van der Beken, son prédécesseur, avoit été inhumé le soir ; qu'il ignoroit ce qui s'étoit pratiqué pour les greffiers antérieurs, sinon qu'il avoit ouï dire, de feu le conseiller Van Broechem, (décédé le . . . étant l'ancien du Conseil), qu'aux enterremens des greffiers, on se rendoit à la mortuaire en manteau et en rabat et que l'on suivoit ainsi, tous ensemble, le convoi funèbre, sans être néanmoins en corps. Cette réponse du greffier Maugis ayant été rapportée, l'on a été confirmé dans la résolution prise de ne point aller en corps, et d'autant plus que cela pourroit quelquefois être tiré à conséquence par les secrétaires. On est convenu que ceux qui en auroient le loisir se rendroient à la mortuaire et de là accompagneroient le convoi funèbre et, quant à l'article si l'on se mettroit en manteau et en rabat (car c'étoit le dimanche), l'on n'est point tombé tous du même avis et rien n'a été arrêté : ayant été dit dans les pourparlers, qu'anciennement et encore du tems de M. Van Broechem, le manteau et le rabat étoient le costume ordinaire des conseillers, et qu'on ne les voyoit jamais autrement, même dans la société, sinon en tems de vacances, mais qu'à présent, l'usage étant changé, le conseil sembleroit être en corps si l'on voyoit les conseillers ensemble dans ce costume un jour de dimanche. D'autres ont dit qu'à présent, comme du passé,

l'habillement convenable des conseillers, surtout quand ils 1788
sont dans une espèce de cérémonie quelconque, étoit le
rabat et le manteau.

Du dimanche 27 juillet.

Enterrement du greffier Durieu, à onze heures. M. le Président s'est trouvé à la mortuaire en manteau et en rabat. Le Chevalier de Cour s'y est aussi trouvé, et six conseillers de robe longue, entre lesquels deux étoient en habit de société, néanmoins vêtus de noir, et les autres en manteau et en rabat ainsi que le greffier Maugis. Nous avons ainsi suivi le deuil à peu près ensemble, mais sans ordre. Étant à Ste-Waudru, un conseiller ecclésiastique et deux autres de robe longue, mal allant, se sont joints, dont l'un seulement étoit en manteau et en rabat, l'autre en habit de société, noir. On s'est comporté de cette manière en suite de résolutions prises, les Chambres assemblées, et après avoir ouï le greffier Maugis qui déclara avoir entendu dire de feu M. le conseiller Van Broechem, que la Cour n'alloit pas en corps aux enterremens des greffiers, mais bien les conseillers ensemble en manteau et en rabat. L'on n'a rien trouvé d'écrit.

Du 2 août.

Cejourd'hui, M. Sebille, siégeant en notre chambre, nous a montré le décret qui accompagnoit les lettres patentes que M. Pepin, notre Président, son oncle par affinité, avoit reçues hier, pour aller occuper la place de Président grand bailli de Tournai. Le décret portant que telle étoit la volonté absolue de S. M. et que les patentes étoient délivrées au comte de Gomegnies pour venir le remplacer dans la Présidence du Conseil de Hainaut.

Du dimanche 3 août.

1788   Deux escadrons du régiment d'Arberg partent précipitamment vers trois heures après-midi. Les uns disent qu'ils vont à Anvers à cause des hollandois, les autres disent qu'ils vont à Malines où il y a du tumulte, à cause du Séminaire épiscopal.

Du 11 août.

Messrs les magistrats font afficher un placard dont je joins ici un exemplaire. Les personnes réfléchies et prudentes en ont critiqué le préambule en ce qu'il suppose qu'il existe des ennemis du repos public, ou plus tôt, que les inquiétudes que l'on apperçoit çà et là dans la ville ne seroient causées que par des ennemis du repos public.

Du 12 août.

La commission de police va visiter le cabaret de Ste-Barbe à la porte d'Havré, ou l'on prétendoit qu'il y avoit un entrepôt de fusils, bayonnettes, poudre et autres munitions, pour servir aux bourgeois à assaillir le militaire. Il ne s'y trouve rien de semblable, ni aucune autre espèce d'arme que trois fusils de chasse. Le militaire avoit projeté de faire lui-même cette visite, et l'on dit que deux compagnies étoient déjà commandées pour investir la maison et pour l'effectuer, mais les magistrats, en ayant eu connoissance, se sont communiqués avec le commandant, l'ont assuré que c'étoient de faux rapports qu'on lui avoit fait et qu'au reste ils feroient faire eux-mêmes la visite de cette maison par les officiers de police.

Du 13 août.

La police fit aussi la visite de la maison du sieur Fonson, ci-devant capitaine d'une compagnie de volontaires bourgeois, appelés les *Ciment*, celle qui, au mois de septembre dernier, s'étoit déjà portée en avant jusqu'à Soignies, sur la nouvelle du tumulte du 20 dudit mois arrivé à Bruxelles. On ne trouve rien dans cette maison : un seul fusil de chasse.

1788

Du 14 août.

Cejourd'hui, veille des vacances, M. le Président du Conseil, en se rendant à la séance du matin, est entré dans notre Chambre (la seconde) et y a fait ses adieux substantiellement en ces termes :

« Messieurs, Sa Majesté a décidé de mon sort; elle en a décidé
» irrévocablement; elle en a décidé contre ma volonté et malgré
» mes représentations faites pendant quatre mois. Je prendrai
» toujours infiniment intérêt à tout ce qui concerne la com-
» pagnie ».

Il s'est levé paraissant avoir le cœur gros, et tandis qu'il s'en alloit, il a reçu cette réponse de M. Demarbaix, l'ancien de notre Chambre et le seul qui ait parlé : « Nous sommes fâchés, Monsieur le Président, de vous perdre ».

A neuf heures, j'ai été député vers la première chambre, comme d'ordinaire, pour souhaiter à ces Messieurs d'heureuses vacances ; avant que de sortir de la nôtre, j'ai demandé si toute ma commission étoit là bornée ; différentes voix parlant ensemble, m'ont répondu qu'oui. Le Président Pepin a fait en outre un cours de visites d'adieux à tous les membres du Conseil, vers la fin des vacances.

Du 18 août.

1788   Étant allé à Bruxelles, j'y ai trouvé affiché, aux endroits ordinaires, un décret du Conseil de Brabant, proscrivant trois requêtes qui avoient été présentées respectivement au magistrat d'Anvers et aux États de Brabant, les 10, 14 et 15 juillet dernier, sous le nom, y est-il dit, des Doyens, tant des chefs métiers, que des autres métiers de la ville d'Anvers. Je me suis d'abord procuré des exemplaires de ce décret dont je joins ici un en langue flamande, n'ayant pu jusqu'à présent me procurer des copies des trois requêtes.

Du 21 août.

Étant à Hal, j'y vois passer, vers sept heures du soir, Leurs Altesses Royales avec le Ministre, revenant d'Enghien où ils avoient été dîner chez le duc d'Arenberg.

Du 27 août.

A mon retour à Mons, j'y trouve affiché un ban de police dont je joins ici un exemplaire.

Du 13 septembre.

Le conseiller Papin, fiscal de la Cour, à Mons, ayant été informé que le comte de Trauttmansdorff, ministre de S. M. aux Pays-Bas, passeroit aujourd'hui par Mons pour aller à Marimont, chez LL. AA. RR., et qu'il dineroit chez Mad^{me} de Trauttmansdorff, sa sœur, chanoinesse de Ste-Waudru, le fiscal, dis-je, m'envoya dans la matinée son official pour me proposer s'il ne convenoit pas de convoquer une assemblée des conseillers étant en ville afin de mettre en délibération si l'on iroit le complimenter, ajoutant qu'il étoit informé que 1788 les Magistrats se proposoient d'y aller. J'ai répondu d'abord que la Cour étant en vacances, tous les membres étoient présumés absens; qu'au reste, n'y ayant que deux conseillers plus jeunes que moi au Conseil, je ne me résoudrois point à faire convoquer une assemblée sous mon nom ; que si je me trouvois convoqué par un plus ancien que moi je m'y rendrois.

En effet, un peu plus tard, l'on vint me convoquer de la part de MM. Kôvahl, pour l'heure du midi au Conseil. Nous nous y trouvâmes à cinq : MM. Descamps, ecclésiastique, Kôvahl, Papin, fiscal, moi Paridaens et Abrassart. Il fut tenu que nous n'étions pas en nombre compétent pour délibérer sur un tel point, et au surplus, il fut dit, dans la conférence, qu'il ne sembloit pas d'après ces rétroactes qu'il s'agissoit d'aller ni d'envoyer une députation pour complimenter un ministre. Là-dessus on s'est séparé et rien n'a été fait.

Le comte de Trauttmansdorff est arrivé à midi et demi, et il est parti pour Marimont vers quatre heures et demie.

Du 29 septembre.

Aujourd'hui, dans la séance du matin, on a mis en délibération, les chambres assemblées, si et quelle députation l'on feroit pour aller complimenter le Ministre, comte de Trauttmansdorff qui devoit venir dîner chez Mme sa sœur au chapitre et qui logeroit en ville à l'hôtellerie de l'Aigle d'or, de quoi l'on étoit informé de science privée et par bruit public. La résolution unanime a été de faire une députation, mais il y eut grand partage sur le point si elle seroit de cinq membres ou de trois seulement, et si l'on iroit en robe ou en manteau. La majorité a été pour le nombre de trois et que l'on iroit en

1788 robe. En conséquence de quoi, M. Demarbaix, ancien du Conseil et faisant les fonctions de Président *sede vacante*, s'est chargé de la commission et s'est assumé M. Farin, cons. ecclésiastique et M. Delecourt de robe longue, deuxième en rang d'ancienneté, le Chevalier de Cour, M. Obert étant encore en vacances.

Le greffier Maugis fut chargé d'aller demander l'heure de son Excellence, ce qu'il fit d'abord à son arrivée chez Mme de Trauttmansdorff vers deux heures après-midi. S. Ex. répondit qu'il seroit sans doute plus commode à ces MM. de venir demain le matin, et il donna heure entre dix heures et demie et onze heures, à l'auberge de l'Aigle d'or.

Du 30 septembre.

La députation du Conseil nommée hier, s'est rendue à dix heures et demie vers son Exellence, à l'Aigle d'or. Le ministre les a reçus très courtoisement, les entretenant avec affabilité de ce qui concernoit la compagnie et parlant sur le ton de l'éloge des grandes occupations et de l'assiduité de ce Conseil. Dans l'assemblée des chambres de hier, il avoit été dit par plusieurs membres, que l'on tenoit comme par tradition que la gradation étoit telle que, pour un Ministre, la députation étoit composée de trois, et que c'étoit en ce nombre qu'avoit été complimenté en son tems le comte de Cobenzl ; qu'elle étoit de cinq pour les princes du sang ou pour les gouverneurs généraux des Pays-Bas, et que ce n'étoit que pour la personne immédiate du souverain que le Conseil alloit en corps.

Ce même jour, vers onze heures du matin, LL. AA. RR. sont passées à Mons, sans mettre pied à terre, et sans pres-

que être apperçues, venant de Marimont pour aller chez le 1788
prince de Grimberge, leur grand maître à Brugelette.

Du 15 octobre.

Aujourd'hui, les chambres assemblées à huit heures du matin, en la première chambre, M. Demarbaix, notre ancien, a mis sur le bureau les lettres patentes de Président de ce Conseil accordées à Messire François...... Franeau, comte de Gomegnies. On les a confrontées à celles de M. Pepin son prédécesseur et on les y a trouvées substantiellement conformes ; elles étoient même conformes en ce point que M. Pepin avoit été pourvu de cette charge comme vacante par la *translation* de M. Demullendorff à la présidence de la chambre des comptes de S. M. à Bruxelles, et que M. de Gomegnies étoit pareillement dit pourvu de cette charge vacante par la *translation* de M. Pepin à la charge de Président du Conseil de Tournai. On y a vu aussi que M. de Gomegnies avoit prêté serment en mains de LL. AA. RR. les Gouverneurs généraux, sur tous les devoirs de sa charge, ce qui suffisoit aux termes d'un décret du gouvernement émané en 1764 à la mort du marquis de Courcelles. D'ailleurs on a observé qu'il ne pouvoit y avoir matière à prêter un nouveau serment sur le maintien des droits, franchises et privilèges du pays, suivant la teneur de l'article 35 du chapitre I de la charte, puisqu'il avoit déjà prêté ce serment lorsqu'il fut pourvu de la place de Chevalier de Cour ; que l'on n'en avoit pas exigé de nouveau à M. le marquis du Chasteler, qui auparavant étoit aussi conseiller de courte Robe. — En conséquence, l'on a envoyé le greffier Maugis vers la personne de M. de Gomegnies, qui se tenoit à ce préparé en son hôtel au Conseil, pour l'avertir que la Cour avoit achevé l'examen de ses patentes et qu'elle

1788 se tenoit assemblée pour le recevoir. Un instant après, M. de Gomegnies est arrivé à la chambre accompagné dudit greffier Maugis. La Cour, étant assise autour du bureau, s'est levée. Elle fut saluée convenablement et elle rendit le salut. Monsieur Demarbaix, ancien du Conseil, lui indiqua d'un signe de la main le fauteuil ou il devoit s'asseoir, et voulut le faire passer devant lui en se retirant, mais il passa en derrière. Il s'assit et tout le Conseil en même tems, sauf le greffier qui resta debout au côté droit du Président. Monsieur Demarbaix lui déclara que ses patentes de Président seroient enregistrées comme d'ordinaire au registre des patentes des conseillers, etc. ; que, quant à celles de conseiller d'État, d'épée ou de courte Robe aux Pays-Bas, qu'il avoit aussi délivrées à M. Demarbaix, la Cour s'en tenoit appaisée et qu'il en seroit tenu note en marge de l'acte de sa réception à la charge de Président, n'étant pas d'usage d'enregistrer cette sorte de patentes[1] : ce qu'il trouva bien. Et aussitôt, il fit un petit compliment à la Cour, fort à propos, dont la substance étoit qu'il étoit d'autant plus flatté de la grâce que S. M. venoit de lui faire, qu'à ce moyen il se retrouvoit au milieu de Nous ; qu'il étoit convaincu qu'à l'aide de nos lumières, de notre prudence et de notre attention suivie, toutes les délibérations de ce Conseil tendroient au bien du service et à l'avantage du public ; qu'il nous demandoit notre amitié, et qu'il ne négligeroit rien pour la cultiver. La réponse consista dans une inclinaison de la part de la Compagnie ; après quoi, les membres composant la seconde chambre se retirèrent pour aller reprendre leurs fonctions.

[1] Les lettres patentes de Président étoient datées de Semlim, le 3 mai 1788, et celles de conseiller d'État étoient datées du même jour, aussi à Semlin.

Avant que le Président arrivât au conseil on s'étoit com- 1788
muniqué sur le point si on iroit lui faire compliment et si
l'on iroit tous ensemble ou en détail, et on est convenu d'y
aller en détail. En conséquence, j'y suis allé le même jour
après-midi vers le quart avant trois heures, avec M. Cornet,
et nous y avons trouvé trois autres de nos Messieurs. On
s'étoit aussi communiqué sur le point si l'on accepteroit un
repas de corps au cas qu'il vînt à le proposer ou à nous y
inviter ; on étoit convenu de répondre que les repas d'entrée
n'étoient plus d'usage. Nos visites nous furent successivement rendues dans les huit premiers jours.

Du 20 octobre.

Cejourd'hui dans la matinée, on a conféré sur les mérites
des sujets aspirants à la charge de conseiller de robe longue
vacante par la mort de Monsr Debehault préparatoirement à
la nomination fixée à demain.

Dans la séance de relevée, M. le Président a fait rapport
que l'avocat Defacqz s'étoit rendu vers lui à midi et lui avoit
demandé s'il étoit encore assez tôt pour se mettre sur le rang,
disant qu'il revenoit de Bruxelles où il avoit été retenu pour
affaires, et qu'il avoit ignoré les jours pris pour procéder à la
nomination. La chose mise en délibération successivement
dans les deux chambres, l'on a conclu à pluralité, eu égard que,
par la représentation de l'affiche qui avoit été mise au greffe,
l'on s'étoit appaisé que l'heure ni la séance n'y avoient pas
été exprimées, qu'il seroit plus prudent d'admettre ledit
avocat Defacqz au nombre des aspirants, mais que pour cela
il falloit de nouveau assembler les chambres dans la même
journée pour se communiquer sur ses mérites, ce que la

1788 Cour a fait vers cinq heures et avant que de se séparer, l'on a acté cette nouvelle préconisation avec ses motifs et l'on y a ordonné qu'à l'avenir, la séance dans laquelle la Cour s'occuperoit de la conférence sur les mérites des aspirants, seroit énoncée dans l'affiche que l'on pose au greffe pour annoncer les jours, après laquelle séance, l'on n'admetteroit plus aucun placet.

Dans des temps tout à fait calmes, l'on n'auroit peut-être pas eu cette condescendance.

Du 9 novembre.

Aujourd'hui dimanche, j'ai trouvé sous notre grand'porte ou plus tôt notre domestique a trouvé la carte minatoire ci-jointe.

Du 10 novembre.

Le Conseil ayant reçu deux dépêches, l'une du gouvernement concernant l'entrée du comte d'Arberg en qualité de grand bailli, et l'autre étant une lettre dudit comte d'Arberg notifiant qu'il arriveroit le lendemain 11 vers quatre heures, les chambres se sont assemblées et l'on s'est fait représenter les rétroactes pour s'y conformer. Ensuite l'on a parlé d'illuminations et l'on est tous tombé d'accord que le Conseil ne faisoit des illuminations comme corps et aux frais des finances royales que pour le Souverain à son inauguration, etc. Sur quoi il devoit y avoir un décret dans nos registres ; on a dit qu'à l'entrée du duc d'Arenberg en 1779, les conseillers et autres personnes réputées du corps du Conseil tels que le conseiller trésorier des chartes, greffier féodal, dépositaire général, etc., avoient illuminé en suite de résolution prise par la Cour que chacun le feroit à ses frais : que cette illumination avoit été purement facultative ; que si on la répétoit dans ce moment-ci où il y avoit une dépêche du gouvernement qui ordonnoit de faire comme pour le prédécesseur, cela pourroit tirer à conséquence et induire une sorte d'obligation pour la suite ; qu'au surplus, lors de l'entrée du duc d'Arenberg, on étoit dans des tems calmes tandis qu'à présent on étoit dans un moment de fermentation, le peuple ayant manifesté son mécontentement par plusieurs billets minatoires semés contre les personnes qui feroient des démonstrations de joie ; qu'on se trouvoit même en quelque manière subjugué à la force militaire, puisque le commandant avoit écrit une lettre aux échevins de Mons, dont le fond étoit qu'il y auroit de nombreuses patrouilles militaires parmi la ville qui arrèteroient tous ceux qui jeteroient la moindre chose ou qui commettroient le moindre désordre, et que ces patrouilles feroient feu sur ceux qui ne voudroient point obtempérer à leur arrêt ; on a dit finalement que dans des circonstances aussi calamiteuses, toutes démonstrations de joye, qui n'étoient point absolument essentielles d'après l'usage, seroient déplacées, et chacun de la Compagnie a assez fait entendre qu'il n'illumineroit pas : sauf toutefois le Président, qui a ouvertement averti qu'il illumineroit.

Du 11 novembre.

Vers neuf heures et demie, un officier militaire s'est rendu au conseil, demandant à parler à M. le Président, de la part du comte d'Arberg. M. Abrassart, le plus jeune des conseillers de la première chambre, est allé recevoir le message à l'antichambre, disant que M. le Président ne se déplaçoit pas. Cet officier a remis à M. Abrassart les patentes originales : sur quoi les chambres ayant été assemblées, on a lu ces lettres patentes et l'on y a confronté la copie déjà transcrite dans les registres d'après la copie collationnée qui en avoit déjà été envoyée à la Cour par dépêche du . . . . arrivée au Conseil le 21 avril 1788. Ensuite et à onze heures, on les a renvoyées par un huissier de la chambre à l'hôtel du grand bailliage, où il étoit convenu que le même officier militaire se trouveroit pour les reprendre. A quatre heures, le comte d'Arberg a fait son entrée en sa qualité de grand bailli au bruit d'une triple décharge des canons de la ville, du carillon et de la grosse cloche du château et de plusieurs autres cloches. Il étoit dans une magnifique voiture, que l'on nomme un coupé, attelée de six chevaux bien accaparaçonnés, non précédé ni suivi d'autres voitures, précédé seulement d'une escouade de la maréchaussée qui ouvroit la marche, et suivi de quelques escadrons de son régiment dragons.

Les compagnies bourgeoises n'étoient pas sous les armes parce qu'à la représentation des échevins, il avoit prévenu et il avoit prié que les compagnies bourgeoises ne se missent pas sur pied. Il a fait son entrée par la rue de Nimy, a traversé la Place, rue d'Havré, rue de la Biche et ainsi à l'hôtel du grand bailliage, où les vins d'honneur lui furent présentés, et où incontinent, il donna une audience en chambre particulière à la députation du Conseil composée comme d'ordinaire des deux anciens conseillers de robe longue, MM. Demarbaix et Delecourt, qui lui demandèrent à quelle heure il se rendroit le lendemain à Ste-Waudru et à St-Germain et s'il s'y rendroit en particulier ou à la tête du Conseil, lui observant qu'en ce dernier cas, il étoit convenable qu'il ne fût point séparé de la compagnie par d'autres personnes qui se mêleroient au cortège. Sa réponse fut qu'il attendroit MM. du Conseil à dix heures et demie pour partir de son hôtel à onze heures, et qu'il n'y auroit pas de mélange. MM. les deux conseillers revinrent au

Conseil la séance encore tenant, et qui auroit été prorogée 1788
pour les attendre si besoin avoit été ; où ils firent rapport de
leur commission comme on vient de le détailler.

Le soir, souper et bal aux États. Voici la carte d'invitation
pour moi, mon épouse et notre fille aînée. Nous n'y avons
pas été.

Du 12 novembre.

Le comte d'Arberg se rend successivement à Ste-Waudru
et à St-Germain où il prête les serments ordinaires avec
les formalités accoutumées. Il donne de l'argent en sortant
de St-Germain, ce qui y occasionne un embarras de pauvres
qu'à peine il put sortir de l'église. Nul militaire ne fut
employé pour le maintien du bon ordre, mais seulement
les compagnies bourgeoises de canoniers dites : les serments
de la ville. Après la cérémonie faite, le Conseil reconduit dans
le même cortège le grand bailli à son hôtel où il fut complimenté par le Président.

Dans la séance du matin, M. le Président avoit lu une
dépêche du gouvernement lui parvenue par le canal du comte
d'Arberg, dépêche adressée au Conseil et dont la teneur étoit
que, comme par la promotion du comte François de Gomegnies
à la charge de Président de ce Conseil, une place de chevalier de
cour y étoit venue à vaquer, S. M. ordonnoit de procéder
incessamment à une nomination de trois sujets idoines à être
pourvus de cette place, etc.; il n'y étoit pas fait la moindre
mention de la dépêche du 17 octobre 1787, reçue le 20,
par laquelle il avoit été déclaré que la nomination déjà
faite pour remplir cette place venoit à cesser. M. le Président
fit rapport que le comte d'Arberg lui avoit proposé de
procéder à la nomination après demain et qu'il lui auroit

1788 été agréable de venir à cette occasion prendre séance au Conseil pour se trouver parmi nous. La chose mise en délibération, il fut dit unanimement que cela ne se pouvoit pas avant d'avoir annoncé au greffe la place vacante, et avoir indiqué les jours de la nomination au moins 15 jours ou 3 semaines d'avance. L'on conclut que l'on proposeroit au grand bailli d'intervenir à la fixation de jours, à quoi l'on pourroit procéder après-demain, dans la circonstance que le jour de demain étoit destiné à aller prêter son serment à Soignies. C'est ce qui lui fut proposé après le compliment du Président au retour de Ste-Waudru et il accepta la proposition.

Du 13 novembre.

Le comte d'Arberg va prêter son serment à Soignies ; il est accompagné comme d'ordinaire du Président, d'un chevalier de cour, d'un conseiller ecclésiastique et de deux conseillers de robe longue. La ville de Soignies lui donne un magnifique repas. Madame d'Arberg étoit avec quelques autres dames, et aussi quelques officiers militaires conviés sans doute à l'indication du comte. L'on danse et l'on revient à Mons.

Du 14 novembre.

Le grand bailli vient siéger au Conseil ; les huissiers porte-masses et les huissiers exploitans vont le chercher à son hôtel. Il arrive en voiture, au Conseil, à huit heures et demie. Tous les conseillers en robe vont le recevoir en haut de l'escalier ; on entre tous dans la première chambre et l'on fixe jour pour procéder à la nomination pour la place vacante de chevalier de cour, et cette nomination est fixée aux 2 et 3 décembre ; ensuite Messieurs de la deuxième chambre se retirent après que le Président eût demandé au seigneur grand bailli s'il n'avoit plus rien à proposer aux chambres assemblées. L'on juge à la première chambre un procès où il n'avoit que la semonce, et comme cette affaire ne finit que près d'onze heures, il fit avertir qu'il ne siégeroit en la seconde chambre qu'après-midi. Il donne à dîner en son hôtel à toute la Compagnie, c'est-à-dire aux Président, conseillers et greffier, aussi aux députés des États et aux premiers échevins de Mons. Madame d'Arberg étoit à table avec Madame la comtesse de Choiseul-Méus qui étoit la seule dame étrangère y invitée. Il s'y trouvoit aussi quelques officiers de l'état-major de son régiment. La table étoit fournie d'une manière somptueuse, brillante et délicate ; les vins de dessert les plus exquis y furent prodigués. Vers quatre heures après-midi, on retourna au Conseil et un moment après le grand bailli y revint et y fut reçu comme le matin. Il siégea en la seconde chambre, où moi, Paridaens, eus l'honneur de rapporter une petite affaire en autorisation d'asseoir taille. Le grand bailli y avoit voix délibérative : il donna en effet son opinion, qui forma même le suffrage décisif sur le point si on ajouteroit, ou pas, une certaine proposition à la fin de l'arrêt, et d'après son avis la proposition ne fut point ajoutée : il étoit près de six heures et demie quand l'affaire finit. On en fit avertir Messieurs de l'autre chambre qui se rendirent en la nôtre. M. le grand bailli fit un petit compliment d'adieu, dans lequel il nous prie de le réclamer en toutes occasions, et il dit qu'à son retour à Bruxelles, il nous metteroit aux pieds de LL. AA. Royales, et les assureroit de notre zèle, etc. Après quoi, il fut reconduit et accompagné par le Président et par tous les conseillers et le greffier jusques en haut de l'escalier, comme l'on avoit fait après la séance du matin.

Du 15 novembre.

Je vais faire avec ma femme une visite à Mme d'Arberg que

1788 j'avois prévenue la veille à l'issue du dîner. Nous glissons dans notre compliment que la circonstance du voisinage entre dans les motifs qui nous engagent à aller lui présenter nos respectueux hommages. Ceci étoit de convenance pour que notre démarche ne fût point une censure pour les autres femmes de conseillers, car aucune d'elles n'y a été.

Du 16 novembre.

Les nommés Scaufflaire et Laude sont décrétés de prise de corps par les échevins de Mons et appréhendés la nuit suivante pour avoir donné une carte comme celle ci-jointe à un membre de la chambre de la noblesse.

Du 17 novembre.

Ouverture de l'assemblée des États. Presqu'aucun gentilhomme de la chambre de la noblesse, si on excepte les députés, ne vont faire visite au grand bailli. Toutes les dames en général de la noblesse d'État sont restées à la campagne ou autrement absentes de la ville, et par conséquent pas une seule ne va faire visite à Mme d'Arberg.

Le soir, souper et bal au grand bailliage; j'y suis invité et ma femme. Nous y allons. Il y avoit des dames chanoinesses de Ste-Waudru et plusieurs dames de la noblesse du second rang, aucune des États, fort peu de gentilshommes des États, beaucoup de militaires. On soupe dans trois salles. Les tables sont bien servies et extraordinairement bien illuminées. On danse et on joue tant avant qu'après le souper.

Du 19 novembre.

Arrive vers trois heures et demie après-midi, à grande course, une estafette de Bruxelles avec une dépêche au grand bailli, qui lui ordonne de séparer sur le champ l'assemblée 1788 des États et à lui, grand bailli, de repartir pour Bruxelles sitôt la présente reçue. C'est ce qui s'effectue d'abord : tous les membres se retirent et le comte d'Arberg se met en route après s'être donné à peine le tems de manger un morceau à son hôtel. Je tâcherai d'avoir copie de cette dépêche, motivée m'a-t-on dit, sur ce qui s'étoit passé ici les 17 et 18 du courant.

Voici copie de ladite dépêche de LL. AA. Royales :

« MARIE CHRISTINE.   ALBERT, ETC.

« Très cher et bien amé,

« Sur le compte qui Nous a été rendu de ce qui s'est passé
» dans l'assemblée générale des États d'hier et d'avant hier,
» Nous vous faisons la présente pour vous dire que c'est Notre
» intention qu'à la réception de cette, vous fassiez séparer
» les États et ne permettiez plus qu'ils se rassemblent,
» Sa Majesté, qui va être incessament informée du résultat
» de ces séances, s'étant expressément réservée de disposer
» elle-même sur tous événements de cet espèce, d'après ce que
» demandent sa dignité, son autorité et son service à cet
» égard. Vous annoncerez donc d'abord aux États Notre volonté
» et tiendrez les mains à son exécution, et vous vous rendrez
» ici d'abord que vous aurez rempli Nos présents ordres.
» A tant, etc.

« De Bruxelles, le 19 novembre 1788. »

Du 27 novembre.

Dans la séance de relevée, un échevin de Mons et le greffier de police représentent à la Cour les nommés Scaufflaire et Laude, leurs prisonniers décrétés le 16 de ce mois, s'étant rendus à cet effet en l'antichambre où ils ont remis en mains de M. Abrassart, commissaire à ce député, les fardes des procédures instruites aux avant nommés avec la résolution

1788 originale des échevins de représenter les prisonniers et leurs procédures à la Cour sur pied du chapitre 60, article 40 de la charte et de l'article du décret de réunion de 1702.

Les chambres assemblées, conclu que le conseiller Abrassart diroit à Messrs les députés des échevins que la Cour acceptoit la farde pour y délibérer, réponse qui leur fut rendue tout de suite.

Du 28 novembre.

A l'entrée de la séance du matin, délibéré sur la représentation de hier, les chambres assemblées. On a remarqué, en recourant aux fardes, que c'étoit comme prévenus de faits séditieux que les prisonniers étoient représentés à la Cour, le fait d'avoir présenté des cartes comme celle (page 120 ci-dessus), à différentes personnes membres des États, ayant été traité et appréhendé comme tel par les échevins de Mons. En conséquence fut conclu de reprendre les prisonniers et de les faire transférer à la conciergerie du châtel à Mons pour ensuite y être disposé ainsi que de justice.

L'extradition en fut faite le même jour vers sept heures et demie du soir à l'huissier Leclercq, qui les conduisit au châtel sous l'escorte de quelques cavaliers de la maréchaussée.

Du 1er décembre.

Arrêt de la Cour porté en la 1re chambre qui met à néant le décret de prise de corps décerné par les échevins de Mons à la charge des nommés Scaufflaire et Laude, ordonne qu'ils seront élargis, et, disposant sur les informations tenues par lesdits échevins, ordonne que lesdits Scaufflaire et Laude seront mandés par lettres, etc.

L'on ne prononce point cet arrêt au greffe ; l'élargissement se fait le lendemain le matin le plus secrètement possible, pour éviter les démonstrations de joie de la part du peuple.

www.ingramcontent.com/pod-product-compliance
Lightning Source LLC
Chambersburg PA
CBHW060329170426
43202CB00014B/2719

Du 14 décembre.

Cejourd'hui dimanche, le nouveau Président, comte de Gomegnies, donne un repas à toute la compagnie. Il avoit fait faire les invitations par carte à chacun en particulier le lundi auparavant, fête de la Vierge, et à ce moyen tout le monde a accepté, ce que l'on n'auroit peut-être pas fait s'il avoit fait l'invitation au corps assemblé. M. le chevalier Obert est le seul qui ne s'y est pas trouvé, ayant dit qu'il étoit déjà engagé ailleurs pour ce jour-là.

1788

Du premier janvier 1789.

Le premier de l'an, je suis parti pour Bruxelles étant convoqué en révision au Conseil de Brabant, et j'en suis revenu le 21 du même mois. Pendant le séjour que j'y ai fait, on a dit qu'il étoit arrivé une lettre de l'Empereur pleine de mécontentement au sujet du refus des subsides fait par les États de Brabant (on sait que le tiers État n'avoit pas voulu consentir), et contenant des menaces ou des dispositions de mettre en activité par la force, dans le Brabant et le Hainaut, le système des intendances et des nouveaux tribunaux de justice. Le ministre, comte de Trauttmansdorff, se met en route pour Vienne où on le dit appelé par l'Empereur : il va loger la première nuit à Mons ; quelques heures après son départ de Bruxelles, il arrive un courrier de Vienne : on dépêche d'abord un autre courrier sur Mons pour faire rétrogader le ministre. Il rentre à Bruxelles, le lendemain vers deux heures après-midi. Ce départ et ce retour donnent beaucoup à penser et à parler ; les uns disent que tout n'est que grimace pour intimider ; en général, on dit que ce courrier a apporté une lettre de l'Empereur, encore plus affligeante que la pre-

1789 mière. Dès avant le départ du ministre, le sieur Linguet, écrivain célèbre, bien connu par ses Annales politiques et autres ouvrages, fait le projet d'une requête à présenter à l'Empereur par le tiers État de Brabant en lui accordant les subsides, de laquelle requête le ministre seroit, disoit-on, le porteur. Le projet n'est point adopté, ou plutôt, on dit que les esprits ne sont point disposés à l'adopter. On l'imprime et on le vend publiquement à Bruxelles, avec un avis de l'auteur. J'en joins ici un exemplaire.

Du 20 janvier.

On convoque les États de Hainaut pour résumer leur assemblée commencée au mois de novembre 1788 et qui avoit été discontinuée, ou plutôt séparée brusquement par une dépêche de LL. AA. Royales. (Voy. p. 121 ci-dessus.)

Voici la lettre circulaire telle qu'elle a été écrite aux membres de la chambre de la noblesse par le Collége de la Députation :

« Monsieur,

« Selon une dépêche de LL. AA. RR., du 19 de ce mois, dont
» M. le comte d'Arberg nous a fait part par une lettre de
» même date que nous avons reçue aujourd'hui, nous sommes
» chargés de faire connaître, par les voies usitées, à tous les
» membres de l'assemblée de nos États, qu'elle sera résumée
» le 23 de ce mois, et qu'ils auront à s'y trouver.

« Nous avons l'honneur de vous en informer, Monsieur, et
» que l'heure de la séance est fixée par la lettre de M. le
» Commissaire, à vendredi neuf heures du matin.

« Nous sommes avec tous les sentiments possibles,

« Monsieur   1789

« Vos très humbles et très obéissants serviteurs
« les députés des États du pays et comté de Hainaut.

» Par ordonnance : (Signé :) Dupré.

» Mons, le 20 janvier 1789. »

Du 22 janvier.

Le comte d'Arberg, grand bailli, arrive à Mons vers dix heures du soir, pour présider l'assemblée des États du lendemain.

Du 23 janvier.

Assemblée des États, à 9 heures. On demande de la part de S. M., que les termes de l'acte d'accord de l'aide consentie en décembre 1787 pour l'année 1788, qui avoient empêché l'acceptation de cet accord, soient supprimés, et que l'accord pour ladite année soit conçu purement et simplement. On fait au surplus la pétition de l'aide pour 1789. De vifs débats sur les deux points ; à la fin on accorde le tout, parmi que LL. AA. RR. donnent une dépêche qui permette aux États d'envoyer une députation à Vienne pour porter aux pieds du trône les doléances de la nation sur l'infraction de ses droits constitutionnels.

Le grand bailli part pour Bruxelles vers quatre heures et demie après-midi avec cette résolution, disant qu'il seroit de retour demain de grand matin.

Pendant cette journée du 23, les magistrats de Mons font afficher le placard dont un exemplaire est ici joint. Ce qui allume et indispose beaucoup toute la ville.

Du 24 janvier.

1789   Le comte d'Arberg est de retour à Mons à cinq heures et demie du matin ; il fait assembler les États pour dix heures. Il leur communique que la demande d'envoyer des députés à Vienne n'a pu être accordée, le ministre lui ayant montré une lettre de l'Empereur qui défendoit de permettre aucune députation envers sa personne, avant que les aides et subsides ne fussent accordés. En conséquence, on délibère de nouveau sur les deux objets de la pétition. La séance dure jusques à dix heures du soir. Le résultat est que l'on consent de supprimer les expressions qui avoient déplu d'abord dans l'accord de l'aide pour 1788 ; qu'à l'égard de l'aide 1789, il est prématuré d'y délibérer avant que l'aide pour 1788 ne soit acceptée et que les lettres n'en soient dépéchées en la forme et manière ordinaire et usitée d'ancienneté (tout ceci en substance). Le grand bailli paroît satisfait ; il part avec cette double résolution pour Bruxelles, et il avertit les membres de l'assemblée que demain dimanche ils pourroient vaquer à leurs propres affaires et que lundi par la poste ils seroient informés si l'assemblée se continueroit à présent ou si elle sera résumée plus tard.

Un fait assez remarquable, c'est qu'il a réprimandé très vertement les échevins de Mons, sur ce qu'ils n'avoient pas rendu exactement la dépêche de LL. AA. RR. en transcrivant cette dépêche dans leur ordonnance de police affichée hier (page précédente). L'original contenoit : *que l'on plaise* en Hainaut, et non *que l'on fasse*. L'original contenoit encore : *à sa Majesté et à son gouverneur* au lieu de : *à son gouvernement*. Les échevins ont dit qu'ils avoient pris cela pour des fautes de copiste à l'original, mais on leur a déclaré que non, et qu'ils n'auroient point dû se permettre ces changements.

Suivant une lettre arrivée aujourd'hui de Bruxelles à l'adresse 1789
de ma femme, on y a hier affiché une ordonnance de police,
où étoit insérée une dépêche de LL. AA. RR. commençant
a insi :

      Chers et bien amés,

« Sa Majesté mécontente de tout ce qui s'est passé depuis plus
» de dix-huit mois, et justement irritée du refus qu'a éprouvé
» en Brabant le consentement aux subsides et aux charges
» ordinaires, vient de manifester Son indignation là-dessus
» par une dépêche directe expédiée sous Sa royale signature,
» le 7 de ce mois et déjà remise aux députés des États, et
» entre autres dispositions, elle a révoqué l'oubli que Sa
» clémence l'avoit portée à accorder. »

Extrait de la même lettre : « Les nations sont assemblées
» aujourd'hui, mais il n'en transpire rien. M. le baron de Hove
» a un soldat qui ne le quitte pas : on appelle cela ici un
» appointé. L'abbé du Parc en a un aussi, ainsi que plusieurs
» bourgeois. On a chargé sur le marché, à une heure de l'après-
» midi, les canons à mitrailles, ainsi que ceux qui sont à la
» Cour et ailleurs, et auxquels on a mis des cordes. On dit
» que toutes les portes de la ville seront fermées ici lundi,
» et que demain les troupes de Gand et de Namur doivent
» arriver ici . . . . L'avocat Maurisse, qui a aussi un
» soldat chez lui, s'est enfui. L'abbé de Saint-Bernard, autre
» député des États, a aussi un soldat. Les patrouilles sont ici
» en grand nombre à pied et à cheval, les bourgeois ont tous
» l'air fort tranquilles, et je parirois bien qu'ils ne se bougeront
» pas. . . . . . . On est fort curieux ici, pour savoir si les
» États de Mons auront accordé. »

Du 26 janvier.

1789   Les députés des États reçoivent une lettre du grand bailli, en suite de laquelle ils font avertir les membres de l'assemblée générale de ne point s'éloigner. C'est tout ce que j'ai pu savoir de positif du contenu de cette lettre.

Du 27 janvier.

On reçoit des nouvelles que l'assemblée générale devra reprendre ses séances demain à neuf heures du matin. Les billets de convocation sont envoyés en conséquence.

Le comte d'Arberg arrive à neuf heures du soir.

Du 28 janvier.

Assemblée des États, à neuf heures. La dépêche de LL. AA. RR., qui est apportée par le grand bailli, contient l'acceptation de l'aide pour 1788 et que les lettres en seront expédiées en la forme ordinaire. Elle contient, au surplus, des ordres de délibérer sur la pétition de l'aide pour 1789. L'assemblée est des plus orageuse; elle dure jusque trois heures et demie de la nuit, sauf que les trois ordres ont été successivement manger un morceau. Le résultat est de prendre à suspenser jusques au retour d'une députation à envoyer à Vienne quand on en aura obtenu la permission.

Le comte d'Arberg repart d'abord pour Bruxelles, paraissant fort mécontent et fort triste de cette résolution. Il avertit de ne pas s'éloigner, laissant néanmoins entendre qu'il étoit incertain si ce seroit encore lui qui reviendroit, ou des commissaires du gouvernement, pour mettre les revenus et les receveurs des États immédiatement sous la régie royale. Pendant l'après-dîner il y avoit eu quelques mouvements dans le militaire 1789 soit par précaution ou par grimace, mais le peuple s'est tenu fort tranquille.

Du 29 et du 30 janvier.

Rien de nouveau, sauf qu'aujourd'hui 30, on dit qu'il arrivera demain des troupes de Bruxelles. La feuille périodique intitulée *Le Journal du Danube,* arrivée cejourd'hui, rapporte la lettre de l'Empereur du 7 de ce mois, adressée et remise aux États de Brabant. En voici la teneur, extraite dudit journal :

« L'Empereur et Roi,

« Très-Révérends, Révérends pères en Dieu, nobles,
» chers et féaux, chers et bien amés,

« Le refus aux subsides ordinaires, auquel a osé se porter
» le tiers État de mon duché de Brabant, sans que les
» premiers membres ayent fait le moindre effort pour y
» mettre ordre, a dû exciter toute mon indignation, et
» m'engage à révoquer dès ce moment, pour cette province,
» toutes les concessions que je lui avois faites, et nomément
» celle de l'oubli de tout ce qui s'est passé pendant les derniers
» troubles, que j'avois eu la clémence de lui accorder. Je
» défends en même tems à mon gouvernement général de ne
» plus me proposer de grâce quelconque pour les individus,
» soit du civil, soit du clergé de cette province, et de n'en
» placer aucun. Je suspens toute nomination ultérieure aux
» abbayes du Brabant, et mon gouvernement général fera, à
» l'aide du militaire, la recherche la plus exacte des personnes
» de toutes les classes et conditions de la même province,

1789 » qui, pendant les derniers troubles, se sont rendus coupables
» de faits, de paroles, ou par écrit, pour les punir selon que
» je le trouverai convenir aux circonstances. Après le refus
» que vous avez osé vous permettre de consentir aux subsides
» qui sont dus et indispensables pour l'entretien de l'admi-
» nistration publique, vous ne pouvez plus dans aucune
» matière, réclamer *la joyeuse entrée* à laquelle je ne me crois
» plus lié, tandis que vous osez oublier ce que vous me
» devez de votre côté comme de fidèles sujets.

« A tant, très-Révérends, Révérends pères en Dieu, nobles,
» chers et féaux, chers et bien amés, notre Seigneur vous ait
» en sa sainte garde. »

« Vienne, le 7 janvier 1789. » Étoit signé : Joseph.

Plus bas : par l'Empereur et Roy, (contresigné:) R.G. De Lederer.

Plus bas : « *Ita est*. (signé:) Decock ».

Du samedi 31 janvier.

Dies magna et amara valde.

Arrivent de grand matin des commissaires de Bruxelles, les s^rs Delevielleuze et Rançonnet, conseillers du Conseil Royal du Gouvernement, avec des subalternes.

L'assemblée générale des États est convoquée pour dix heures. Entretems l'on renforce la grand'garde, on braque les canons sur les principales avenues de la place, on distribue des troupes sur le Grand-Marché et dans différents autres endroits de la ville, on met des détachements aux deux issues de l'hôtel-de-ville en la rue d'Enghien et en la rue Neuve ; des patrouilles et des piquets parcourent toutes les rues. L'heure indiquée pour la séance des États étant venue, on assemble

les trois ordres dans la chambre de la noblesse et là, les com- 1789
missaires font l'intimation de leurs ordres et de la désastreuse
ordonnance émanée du Gouvernement le jour de hier, pour
l'anéantissement de toutes nos chartes et priviléges, etc.,
suivant l'exemplaire ci-joint; après quoi, ils déclarent le collège
de la députation supprimé et l'assemblée générale dissoute.
Cette ordonnance est d'abord affichée militairement dans plusieurs endroits de la ville et l'on pose auprès de chaque
affiche une sentinelle pour la garder.

A midi et demi, le Président du Conseil qui, quoique
gentilhomme de la chambre, n'avoit pas reçu de billet de
convocation, reçoit un paquet qui lui est envoyé par les
commissaires, contenant des exemplaires imprimés à Bruxelles
de ladite ordonnance, avec une dépêche de LL. AA. RR. dont
voici la teneur :

Marie Christine,   Albert Casimir.

« Très cher, chers et bien amés,

« Nous vous remettons ci-joint l'ordonnance de S. M. en
» date de ce jour, vous chargeant de la faire publier incessam-
» ment à la bretèque du Conseil, vous prévenant que cette
» ordonnance a été envoyée directement aux magistrats et
» officiers subalternes de la province avec ordre de la publier en
» la manière accoutumée, et qu'en conséquence, vous êtes
» dispensés de leur en faire l'envoy. En conséquence des
» dispositions contenues dans ladite ordonnance, nous vous
» défendons non seulement de réclamer les concessions ou
» priviléges qui avoient été accordés aux États de Hainaut,
» mais d'y prendre d'oresenavant aucun égard dans vos
» délibérations ou jugements.

1789 « Au surplus, nous vous prévenons, que par une suite de
» ces dispositions, Nous avons dénommé des commissaires
» pour prendre la conduite de l'Administration des États et
» la direction des caisses de leurs receveurs, vous interdisant
» bien expressément de recevoir ni opposition, ni demande,
» ni plainte, ni réclamation, de quelque part que ce puisse
» être, contre ce que lesdits commissaires ordonneront ou
» feront, ou enfin de vous ingérer en aucune manière dans
» les procédés de la commission dont ils ont à s'acquitter de
» notre part.

« A tant, etc.

« De Bruxelles, le 30 janvier 1789, etc. »

« Au Conseil de Hainaut. »

Comme il ne devoit pas y avoir séance du Conseil après-midi, à cause du samedi, M. le Président fait convoquer extraordinairement pour trois heures. La séance dure jusques après sept heures et demie. On cherche un moyen pour nous dispenser de prêter la main à cet acte d'autorité par la publication qu'il nous est ordonné de faire à la bretêque du Conseil ; on conclut de faire une représentation à LL. AA. RR. et on la compose sur le champ, de la teneur comme suit :

MADAME, MONSEIGNEUR,

« Nous avons été abbattus et jetés dans la plus grande
» consternation à la vue de la dépêche de Vos Altesses Royales
» et de l'ordonnance y jointe, toutes deux en date du 30 de
» ce mois.

« Ce qui paraît avoir excité l'indignation de S. M. mani-
» festée dans ladite ordonnance, est le retard des États dans
» le consentement aux subsides.

« Nous supplions très-humblement Vos Altesses Royales de 1789
» daigner considérer que ce retard n'a eu lieu que parce que
» les États, se confiant pleinement dans la bienveillance de
» Sa Majesté, espéroient de pouvoir faire parvenir aux pieds
» de son trône leurs très-soumises représentations.

« La résolution prise à leur dernière assemblée n'avoit dans
» le fait que ce seul but en vue ; et si les termes dans lesquels
» cette résolution fut actée, présentent un autre sens, on doit
» l'attribuer à la circonstance que la rédaction n'a pu s'en
» faire qu'au bout d'une séance qui avoit duré depuis
» neuf heures du matin jusques près de quatre heures après
» minuit, dans laquelle le choc et la variété des opinions n'a
» plus laissé à la fin que des esprits fatigués et irrésolus
» dont le hasard a plutôt déterminé la pente finale qu'une
» volonté réfléchie et dirigée par les lumières de la raison.

« Il seroit malheureux que le sort d'une nation entière pût
» dépendre, encore plus, qu'il dût être regardé comme arrêté
» sans ressource, d'après la fatalité qui, dans de telles con-
» jonctures, a peut être fait tomber quelques voix de plus
» d'un côté que de l'autre.

« C'est pourquoi, nous supplions instamment Vos Altesses
» Royales de vouloir, usant encore de leur bienveillance envers
» ce pays de Hainaut et ses malheureux habitants, permettre
» que les États puissent se rassembler de nouveau à la
» convocation du Grand Bailli, persuadés que nous sommes
» qu'ils s'empresseront de donner à Sa Majesté les plus
» grandes preuves de leur entier dévouement et du zèle qu'ils
» ont de contribuer à la prospérité de ses armes et à la
» gloire de son règne.

« Nous sommes en profond respect, etc.

« Mons, le 31 janvier 1789. »

1789 Cette représentation fut envoyée par estaffette et l'on en envoya une copie au comte d'Arberg avec une lettre le priant de vouloir l'appuyer de son crédit.

Du 2 février, fête de la Vierge.

La cour est convoquée pour neuf heures du matin. M. le Président communique les dépêches qui lui sont parvenues par estaffette hier à neuf heures du soir, consistant en une lettre du Ministre et une autre du Grand Bailli. Voici celle du Grand Bailli :

« MESSIEURS,

« Aussitôt que j'ai reçu la lettre et la copie de la remon-
» trance que vous avez faite à LL. AA. RR., je me suis rendu
» chez Elles pour les solliciter d'acquiescer à votre demande ;
» j'ai fait la même démarche chez le ministre. C'est avec
» douleur que je dois vous annoncer qu'elles ont été sans
» succès : la réponse que vous recevrez vous en convaincra.
« Si on avoit voulu suivre mes avis, mes instances, la
» province ne se trouveroit pas plongée dans la plus grande
» consternation. M^{rs} le Président Gomegnies et le conseiller de
» Cour, M. Obert, peuvent certiorer que j'ai fait l'impossible
» pour persuader les États d'accorder le subside ; c'est une
» satisfaction pour moi de n'avoir rien à me reprocher.
» Recevez mes regrets, Messieurs, de n'avoir rien pu obtenir ;
» j'aurois été enchanté de pouvoir vous convaincre des sen-
» timents très distingués avec lesquels,

« J'ai l'honneur d'être, etc.,

» (Signé :) le Comte d'ARBERG.

» Bruxelles, le 1er février 1789, à 1 heure après-midi. »

Voici la lettre du Ministre(¹) : 1789

« Messieurs,

« J'ai reçu votre représentation d'hier, et je ne saurois vous
» cacher ma surprise de voir que vous vous soyez permis
» cette démarche dans une circonstance où il ne s'agit de
» votre part que d'obéir purement et simplement, et de rem-
» plir à la lettre les ordres qui vous ont été adressés et dans
» un temps où S. M., après avoir donné cours à une étendue
» de bonté sans exemple, a été forcée à déplorer son autorité,
» et à une disposition souveraine définitive qui n'admet
» aucun terme de retour, et beaucoup moins de suspension,
» ses ordres étant absolus.

« Ainsi, il ne sauroit être question d'aucune assemblée ou
» convocation des États, et d'aucune démarche quelconque
» vis-à-vis de Sa Majesté qui n'en admettra absolument
» aucune, et après ce qui s'est passé sous vos yeux d'indé-
» cent, d'insultant et de criminel, après la notoriété des faits
» et après qu'il conste que les États obstinés ont résisté à
» toutes les démarches, les insinuations, les instances les plus
» pressantes même de la part du Grand Bailli, et méprisé les
» ménagements auxquels le Gouvernement avoit eu la con-
» descendance de se prêter pour les éclairer sur les devoirs de
» la soumission.

« Au surplus, je vous déclare au nom de Sa Majesté, et
» par ses ordres, que ne pouvant pas souffrir qu'un de
» ses officiers attaché au serment du Souverain, et qui a osé

(¹) Notez que c'est le Ministre qui répond à une représentation qui
étoit adressée à LL. AA. RR. C'est la première fois que cela nous arrive ;
peut-être est-ce à cause de la dureté de la dépêche et surtout de l'article
qui suspend M. Demarbaix.

» être le rédacteur des représentations (¹) également indécentes
» et répréhensibles, en attaquant l'ordre et les droits de l'au-
» torité souveraine, siége dans le tribunal supérieur de justice
» de la Province, elle a résolu de suspendre, par provision,
» de toutes ses fonctions quelconques le conseiller Marbaix
» le cadet. Je vous ordonne en conséquence, et très expres-
» sément, au nom de Sa Majesté, de lui signifier d'abord cette
» résolution, et de l'exclure de vos assemblées et délibérations,
» sans permettre qu'il intervienne à celle à laquelle la présente
» donnera lieu ; à quoi j'ai chargé les commissaires de S. M.
» de tenir la main.

« Je suis parfaitement,

« Messieurs,

« Votre très humble et très obéissant serviteur,

« (Signé :) Trauttmansdorff.

« Bruxelles, p^r. février 1789. »

R^a. le dit jour, à 9 heures du soir, par estaffette.

M. le conseiller Demarbaix le cadet, autrement nommé Charles Demarbaix, étoit présent lorsque cette lettre du Ministre fut ouverte et lue : M. le Président ne l'avoit point décachetée, bien avoit-il décacheté une autre lettre du Ministre adressée à lui particulièrement, qu'il a aussi lue en pleine assemblée de la Cour. M. Demarbaix demanda qu'il lui fut expédié copie du paragraphe qui le concernoit dans la dépêche du Ministre adressée à la Cour, et il se retira de son propre mouvement. On convint unanimement de lui faire expédier cet extrait qui le fut sur le champ et collationné par le greffier. Ensuite, on

---

(¹) L'exposition de la constitution du pays de Hainaut, etc., *vide :* page 88.

délibéra sur la publication de l'ordonnance, et il fut résolu, 1789
presque de toutes voix, de publier. La chose fut même effectuée
d'abord, car il ne s'agissoit point de faire réimprimer l'ordonnance ni d'en ordonner la publication partout ailleurs, mais
simplement d'en faire une à la bretêque du Conseil, que l'on
a regardé être : la Toison d'Or, où s'est rendu M. Abrassart
avec le conseiller avocat de Sa Majesté et le greffier.

Le motif déterminant a été pour éviter un plus grand
désastre ; car il étoit d'une certitude évidente que, si nous
refusions de publier, non seulement tous les conseillers
auroient été renvoyés, mais que la Cour même auroit été
détruite ou au moins violemment ébranlée dans son organisation et son essence ; aussi, l'un des deux commissaires de
S. M. avoit déjà dit ouvertement hier en présence d'un de
nos Messieurs, qu'ils avoient déjà tous leurs sujets prêts pour
nous remplacer. Nous nous sommes donc dit que notre serment de maintenir les droits et privilèges du pays, non seulement ne nous astreignoit point à faire chose qui alloit
évidemment tourner au préjudice du pays, comme de refuser
dans ce moment de publier le placard, mais que ce serment
nous empêchoit même de faire ce refus. Au surplus a-t-on
ajouté, notre serment nous l'avons prêté envers le Souverain
et envers la nation : le Souverain nous en décharge en ce
moment puisque c'est lui qui ordonne la publication, et il est
évident que la saine partie de la nation nous en dispense
aussi, pour, à ce moyen, conserver au moins l'existence de
cette ancienne Cour de justice, désormais d'autant plus importante, que ce sera le seul corps considérable dans l'État, par
l'organe duquel la nation pourra dans des tems plus opportuns faire des représentations pour rentrer petit à petit dans
ses anciens privilèges ou droits constitutionnels.

1789 L'on est informé que, dans la nuit dernière, le sieur Auquier, pensionnaire de la ville de Mons a été arrêté et conduit militairement vers Bruxelles; on dit que c'est pour le mettre à la citadelle d'Anvers. Déjà depuis hier, il étoit gardé à vue par un soldat qui le suivoit partout. On ne sait si c'est pour avoir parlé contre l'accord des subsides à la dernière assemblée des États, ou parce qu'en 1787, il a été chargé d'être à Bruxelles le correspondant entre les États de Hainaut et ceux de Brabant, ou enfin, pour quelle autre raison il essuye ce traitement.

Le sieur Dupré, pensionnaire des États, a aussi depuis aujourd'hui un soldat qui le garde à vue ; son fils, membre du conseil de ville, en a aussi un ; plusieurs autres personnes de la ville, notamment, ceux qui ont été à la tête des ci-devant volontaires, sont dans le même cas. Le sieur Carpentier, doyen du chapitre de Binche, député de l'ordre du clergé, s'est absenté pour éviter, dit-on, d'être arrêté. M. Charles Demarbaix, conseiller, s'est en allé aussi ; il étoit déjà absent lorsqu'on est allé chez lui vers dix heures et demie pour lui porter l'extrait collationné de la dépêche du Ministre concernant sa suspension. Le sieur Delaroche, membre du conseil de ville, se soustrait à la vigilance de son soldat, sort par son issue, et s'enfuit de la ville par la porte d'Havré vers midi (¹).

Les archers de Hainaut prêtent serment à Sa Majesté, en mains du prévôt de l'hôtel, devant la grand'garde, vers midi.

On apprend, par des lettres arrivées de Bruxelles, que la nuit du samedi au dimanche, premier de ce mois, il y a été mis

---

(¹) Auquier est revenu à Mons le 21 avril 1789. — Dupré et autres sont gardés à vue par des soldats; on leur a ôté ces plantons sur la fin du mois de mars 1789 ; le public n'a pas su quelles démarches ces messieurs avoient faites pour s'en délivrer. — Le sieur Delaroche est revenu à Mons, le 30 avril 1789.

des affiches imprimées, par lesquelles, il est dit que l'on 1789 proteste contre ce que les États ont déclaré.

Arrivent à Mons quatre autres compagnies du régiment de Murray.

Du 3 février.

Le Conseil écrit au comte d'Arberg une lettre de remercîment au sujet des démarches qu'il a bien voulu faire pour appuyer la représentation et lui recommande pour l'avenir les intérêts de la nation en général ainsi qu'en particulier ceux de la compagnie dont il est le chef, c'est-à-dire de ce Conseil.

On pose des affiches, à Mons, notifiant que les ci-devant receveurs et caissiers des États de Hainaut sont continués dans leurs places de la part de S. M., etc. ; ci-joint un exemplaire desdites affiches.

On apprend que le pensionnaire Auquier est à la citadelle d'Anvers. On apprend que le doyen Carpentier s'est réfugié à l'abbaye de Lobes.

Du 4 février.

On apprend par des lettres venues de Bruxelles que le gouvernement promet une récompense de mille écus pour celui qui pourra faire connoître l'auteur des affiches mises à Bruxelles, la nuit du samedi au dimanche dernier.

On affiche de la part des commissaires de S. M. l'avis imprimé ci-joint, pour ceux qui ont des déclarations ou des paiemens à faire aux bureaux des ci-devant directeurs général et externe des moyens courans des États de Hainaut.

Du 5 février.

Le Conseil reçoit une déclaration de Sa Majesté émanée du Gouvernement, du 4, sur la perception des charges publiques

1789 dans le Hainaut, en exécution de l'ordonnance du 30 janvier dernier, avec ordre de la faire imprimer et publier aux endroits accoutumés. Les chambres assemblées, conclu de déclarer qu'elle sera imprimée, publiée et affichée en la forme et manière accoutumée.

Du 6 février.

Mon censier des terres des Mayries, aux Estinnes, me confie qu'il étoit au village de Lobes lundi dernier, jour de la Purification, et qu'il y a vu passer un détachement d'un bas-officier et quatre soldats de nos troupes avec leurs armes, accompagnés de deux cavaliers de la maréchaussée de Hainaut, qui s'en alloient à l'abbaye, et que l'on a su incontinent après, que c'étoit pour arrêter le sr Carpentier, doyen du chapitre de Binche ci-devant député des États de Hainaut, mais que l'abbé de Lobes n'avoit point voulu permettre qu'on arrêtat ledit sr Carpentier (¹).

Les nouvelles de Bruxelles portent qu'on y a arrêté le metteur des affiches, qu'on l'a pris sur le fait comme il en attachoit une relative à celle de la nuit du samedi 31 janvier et en dérision de la récompense que le Gouvernement avoit promise pour celui qui en feroit connoître l'auteur. La personne arrêtée est un garçon apothicaire, natif de Mons, nommé Debay.

Du 12 février.

Arrivent à Mons encore deux compagnies du régiment de Murray, en sorte qu'à présent tout le régiment est ici, sauf les grenadiers.

(¹) J'ai su depuis que tout ceci étoit faux.

Du 13 février.

A huit heures et demie du soir, la maréchaussée amène au Châtel, à Mons, le curé de Roucoux, arrêté, à ce que l'on dit, pour avoir parlé indiscrètement dans ses sermons, au sujet des affaires du tems.

1789

Du 16 février.

Le curé de Roucoux est interrogé au Châtel par le substitut-avocat de Sa Majesté, Paternostre, adjoint de l'avocat Vigneron, ci-devant juge de première instance du tribunal d'Ath. Le besognement se fait en la grande chambre d'office : le curé assis sur une chaise en dedans du bureau, un cavalier de la maréchaussée dans la chambre pour le garder.

Du 18 février.

Suppression du serment ou confrérie de Saint-Sébastien, des tireurs à l'arc. Les confrères de ce serment avoient pris un uniforme dans l'été de 1787.

Le chevalier De Bouzies est remercié de son emploi de mayeur de Mons, par une dépêche du Gouvernement, par laquelle on lui notifie que le receveur Perin a ordre de lui refournir sa finance et ce qu'il lui en a coûté pour l'expédition de ses patentes.

Du 19 février.

Le Conseil reçoit une dépêche de LL. AA. RR. qui lui envoyent, pour son information et direction, copie de la dépêche circulaire adressée aux évêques et visiteurs généraux, pour leur notifier que S. M. a trouvé bon de restreindre pour les femmes l'âge requis pour l'émission des vœux solennels de religion, à vingt-quatre ans accomplis, comme elle l'a déjà fait à l'égard des hommes, par sa dépêche de 1788.

Du 21 février.

1789   Les magistrats de Mons reçoivent une dépêche du Gouvernement qui leur notifie que, vu la suppression du Collège de la députation des États, un seul pensionnaire pour la ville de Mons sera désormais suffisant ; qu'en conséquence, une des deux places de pensionnaire, celle qu'occupait le sieur Auquier, est abolie et supprimée.

Les lettres arrivées de Bruxelles marquent qu'avant-hier, il y est arrivé un courrier de Vienne qui a apporté au ministre, comte de Trauttmansdorff, la Toison d'or enrichie de brillants ; qu'on ne sait encore aucune particularité de ce courrier.

Les mêmes lettres marquent que l'on a adressé à tous les évêques ordre d'envoyer leurs séminaristes au séminaire général, à peine de saisie de tout leur temporel. Elles marquent encore que tous les députés du pays de Limbourg sont à Bruxelles, pour demander un Conseil chez eux ; que ceux de Wavre (Brabant-wallon), en demandent aussi, que l'on craint que les trois chambres du Conseil de Brabant ne soient réparties, l'une à Bruxelles, l'autre au pays de Limbourg et la troisième à Wavre. Les mêmes lettres marquent que l'on a nommé quatre nouveaux conseillers au Conseil de Flandre.

Du 22 février.

Cejourd'hui, dimanche de carnaval, on supprime l'abbaye du Val-des-Écoliers de Mons.

Du 23 février.

Suppression de l'abbaye de Cambron.

Du 24 février.

Le sieur Masquelier, religieux de l'abbaye du Val, monte au clocher de l'abbaye, après avoir célébré la messe, se précipite du haut en bas et termine ainsi ses jours. Ce brave religieux avoit eu une atteinte d'appoplexie, il y a quelques années. On prétend qu'étant à la promenade sur les remparts, dimanche dernier, lorsqu'il apprit par un ami, que des commissaires étoient dans l'abbaye pour en opérer la suppression, cette nouvelle le mit hors de lui-même et le fit tomber en faiblesse. On raconte encore que voyant la maréchaussée dans l'abbaye, il s'étoit délamenté beaucoup et qu'il avoit dit hier au brigadier qu'ayant fait vœu de vivre et de mourir dans cette maison, il n'en sortiroit pas(¹).

1789

Tous les ordres religieux reçoivent une dépêche circulaire pour envoyer dans huit jours au séminaire général leurs religieux qui n'ont pas encore achevé leur cours de théologie, à peine de désobéissance aux ordres de Sa Majesté, de saisie de leur temporel et de suppression de leur maison, suivant des circonstances. Cette dépêche est aussi envoyée aux abbayes de Saint-Ghislain et autres du Hainaut non commencées à supprimer, ce qui fait espérer que, parmi envoyer les sujets à Louvain, ces abbayes ne subiront pas le sort de celles du Val et de Cambron.

Du 25 février.

J'apprends par une lettre de Bruxelles, que les États de Brabant sont convoqués à lundi prochain 2 mars, pour recevoir la communication des intentions de l'Empereur qu'ils apprendront par une dépêche de LL. AA. RR. La même lettre

---

(¹) Ces particularités se sont trouvées fausses. Il est vrai, cependant, qu'il venoit de célébrer la messe conventuelle.

1789 ajoute qu'on s'y attend à voir supprimer les abbayes du Parc et de St-Bernard.

Du 2 avril.

Lettre du Conseil de Hainaut au comte d'Arberg, Grand Bailli, relativement à la suspension du conseiller Charles Demarbaix :

MONSIEUR LE COMTE,

« Nous avons l'honneur de rappeler à Votre Excellence que
» le conseiller Charles Demarbaix, notre confrère, ayant cessé
» de fréquenter les séances du Conseil ensuite de la lettre
» ministérielle du 1er février de cette année, la compagnie se
» trouve depuis lors privée d'un de ses membres, et le public
» d'un juge intelligent et laborieux.

« Personne n'est plus à portée que vous, Monsieur le Comte,
» de faire changer cet état de choses, où l'administration de
» la justice se trouve d'ailleurs retardée, à l'égard de toutes
» les affaires dont le conseiller Demarbaix est rapporteur.
» Votre qualité de Grand Bailli est un motif pour vous porter
» à vous intéresser à ce qui peut concerner, soit le corps, soit
» chaque individu de la Compagnie dont vous êtes le chef,
» et la considération distinguée dont vous jouissez auprès du
» Souverain et de son gouvernement, vous en rendra sans
» doute les moyens faciles. Veuillez donc, Monsieur le Comte,
» employer votre crédit dans une circonstance si propre à
» exciter votre sollicitude.

« Nous....

« Mons, le 2 avril 1789. »

Notez que moi, conseiller Paridaens, étant à Bruxelles dans une révision au conseil de Brabant, j'avois déjà parlé de cette

affaire de M. Demarbaix, au comte d'Arberg, dans une visite 1789
que je lui fis le 28 mars 1789, où je lui fis voir et expliquai
l'article 17 du règlement du Conseil ordinaire, et je lui laissai
un billet où j'avois transcrit le dit article, avec une note.

Sentence portée par le juge ecclésiastique de Cambray, dans l'affaire du curé du village de Roucourt :

« Vu par Nous, P. Bryas, etc., la plainte du promoteur géné-
» ral portée à la charge de maître Lelangue, curé de Roucourt,
» du 11 mars dernier, avec la dépêche de l'Empereur et Roi,
» du 27 février aussi dernier, adressée à M. le prince de Rohan,
» archevêque et duc de Cambray etc. y jointe, et le procès
» instruit audit maître Lelangue, en suite de mandement par
» lettre du 18 dudit mois de mars ; eu recours aux pièces
» remises par le substitut avocat de S. M. Paternostre, en
» exécution de ladite dépêche, ouï maître Jamenne, curé de
» St-Nicolas-en-Bertaimont, vice-doyen de chrétienté au district
» de Mons, censeur des livres, promoteur en la cause; tout con-
» sidéré. Faisant droit et disposant sur les premier et deuxième
» chefs de l'accusation consistant en ce que ledit maître
» Lelangue auroit excité ses paroissiens et les habitans des
» villages voisins de sa paroisse à la désobéissance aux
» ordres de Sa Majesté l'Empereur et Roi, et en ce qu'il auroit
» osé tenir les propos les plus injurieux à Saditte Majesté,
» avons déchargé et déchargeons ledit maître Lelangue de
» l'accusation sur ces deux chefs.

« Disposant sur le troisième chef, qui consiste en ce que
» ledit maître Lelangue auroit tenu, dans ses instructions
» publiques, des propos injurieux aux mayeur et gens de loi

1789 » dudit Roucourt, prenant égard aux excuses par lui appor-
» tées, avons déclaré et déclarons que les poursuites cessent.

« Disposant sur autres faits résultans du procès, avons
» déclaré et déclarons ledit maître Lelangue convaincu d'avoir
» tenu, hors des fonctions de son ministère, des propos
» injurieux auxdits mayeur et gens de loi. Pourquoi, il sera
» reprimandé et averti de mettre plus de charité et de réserve
» dans ses discours, sous peine plus grave ; le condamnons à
» un huitième des fraix et mises de justice, en ce, non com-
» pris ceux relatifs aux recollements et confrontations.

« Ainsi fait en la ville de Mons, le pr. avril 1789. Par ord[ce].

(Signé :) P. F. De Bettignies, faisant fonction de greffier.

« Prononcé à maître Lelangue, curé de Roucourt, étant au
» châtel à Mons, le 2 avril 1789. »

(Étoit signé :) Bryas et P. F. De Bettignies.

Remarquez que la sentence ne fait nulle mention de la détention dudit curé de Roucourt au châtel à Mons, parce qu'il n'y avoit jamais été colloqué ni détenu sous l'autorité de justice ; aussi, quand le cépier a parlé à M. Bryas des fraix de geôlage, M. Bryas a répondu que cela ne le regardait point. Le curé de Roucourt n'est pas encore élargi cejourd'hui 4 avril, le s[r] Rançonnet, un des commissaires royaux ayant dit au geôlier de le garder jusques à autre ordonnance. Les avocats qui ont servi d'assesseurs à M. Bryas sont : M[rs] De Bettignies, Fontaine, L. Petit et Gendebien.

Du 24 avril.

Les magistrats de Mons reçoivent une dépêche du Gouvernement qui les informe qu'un courrier arrivé hier de Vienne a apporté la triste nouvelle que l'Empereur étoit fort mal, qu'il avoit été administré le 16 ; qu'en conséquence, l'intention de

LL. AA. RR. étoit que les spectacles et tous plaisirs publics 1789 fussent interdits. D'après cette dépêche, l'on interdit aussi à Mons le spectacle, ainsi que le concert bourgeois quoique non plaisir public. Les magistrats prennent la résolution de faire célébrer une messe votive demain à onze heures à Ste-Waudru. Leur Chef en donne part au Président du Conseil, qui dans la séance de l'après-midi, communique la chose aux chambres. On convient que les membres de la compagnie qui seroient libres de besogne indispensable s'y rendroient, mais non point le Conseil en corps.

Du 25 avril.

La messe se chante à onze heures dans le chœur à Sainte-Waudru. Le magistrat y assiste en corps. Les officiers de l'état-major de la garnison y assistent aussi dans le chœur ; les Président et plusieurs conseillers restent par ci, par là, dans la carolle. Les militaires avoient déjà fait célébrer une messe particulière à neuf heures du matin.

Du 26 avril.

Cejourd'hui dimanche, on chante une messe solennelle à Sainte-Waudru, à onze heures, de la part du chapitre, pour l'Empereur. Le militaire débite qu'on a reçu des nouvelles d'un mieux considérable ; d'autres personnes disent d'avoir vu passer les courriers qui disoient qu'ils portoient la nouvelle de sa mort aux cours de Versailles et de Madrid.

Du 27 avril.

Le chapitre de St-Germain fait aussi chanter une messe pour l'Empereur.

Du 28 avril.

1789   Suivant une lettre que je reçois de Bruxelles, on y a affiché de la part du magistrat une défense d'avoir les violons dans les cabarets et de chanter dans les rues, et les mêmes affiches portaient défense de faire des feux dans les rues et de tirer des fusées.

A sept heures du soir, on sonne toutes les cloches pour annoncer les prières de quarante heures qui commenceront demain dans toutes les églises, par ordre de l'archevêque de Cambray, pour la guérison de l'Empereur, en conséquence des dépêches circulaires du Gouvernement adressées à tous les évêques des Pays-Bas.

Il roule dans le public un bulletin qu'on dit venir de Vienne selon lequel, S. M. avoit cessé de cracher le sang le 16 à midi et que, de cet instant, elle s'est trouvée considérablement mieux.

Du 29 avril.

Prières de quarante heures.

Bulletin qui a ensuite été inséré dans toutes les gazettes d'après une lettre de Vienne, le 18 avril :

« La nuit du 13 au 14 l'Empereur a eu une violente attaque
» de toux accompagnée de crachemens de sang ; pendant la jour-
» née S. M. fut tranquille et en quelque sorte soulagée. Le 15
» le crachement de sang recommença avec plus de violence que
» la première fois. De pareils accidens pouvant devenir plus
» fréquens, S. M. demanda le matin du 16 à recevoir publique-
» ment le St-Sacrement. En conséquence, le curé de l'église
» paroissiale de la résidence porta le St-Sacrement, toutes les
» gardes étant en parade, aux appartemens de S. M. accompa-
» gné de LL. AA. RR., de tous les ministres, conseillers privés,

» chambellans, écuyers tranchans, et de beaucoup de dames et
» de personnes attachées à la Cour. Les spectacles furent fermés
» ce jour, et on fit des prières publiques, sous l'exposition du
» St-Sacrement, dans toutes les églises de la ville et des faux-
» bourgs. La nuit du 16 au 17, le monarque a joui de repos, et
» les circonstances de la maladie sont beaucoup moins graves.
» Pendant la journée d'hier, le changement en mieux continua,
» la nuit fut tranquille, et S. M. se trouve ce matin soulagée
» par le sommeil. » (Extrait du Courrier du Danube, n° 17,
1789.)

Vendredi premier de mai.

On envoye la nouvelle constitution du Brabant au Conseil de Brabant.

Du 2 mai.

Le Conseil fait des représentations : on dit dans le public que c'est afin que la nouvelle constitution soit envoyée à l'avis des trois ordres des États. Ces représentations sont mal accueillies.

Lundi 4 mai.

Le Conseil de Brabant est assemblé depuis sept heures du matin jusques à trois heures et demie après-midi. On dit dans le public, qu'ils ont arrêté une nouvelle représentation individuant les articles de la nouvelle constitution sur lesquels ils ne pourront jamais passer sans le consentement des trois ordres des États. Le public dit qu'il y a dans le Conseil de Brabant dix-sept bons et six mauvais ; par les bons, on entend ceux qui refusent d'admettre la nouvelle constitution. On sait

1789 que samedi 2 de ce mois, plusieurs des nouveaux conseillers ont trouvé le matin sous leur porte cette menace imprimée :

Si les conseillers du Brabant oublient leur serment,
Le peuple oubliera le cinquième commandement.

Du 10 mai.

On apprend de Bruxelles que depuis le premier de mai le Conseil a été assemblé tous les jours matin et après-midi ; que le vendredi 8, jour qu'ils devoient être cassés s'ils n'accordoient pas, ils sont restés assemblés jusqu'à douze heures et demie de la nuit, sans avoir été souper ; qu'on a nommé une jointe composée de quatre qui se sont rendus vers le ministre, savoir : M. Wirix, rapporteur de l'affaire, MM. Vandevelde, vice-chancelier, Charlier et Duchesnes ; qu'à leur retour, on a arrêté de faire de nouvelles représentations ; que hier 9, ils sont encore restés assemblés jusques à neuf heures du soir ; on dit qu'ils persistent dans leur refus et que, quoiqu'il arrive, ils ne céderont pas, à cause, disent-ils, que la chose n'est pas en leur pouvoir, étant contraire à leur serment. On assure qu'il n'y en a plus que deux au Conseil qui ne sont point du sentiment des autres.

Du 14 mai.

On apprend de Bruxelles que le Conseil de Brabant a absolument refusé d'admettre la nouvelle constitution et que depuis trois jours qu'ils l'ont renvoyée au ministre ou au Gouvernement, ils n'en ont plus eu de réponse. On dit à Bruxelles que la chose est renvoyée à Vienne.

Du 17 mai.

Une lettre écrite de Bruxelles, hier, marque que le Conseil

de Brabant n'a reçu ni réponse ni rien de nouveau depuis sa 1789 dernière représentation ; que, mercredi passé 13, on a trouvé le matin, pendu à la première potence hors de la porte de Louvain, sur le champ de la voyerie, le portrait du pensionnaire Decock, habillé en noir, ayant une plume à la main, avec une inscription pour le désigner ; que M. Linguet a reçu une lettre de cachet et qu'il s'est retiré en Angleterre ; qu'on a constitué prisonnière en l'ancien hôtel du conseil des finances une dame avec sa femme de chambre, que l'on ne sait pas dans le public qui elle est.

Du 20 mai.

Le nommé . . . . Chapelier, bourgeois de Mons, est banni publiquement par sentence des Échevins, pour avoir tenu des propos indécents avec des gestes de mépris contre l'Empereur.

Du 22 mai.

Le Conseil reçoit dans la séance du matin la déclaration portant suppression des places de conseillers ecclésiastiques et de Chevaliers de Cour dont la teneur s'ensuit :

DÉCLARATION DE SA MAJESTÉ L'EMPEREUR ET ROI, QUI SUPPRIME LES DEUX PLACES DE CONSEILLER ECCLÉSIASTIQUE ET LES DEUX PLACES DE CHEVALIER DE COUR AU CONSEIL SOUVERAIN DE HAINAUT.

« Sa Majesté ayant trouvé qu'il étoit contraire à l'avantage
» général de ses sujets de Hainaut, qu'il y ait dans le tribunal
» supérieur de cette province des places de juges ou conseil-
» lers réservées exclusivement aux ecclésiastiques ou aux
» nobles, et auxquelles ses autres sujets ne peuvent aspirer,
» elle a, à la délibération de son conseil royal du Gouverne-
» ment, supprimé et supprime les deux places de conseiller
» ecclésiastique et les deux places de Chevalier ou de conseil-

1789 » ler de courte robe en son Conseil de Hainaut, dérogeant à
» toutes dispositions contraires à la présente déclaration.

« Déclare en outre Sa Majesté que ces conseillers ecclésias-
» tiques et nobles seront remplacés par quatre conseillers de
» robe longue.

« Mande et ordonne Sa Majesté à tous ceux qu'il appartient
» de se régler et conformer selon ce.

« Fait à Bruxelles, sous le cachet secret de Sa Majesté, le
» 18 mai 1789.

« (Paraphé :) T^r. v^t. (Signé :) DELAUNAY. »

« L'EMPEREUR ET ROI,

« Très cher, chers et féaux,

« Nous vous remettons ci-joint notre déclaration qui sup-
» prime les deux places de conseiller ecclésiastique et les deux
» places de Chevalier de Cour, dans le conseil de la province
» de Hainaut, vous chargeant de la faire publier au Rôle en la
» manière accoutumée.

« A tant, très cher, chers et féaux, Dieu vous ait en sa
» sainte garde.

« De Bruxelles, le 18 mai 1789.

« (Paraphé :) T^r. v^t. (Signé :) DELAUNAY.

R^a le 22 dito.

Au pied étoit :

« Au Conseil de Hainaut. »

Le messager des États qui va tous les jours chercher les lettres à la poste, et qui se charge de celles pour le Conseil, avoit en même tems apporté des dépêches particulières adressantes à Messieurs les conseillers ecclésiastiques et à M. Obert, seul Chevalier de Cour, aussi une dépêche particulière pour M. C. Demarbaix.

La dépêche à M. Obert étoit de la teneur suivante : 1789

« L'Empereur et Roi,

« Cher et Féal, comme, par la déclaration du 18 de ce mois,
» Nous avons, entre autre, supprimé la place de Chevalier ou
» conseiller de courte robe en notre Conseil de Hainaut, dont
» vous êtes pourvu audit Conseil, Nous vous faisons la pré-
» sente, à la délibération de Notre conseil Roïal du Gouver-
» nement, pour vous dire que c'est Notre intention que vous
» en cessiéz les fonctions ; vous prévenant que Nous avons
» chargé les préposés principaux en notre caisse provinciale
» de Mons : Perin et Fabry, de vous remettre la somme de
» quatre mille florins que vous avez fournie à notre trésor
» Roïal à titre de médianate. A tant, cher et féal....
« De Bruxelles, le 18 mai 1789.
Au pied étoit :
« Au conseiller de courte robe du Conseil de Hainaut, Obert. »

Les dépêches adressées à chacun des conseillers ecclésiastiques étoient substanciellement de la même teneur que celle
du Chevalier de Cour, sauf qu'il n'y étoit point parlé du
refournissement de leur médianate, et qu'il y étoit dit d'aller
résider à leur canonicat de Tournay.

Il y avoit aussi une dépêche à l'adresse du conseiller
Charles Demarbaix, et une lettre d'avis au Conseil lui envoyant
copie de cette dépêche. C'étoit pour remercier ledit conseiller
de son service, le prévenant que les préposés principaux à la
caisse provinciale de Mons étoient chargés de lui remettre sa
médianate. Le Président a envoyé cette lettre, cachetée comme
elle étoit, à M. Demarbaix pendant la même séance du matin,
par un des huissiers de chambre.

1789 MM. les conseillers ecclésiastiques et le Chevalier de Cour se sont retirés de la séance vers onze heures et demie : MM. Farin et Obert ayant laissé sur le bureau une déclaration respectivement signée d'eux, contenant une sorte de protestation. Celle de M. Obert étoit conçue en ces termes :

« Le Chevalier de Cour, Obert, avant de se retirer en vertu
» des lettres de S. M. du 18 mai 1789, reçues cejourd'hui 22
» à huit heures trois quarts du matin, a fait devoir de décla-
» rer qu'il suspend ses fonctions, sauf son droit, par pur
» respect, soumission et obéissance aux ordres supérieurs.
» Fait sur le bureau, ledit jour, 22 mai 1789. »

La déclaration de M. Farin, commençoit de même et dit :
» Déclare qu'il cesse cejourd'hui ses fonctions par respect,
» soumission et obéissance, se réservant de faire ses repré-
» sentations ».

M. Descamps, deuxième conseiller ecclésiastique, s'est retiré purement et simplement, disant qu'il avoit déjà conçu le projet de quitter son consulat et d'aller résider dans son canonicat à Tournay; qu'il avoit déjà communiqué ce projet à M. le Président et qu'il se proposoit de l'exécuter aux grandes vacances ; qu'ainsi, il n'étoit pas intentionné de faire aucune démarche pour lui individuellement, à l'égard de la suppression de sa place ; que la Cour étoit libre de faire telles représentations qu'elle trouveroit convenir pour les intérêts du corps.

Ces trois Messieurs s'étant retirés, l'on a délibéré au regard de la déclaration de Sa Majesté portant suppression de ces quatre places de conseiller, et l'on a conclu de faire des remontrances. Ces remontrances furent rédigées sur le bureau dans

la séance de relevée qui dura jusques à sept heures et demie, 1789
et elles furent conçues comme s'ensuit :

SIRE,

« L'ordonnance du 30 janvier de cette année nous a laissé
» la consolation et l'espérance que Votre Majesté, après avoir
» fait ressentir, pendant quelque tems, aux États de ce pays,
» tout le poids de son indignation suivant l'expression dou-
» loureuse contenue en la Royale dépêche datée de Vienne
» le 7 dudit mois, voudra bien rendre aux États et en général
» aux habitans du Hainaut, ses bonnes grâces et son ancienne
» bienveillance paternelle.

« Cette espérance nous ne l'avons pas perdue, et l'art. 5 de
» la même ordonnance du 30 janvier sembloit surtout devoir
» la soutenir relativement à l'organisation de l'ordre judiciaire,
» par les assurances positives que cet article renferme que les
» habitans continueront à ne pouvoir être traités sinon par
» jugement et sentence de leur juge compétent. Le juge com-
» pétent en dernier ressort des habitans du Hainaut est
» ce Conseil qui a toujours été composé d'ecclésiastiques,
» de Chevaliers de Cour et d'autres conseillers de robe
» longue.

« C'est au moyen de cette organisation, où tous les ordres
» de citoyens trouvent leurs pairs parmi leurs juges, que
» cette Cour a contamment joui d'une confiance sans réserve
» dans tout son ressort : sentiment si essentiel pour la conso-
» lation des plaideurs et pour la tranquillité intérieure de tous,
» puisque chacun est exposé à avoir des procès soit pour la
» conservation de ses biens, de son honneur ou de sa vie
» même : sentiment si propre encore et même si nécessaire
» pour donner de l'énergie à toutes les causes qui doivent

1789 » opérer la prospérité d'un état. Les vertus morales particu-
» lièrement propres à l'état ecclésiastique et les sentimens
» d'honneur qui ont toujours fait le plus éminent appanage
» de la noblesse, ont concouru à cimenter cette grande con-
» fiance. Et quoique les ecclésiastiques ni les nobles n'ayent
» pas toujours l'occasion d'acquérir la même habilité dans l'exer-
» cice de la pratique, cette sorte de désavantage d'ailleurs bien
» compensée peut-être, par une manière de voir plus naturelle
» et moins factice, n'a jamais été considérée comme un incon-
» vénient dans un tribunal composé d'un nombre suffisant de
» jurisconsultes praticiens pour trouver et mettre à découvert,
» dans tous les cas, les principes de la matière et les règles
» concernant la forme.

« L'on n'a point considéré non plus pour un inconvénient,
» la circonstance que les autres sujets sont exclus de pouvoir
» aspirer aux quatre places réservées aux ecclésiastiques et
» aux nobles. Les consulats de robe longue offrent une carrière
» suffisante pour aiguillonner et entretenir l'émulation et le
» zèle dans l'ordre des avocats.

« Cette antique organisation consiste aussi en ce que les
» juges de ce tribunal, successivement choisis par le Souverain
» parmi les trois aspirants lui présentés par la Compagnie
» même, n'ont jamais été démis de leur charge. Et en effet,
» les mêmes motifs de confiance dans le droit de ne pouvoir
» être jugé que par son juge compétent ne subsisteroient plus
» si les membres du tribunal n'avoient pas la certitude de leur
» état, et si la manière de pourvoir aux places vacantes, le
» cas échéant, n'étoit pas aussi soumise à des règles cons-
» tantes et fixes.

« D'après ces considérations, nous avons été sensiblement
» affligés à la vue de la déclaration du 18 de ce mois et des
» autres dépêches qui nous sont parvenues cejourd'hui sur

» la suppression des places de conseillers ecclésiastiques et
» des Chevaliers de Cour, ainsi que concernant le conseiller
» Charles Demarbaix.

« Cependant nous ne saurions pas encore renoncer à l'espé-
» rance qui nous a soutenus jusqu'ici, et notre confiance dans
» les bontés de Votre Majesté est toujours la même. Nous
» nous confions que, fesant enfin céder son courroux à son
» affection pour son peuple de Hainaut, Elle lui laissera son
» ancienne constitution, sous laquelle il a dans tous les tems,
» signalé son zèle pour la gloire de ses Souverains, et qu'Elle
» voudra bien laisser sans effet les dispositions renfermées
» dans sa prédite déclaration du 18 de ce mois ainsi que dans
» les autres dépêches reçues cejourd'hui. Qu'en conséquence,
» elle permettra que les deux conseillers ecclésiastiques et le
» chevalier de Cour, qui se sont retirés en suite desdites
» dépêches, ainsi que le conseiller Charles Demarbaix qui n'a
» plus fréquenté depuis le 2 février, puissent rentrer parmi
» nous ».

« Nous sommes en très profond respect, Sire, de Votre
» Majesté, etc.

« Mons, le 22 mai 1789.

Adresse (¹) :

« A Sa Majesté l'Empereur et Roi, à Bruxelles. »

Du vendredi 23 mai.

La Cour s'occupe d'affaires de droit privé : les deux chambres

---

(¹) Cette adresse a été ainsi convenue, sans y ajouter : *en son Conseil Royal du Gouvernement* ; on avoit aussi mis en délibération si la représentation ne conviendroit pas mieux d'être dirigée vers LL. AA. RR.

1789 n'en forment qu'une au nombre de huit juges, M. Demarbaix, l'ancien, étant indisposé et M. Papin, fiscal, absent pour cause de service.

Du lundi 25 mai.

M. le Président communique la réponse qui lui est parvenue hier à notre représentation du 22. Voici cette réponse :

« L'Empereur et Roi,

« Chers et bien amés,

« Ayant eu rapport de votre représentation, du 22 de ce
» mois, par laquelle vous demandez que Nous laissions sans
» effet les dispositions renfermées dans la déclaration du 18 de
» ce mois qui supprime les deux places de conseillers ecclé-
» siastiques et les deux places de Chevaliers de Cour au
» Conseil souverain de Hainaut, et que les deux conseillers
» ecclésiastiques et le Chevalier de Cour, ainsi que le conseil-
» ler Charles Demarbaix puissent rentrer au Conseil, Nous
» vous faisons la présente, à la délibération de notre Conseil
» Royal du Gouvernement, pour vous dire que notre résolution
» consignée dans ces décrets étant absolue et irrévocable, les
» dispositions y contenues doivent sortir leurs pleins et entiers
» effets : vous ordonnant, en conséquence, d'y donner exécution
» sans délai.

« De Bruxelles, le 23 mai 1789.

« (Paraphé :) T^r. v^t. (Signé :) L.-C. Vandeveld. »

R^a le 24, onze heures du matin.

La chose mise en délibération, on a dit qu'il falloit tenir le bout de la corde aussi longtemps qu'il étoit possible ; que le bien public l'exigeoit ainsi, pour prévenir un plus grand mal présent ; que les maux à venir étoient un futur contingent qui n'arriveroit peut-être pas. En conséquence, on a porté l'appointement comme s'ensuit : 1789

» Vu la déclaration de S.M. du 18 mai 1789, avec la dépêche
» du même jour suivie de lettres de jussion du 23 du même
» mois : conclu de déclarer que ladite déclaration sera publiée
» au Rôle en la manière accoutumée. »

Puis, on s'est occupé de procès, ne formant encore qu'une chambre à cause de l'indisposition de M. Demarbaix.

Du 27 mai.

Pendant la séance du matin, le Conseil reçoit la dépêche du Gouvernement qui lui donne part d'avoir conféré les places de conseillers aux personnes y nommées, et la place de greffier vacante depuis la mort de M. Durieux, à l'avocat Fleur.

Voici cette dépêche :

« L'Empereur et Roi,

« Chers et bien amés,

« Comme Nous avons trouvé convenable de pourvoir aux
» places actuellement vacantes au Conseil de Hainaut, Nous
» vous faisons la présente, à la délibération de notre Conseil
» Royal du Gouvernement, pour vous dire que Nous avons
» conféré les places de conseillers à ce Conseil aux avocats :
» Gobart, Dumont, Raoux, Marouzet, Lolivier, Henri et
» Lemaître, les cinq premiers à pleins gages et les deux derniers à demi gages, jusqu'à ce qu'à la première ouverture
» ils parviendront à une place entière, et finalement que
» Nous avons conféré à l'avocat Fleur la place de **greffier**

1789 » vacante par la mort de M. Durieux. De quoi Nous vous
» donnons part pour votre information et direction.

« A tant, etc., de Bruxelles, le 25 mai 1789.
« (Paraphé :) T^r. v^t. (Signé :) DEMULLER. »
R^a le 27 mai 1789.
Au pied : « Au conseil de Hainaut ».

N^a. Les avocats Gobart et Raoux avoient été commissaires de l'intendance de Mons, Dumont, juge Roïal à Chimay, Marouset, Lolivier et Henri, juges de première instance.

Dudit jour 27 mai.

La Cour ayant délibéré au sujet de la dépêche qui précède, il fut rescrit le même jour dans les termes suivants :

SIRE,

« Ayant reçu cejourd'hui la dépêche de Votre Majesté du
» 25 de ce mois contenant la désignation de sept personnes
» pour être placées dans ce Conseil, nous avons l'honneur
» de lui représenter, avec le plus profond respect, qu'en
» Hainaut, la nomination de trois sujets pour le consulat ne
» procède ni de privilèges ni de concessions. La nomination
» y procède d'institution ; elle tient à l'établissement radical
» du Conseil, qui est l'ancienne Cour féodale du pays et
» comté de Hainaut, restreinte et limitée à un certain nombre
» de personnes.

« Avant cette réformation, opérée en 1612, par l'autorité du
» prince et le concours de la nation, tous les hommes féodaux
» du prince avoient essentiellement le droit d'intervenir aux
» plaids et assemblées de cette Cour féodale, ou plutôt, c'étoit

« l'assemblée de tous ces fiefvés, sous la convocation du 1789
» comte de Hainaut ou de son Grand Bailli, qui composoit et
» qu'on appeloit la Cour : le droit d'être membre de ces
» assemblées étoit une attribution inhérente au fief.

« C'est en cette Cour féodale que les habitans du Hainaut
» ont toujours eu le droit d'être jugés en dernier ressort, et
» ce droit n'est pas non plus un avantage de concession ou
» de privilège, il est aussi ancien que l'existence politique et
» sociale du pays de Hainaut ; on ne connoit aucune époque
» où ce pays auroit existé d'une autre manière.

« Quand, pour simplifier et accélérer l'administration jour-
» nalière de la justice, il a été trouvé convenable de réduire
» à un certain nombre les hommes féodaux qui seroient
» désormais chargés de cette tâche, c'est une sorte de com-
» promis qui s'est fait sur les personnes ainsi déterminées,
» pour exercer les fonctions de l'entière cour féodale ; le
» surplus des fiefvés ont compromis eux-mêmes, soit expres-
» sément ou tacitement sur ces personnes, et ont jusques là
» et pour cette fin, renoncé au droit inhérent à leur fief d'inter-
» venir personnellement aux délibérations et jugemens.

« Ce n'est pas seulement le nombre de ces personnes de
» confiance qui a été réglé, mais les personnes mêmes ont été
» déterminées et désignées. Pour la première fois, les personnes
» ont été convenues soit individuellement, soit par relation,
» et pour l'avenir il a été arrêté qu'à chaque vacance la com-
» pagnie nommeroit trois sujets qu'en conscience et sous son
» serment elle croiroit et connoîtroit les plus dignes et les
» plus capables, et que le Souverain en choisiroit un à sa
» volonté parmi ces trois.

« Ainsi les habitans du Hainaut, depuis que ce pays existe,
» n'ont jamais été soumis à d'autres juges en dernier ressort

» qu'à l'assemblée des hommes féodaux du comté réunis sou[s]
» leur Seigneur et Prince, et ensuite à l'assemblée de ceu[x]
» d'entre les féodaux en qui ils avoient placé leur confiance
» et qui avoient été en quelque sorte établis arbitres avec droi[t]
» de juridiction.

« Voilà la manière dont le pays de Hainaut a toujour[s]
» existé, voilà comment et par qui la justice y a toujours ét[é]
» administrée, voilà quel a été, dès son origine, le juge com[-]
» pétent en dernier ressort des habitans de ce comté, voilà l[e]
» tribunal compétent qu'ils ont eu de toute ancienneté et pa[r]
» lequel ils ont dans tous les tems eu le droit d'être jugés.

« Ce droit est sans doute un droit bien raisonnable, et il es[t]
» certainement de l'espèce de ceux mentionnés dans l'art. 7 d[e]
» l'ordonnance même du 30 janvier dernier.

« L'Empereur Charles VI, aïeul de Votre Majesté, a regardé
» les nominations pour si avantageuses au bien public que,
» par son placard du 12 septembre 1736, il les a concédées
» aux provinces à qui elles ne compétoient pas de droit.

« Le préambule de ce placard fait l'éloge le plus intéressant
» des nominations : Considérant, y est-il dit, que cette
» connoissance (des mérites des aspirants aux places de con-
» seillers) ne peut être mieux acquise que par les juges
» mêmes de nos tribunaux supérieurs établis dans nos pro-
» vinces respectives de nos Pays-Bas, comme une longue et
» avantageuse expérience. . . . . . Nous a fait voir à l'égard
» de notre grand Conseil établi à Malines et de notre Conseil
» et souveraine Cour en Hainaut.

« Or, ce droit des Hennuyers d'être traités par la Cour, à
» Mons, leur juge compétent, droit dont la conservation leur
» est encore assurée par l'article 5 de la même ordonnance du
» 30 janvier dernier, seroit anéanti si cette Cour cessoit d'être
» composée de toutes personnes promues en suite de nomi-
» nation.

« De ces observations, il résulte que les personnes désignées
» dans la dépêche de Votre Majesté, reçue cejourd'hui, ne sont
» point habiles à être membres de ce Conseil, ni à en exercer
» compétemment la jurisdiction.

« C'est pourquoi, nous confiant toujours dans les bontés de
» Votre Majesté et dans Son affection naturelle pour Ses peuples,
» nous ne pouvons cesser de La supplier de faire renaître le
» bonheur des habitans de ce pays de Hainaut, en les laissant
» jouir des heureux effets de leur ancienne constitution ; en
» conséquence, de permettre que les membres de cette Cour
» qui se sont retirés du commandement exprès de Votre
» Majesté puissent y revenir, et de vouloir completter la com-
» pagnie en disposant sur les nominations faites les 21 octobre
» et 3 décembre 1788, que nous avons eu l'honneur de pré-
» senter dans le tems à Leurs Altesses Royales.

« Nous sommes en très profond respect, etc.

« Fait au bureau, les chambres assemblées le 27 mai 1789. »
Mise à la poste le même jour.

Dudit jour 27 mai.

Le ministre, comte de Trautmansdorff, arrive à Mons vers sept heures du soir. Le peuple augure mal de cette venue.

Du 28 mai.

On sait que la venue du Ministre n'a pour objet que de prendre des mesures pour rétablir la circulation des grains. Il se communique avec le Président et avec le fiscal, aussi avec les échevins de Mons, et avec le sieur Rançonnet, conseiller du Gouvernement et commissaire en Hainaut. Le résultat est que le fiscal présentera un réquisitoire, sur lequel la Cour portera

1789 une défense d'arrêter les chariots et autres transports de grains dans l'intérieur du pays, comme il étoit arrivé dans différents endroits, et que, par le réquisitoire, le public seroit prévenu que le Gouvernement avoit pris des mesures pour faire arriver une quantité considérable à Ath par bateaux pour rétablir la concurrence et faire cesser les effets du monopole. Cette ordonnance fut conçue dans la séance du matin, et le ministre est parti vers 10 heures et demie après en avoir vu le concept, qui lui fut porté par le Président et le fiscal. Il fut aussi arrêté que les échevins de Mons révoqueroient, par une ordonnance contraire, celle qu'ils avoient trop légèrement fait afficher le 24 de ce mois pour empêcher de transporter du pain ou des farines hors de la ville. Cette ordonnance contraire fut en effet portée ; on joint ici un exemplaire de l'une et de l'autre.

On publie l'ordonnance du Conseil, portée hier sur réquisitoire du conseiller avocat de S. M., pour empêcher qu'on n'arrête la circulation du grain ; ci-joint un exemplaire.

Le fiscal reçoit encore des plaintes, de toutes parts, que les chariots des censiers transportant du grain, sont arrêtés par les paysans qui les empêchent de sortir de l'endroit ; ce n'est pas pour les piller, mais seulement pour qu'on leur en vende au prix du marché, sinon ils ne veulent pas les laisser passer. Du côté de Sirault, les attroupemens sont même entrés dans les censes et se sont fait vendre du grain pour la moitié du prix du marché. Le Conseil en est informé par un placet et requis d'y pourvoir suivant sa sagesse; on charge le fiscal d'envoyer de la maréchaussée dans ce canton.

Le Président reçoit une dépêche du Gouvernement lui envoyant copie de celle adressée au chapitre de Tournay pour faire jouir prêtement des fruits les leurs canonicats, les deux ci-devant conseillers ecclésiastiques Messieurs Farin et Descamps,

auxquels nous avons donné, dit la dépêche, leur démission. 1789
Le Président est chargé de le leur faire connoître.

Du 2 juin.

Mon domestique allant à cinq heures du matin ouvrir la porte, trouve une carte que l'on y avoit glissée, conçue comme s'ensuit, en lettres moulées : « Le peuple vous averti » que vous serés massacré si vous recevez les nouveaux con- » seillers ». Cette carte est ici-jointe.

Du 3 juin.

Cejourd'hui, dans la séance du matin, l'avocat Fleur a pris possession de la place de greffier de la Cour, lui conférée, vacante par la mort du greffier Durieux. Il a prêté, en mains du Président, en pleine assemblée des chambres, serment de garder le secret des délibérations, et le secret des informations et autres devoirs qui se font par devant commissaire. Il avoit remis, avant la séance, ses lettres patentes en mains de M. le Président qui les avoit apportées sur le bureau, où elles avoient été examinées avant que de faire entrer le nouveau greffier.

Dans la même séance, on a reçu la réponse à la représentation du 27 mai, concernant la désignation de sept nouveaux conseillers. Voici cette réponse :

« L'Empereur et Roi,

« Très cher, chers et féaux,

« Sur le compte qui Nous a été rendu de votre représenta- » tion du 27 de ce mois, au sujet de la nomination que Nous » avons faite de sept nouveaux membres de votre compagnie,

1789 » Nous vous faisons la présente, à la délibération de Notre
» Conseil Roial du Gouvernement, pour vous dire que Nous ne
» pouvons que désapprouver cette démarche que vous vous
» êtes permise, ainsi que le système destitué de tout fonde-
» ment et les principes erronés sur lesquels vous l'appuyés,
» et qu'inhérant dans la résolution que Nous vous avons com-
» muniquée par notre dépêche du 25 de ce mois, Nous vous
» avons éconduits des demandes qui font l'objet de votre
» susdite représentation.

« A tant,..... De Bruxelles, le 31 mai 1789.

« (Paraphé :) C^r. v^t. (Signé :) Nieulant. »

R^a, le 3 juin.

Au pied : « A ceux du Conseil de Hainaut ».

La chose mise en délibération, il n'a pas emporté de faire d'ultérieures représentations. L'on n'a pas arrêté, non plus, au juste, quelle conduite la Cour tiendroit dans cette circonstance. L'opinion générale paroissoit assez inclinée à tenir une conduite purement passive.

Du 4 juin.

Extrait d'une lettre reçue cejourd'hui, datée de Bruxelles, hier mercredi 3 juin 1789.

« Avant hier le soir, il y eut à Tirlemont une bataille entre
» les soi-disans patriotes et Royalistes, dont on assure qu'il y
» a des dangereusement blessés de part et d'autre.

« Hier le soir, il y eut une bataille entre les militaires et les
» bourgeois, à Louvain ; il y a eu des soldats et des bourgeois
» tués ; une partie de la garnison de Louvain étoit partie hier
» matin pour Tirlemont. L'on ignore les circonstances de ces

deux affaires ; ce qu'on sait pour sûr, c'est que le Prévôt 1789
de l'hôtel est parti avec ses assesseurs pour Tirlemont, pour
y juger prévôtalement, et qu'on a publié ou qu'on va publier
une ordonnance portant qu'on pendra, sans forme de procès,
ceux qui seront pris. On avoit semé à Louvain, quelques
jours avant, et à Tirlemont, Diest et tout le plat pays des
environs, des billets terribles pour engager tout le monde à
un soulèvement.

« Le comptoir des États est fermé ; comme on n'a pas
demandé la continuation aux États, on ne paye plus rien. »
Suivant d'autres lettres, reçues postérieurement, il y a beau-
*up à rabattre de ces nouvelles de Tirlemont et de Louvain.
ais ce Gouvernement a en effet fait emmaner à cette occasion,
1 placard ou avertissement, dont je joins ici un exemplaire.
'est la première fois que l'on a tranché le mot de *rebellion*.

Du samedi 6 juin, veille de la Trinité.

Pendant la séance du matin, les sept avocats désignés pour
re conseillers, ont successivement envoyé leurs patentes sur
bureau de la Cour. Elles étoient formées sur le modèle
s patentes anciennes, quant aux honneurs, gages, profits et
iolumens, aussi quant à la prestation du serment, et
unies du grand scel de S. M.

Dans celles de Gobart, il est dit que c'est par la mort du
1seiller Debehault ; dans celles de Dumont, que c'est par la
omotion du comte de Gomegnies à la présidence de ce
1nseil ; dans celles de Raoux, que c'est par la démission
e *Nous avons accordée* au conseiller Charles Demarbaix ;
1s celles de Marousé, de Lolivier, de Henry et de
maître, que les places étoient vacantes *en suite de Notre
laration* du 18 courant (mai 1789) qui supprime les

1789 places de conseillers ecclésiastiques et celles de Chevaliers de Cour : étant ajouté au surplus aux deux dernières, que c'étoit pour suppléer aux fonctions de conseiller jubilarisé baron de Maleingreau.

Toutes ces patentes furent expédiées et datées du 18 mai 1789.

La chose mise en délibération, on est tombé d'accord que toute représentation ultérieure seroit inutile et pourroit même peut-être aggraver les maux du pays. On est convenu de se borner à tenir la note suivante dans le petit livre noir où sont annotés les jours des prises de possession des conseillers et de leurs décès ou déports. Teneur de la note :

" Le 6 juin 1789, les avocats Charles-Ursmer Gobart, » Philippe-François Dumont, Adrien-Ph. Raoux, Maximilien- » Emmanuel Marousé, Jean-Baptiste-Joseph Lolivier, Eugène- » Joseph Henry et Pierre-Charles-François Lemaître, ont pré- » senté des lettres patentes du 18 mai auparavant, pour siéger » en ce Conseil, quoique par les remontrances de la Cour » faites à S. M. le 27 du même mois de mai, suivies de » lettres de jussion du 31, il avoit été exposé que lesdits » avocats n'ayant point passé par la voie de nomination, » n'étoient point habiles à être membres de ce Conseil ni à » en exercer compétemment la jurisdiction, et quoique par les » remontrances du 22 du même mois, aussi suivies de lettres » de jussion du lendemain 23, il avoit déjà été exposé que les » places de conseillers n'étoient point amovibles et que celles » de conseillers ecclésiastiques et de Chevaliers de Cour » n'avoient pu être supprimées. »

Quelque crue et incomplète que pût paroître cette note, on est convenu de s'en tenir là.

On a discuté si l'on feroit avertir ces Messieurs tout de suite ; mais, comme il étoit près d'onze heures et que c'étoit samedi, veille des vacances de la Trinité, on a dit que ces Messieurs pourroient se rendre au Conseil à la rentrée desdites vacances, c'est-à-dire mercredi prochain veille du St-Sacrement, à l'entrée de la séance du matin, de quoi on les feroit avertir par les huissiers de chambre : ce qui a été ainsi effectué.

Du 7 juin.

Les lettres de Bruxelles marquent que les États de Brabant sont convoqués pour après demain ; que le comptoir des États est ouvert, mais qu'on n'y reçoit que sous notice.

Du 7 et du 8 juin.

Une partie de la garnison de Mons part, sans doute pour aller à Bruxelles.

Du 10 juin.

Entrée des sept nouveaux conseillers au Conseil ; ils furent introduits à la chambre des comptes. Lorsqu'ils furent tous arrivés, le greffier en fit avertir la Cour, les chambres étant assemblées. On délibéra un moment, si on ne leur laisseroit pas les chaises vides à la droite du Président où siégeoient les conseillers ecclésiastiques et les Chevaliers de Cour, pour faire comprendre mieux que ces nouveaux venus étoient absolument déplacés et qu'ils occupoient des places appartenant légalement à d'autres ; mais enfin, les anciens conseillers se placèrent à droite et à gauche du Président, et on laissa aux

1789 nouveaux venus les chaises vides à l'autre bout de la table. On leur fit donc dire qu'ils pouvoient entrer. Le Président reçut leur serment de garder le secret des délibérations de la chambre et des commissions auxquelles ils interviendroient, ou plutôt dont ils seroient chargés ; ensuite leur ayant fait signe de s'asseoir, il fit une courte harangue leur recommandant de prêter toute l'attention possible dans le traitement des affaires ; puis il fit la répartition des chambres, laissant les anciens dans leur chambre respective, retenant dans la première MM. Dumont, Lolivier et Henry, et envoyant à la seconde MM. Gobart, Raoux, Marousé et Lemaître.

Rentrés dans notre chambre vers huit heures et demie, on s'est mis sur un procès dont on avoit commencé la lecture, à mon rapport, avant le démembrement de la Cour. J'en répétai l'exposition verbale et on recommença la lecture.

Il y avoit tant à l'entrée qu'à l'issue de la séance, plusieurs personnes dans la rue de Nimy et près du Conseil, mais sans attroupement. Il y avoit aussi plusieurs soldats appostés et se promenant, par-ci, par-là, dans la rue et jusques dans la cour du Conseil, mais sans armes, n'ayant qu'une petite canne de caporal, aussi quelques cavaliers de la maréchaussée également sans armes et à pied, beaucoup de pauvres qui demandoient l'aumône, les uns en présentant des bouquets, les autres en jonchant des fleurs et de la verdure, etc.

Les lettres de Bruxelles marquent qu'avant-hier, après-midi, il y est arrivé un courrier de Vienne ; que le ministre étoit d'abord parti pour Laeken, château de LL. AA. RR., et que l'assemblée des États de Brabant, qui devoit s'ouvrir hier, n'avoit pas eu lieu : qu'elle étoit différée jusques à nouvel ordre.

Les mêmes lettres ajoutent que, hier, on avoit mis trois personnes en prison parce qu'ils portoient le bouton du chapeau à droite, comme font tous ceux d'Anvers pour se

désigner patriotes ; qu'on avoit envoyé avant-hier, après-midi, 1789
des soldats pour appréhender l'avocat Mosselmans à sa
campagne près de Bruxelles, mais qu'il étoit déjà parti : cet
avocat étant un de ceux qui, en 1787, avoient signé la consultation contre le chancelier ; qu'on ignoroit ce qu'il pouvoit
avoir fait depuis.

Du 11 juin, jour du Saint-Sacrement.

Les nouveaux conseillers ont été à la procession ; on y a
remarqué d'extraordinaire que toutes les rues de la procession
étoient bordées de troupes sous les armes, un homme de front
et à certaine distance l'un de l'autre, environ de deux pas.
Étoit-ce pour rendre hommage au Saint-Sacrement ou étoit-ce
par une vraie crainte pour les nouveaux conseillers ? Ce
dernier n'est pas sans probabilité.

Du 15 juin.

Point de lettres de Bruxelles concernant les nouvelles que
peut avoir apportées le courrier arrivé le 8. Il reste vrai que
les États de Brabant n'ont pas été assemblés.

Aujourd'hui, le conseiller substitut avocat de S. M., Gobart,
a présenté un réquisitoire contre l'avocat M. J.-G. Delatre, pour
avoir communiqué, dans une consultation dont il étoit membre,
un imprimé, sous le titre de lettre de M., membre de l'État
noble de Hainaut, à M. A., membre de l'État noble de Brabant,
en date du premier avril, imprimé qui est qualifié dans le
réquisitoire de libelle seditieux etc. ; on ordonne qu'il sera
informé par le conseiller Lemaître, à l'intervention du conseiller
substitut avocat de Sa Majesté.

Du 19 juin.

1789   On reçoit, par plusieurs lettres de Bruxelles, la nouvelle fatale que les États de Brabant ainsi que le Conseil, étoient cassés. Voici extrait de la lettre que j'ai reçue moi-même d'un ami, datée de hier 18, au soir.

> « Vers les six heures du soir, M. le conseiller De Kulberg s'est rendu à l'assemblée des États de Brabant et leur a annoncé qu'ils étoient cassés. Le Conseil de Brabant étoit encore assemblé alors, et vers les sept heures ou sept heures et demie, on lui a annoncé qu'il étoit aussi cassé. Les membres des États et les conseillers sont retournés chez eux, à l'exception de M. le conseiller Delmarmol, qu'un détachement de douze à seize hommes, un officier à la tête, a été enlever au Conseil. Je l'ai vu passer et il m'a salué en passant ; il étoit à pied, on l'a conduit ainsi à la grand'garde militaire sur la place. J'ignore où on le conduira ; le bruit court qu'on arrêtera encore d'autres personnes cette nuit, mais ce bruit peut être faux. Le Conseil, les comptoirs et Greffes des États sont gardés par des militaires. »

Du 20 juin.

Je reçois de Bruxelles un exemplaire de l'ordonnance qu'on y a exécutée le 18, portant l'anéantissement de leur constitution, cassation du Conseil de Brabant et suppression du Collège de la députation des États, et un exemplaire d'une autre ordonnance du même jour, portant qu'il sera établi incessamment, en la ville de Bruxelles, deux chambres du grand Conseil séant à Malines, qui administreront la justice en dernier ressort pour la province de Brabant, sur le même pied que le ci-devant Conseil de cette province, etc. Je joins ici ces deux exemplaires.

Les lettres marquent que M. Delmarmol a été transféré la nuit à la citadelle d'Anvers ; qu'on a été pour enlever deux membres des États, mais qu'on les a manqués.

Du 22 juin.

Les lettres de Bruxelles, datées de hier, marquent que, la nuit du 18, on avoit aussi été pour appréhender le conseiller Dejonge, mais qu'il n'étoit plus chez lui ; que les abbés ont pu retourner à leurs abbayes, sauf celui de St-Bernard qui étoit gardé à vue par un soldat ; que l'archevêque de Malines ne pouvoit pas non plus sortir de la ville de Bruxelles ; que les nouvelles chambres du Conseil de Malines fréquenteroient le 23 ; qu'il y avoient sept conseillers du Conseil de Brabant qui, à leur sollicitation, étoient admis à y entrer, et qu'il en arriveroit sept de Malines.

Du 25 juin.

Les lettres de Bruxelles marquent qu'on a été pour appréhender le Pléban et le Pénitencier d'Anvers, mais qu'on ne les a pas trouvés ; que les magistrats d'Anvers, de Louvain et de Bruxelles n'avoient pas encore voulu publier le placard de la cassation des États et du Conseil de Brabant ; qu'aucun des anciens conseillers du Conseil de Brabant, pas même le vice-chancelier ni le fiscal, ne vouloient entrer dans les nouvelles chambres du Conseil de Malines, séantes à Bruxelles, pour administrer la justice en Brabant ; qu'il y avoit même deux d'entre ceux qui avoient été promus l'année dernière sans

1789 nomination, qui faisoient le même refus ; qu'il n'y en avoit que sept des nouveaux qui avoient voulu y entrer, et sept conseillers venus de Malines; que tous les abbés avoient eu la permission de retourner chez eux, ainsi que l'archevêque cardinal; que l'abbé de Parc ni ses religieux, à l'exception de trois, n'avoient pas voulu souscrire à la suppression de cette abbaye et que pour cela, ils n'avoient pas de pension.

Du 26 juin.

Je reçois de Bruxelles un exemplaire imprimé de certain placard sans titre, du 20 de ce mois, par lequel S. M. donne une sorte de manifeste de la pureté de ses intentions, et invite à recourir à sa clémence. Je joins ici cette pièce singulière, pièce qui a fait hésiter si c'étoit un libelle ou une pièce effective : mais c'est effectivement une dépêche du gouvernement.

La lettre d'envoi marque que les magistrats de Bruxelles, de Louvain et d'Anvers étoient continués provisionnellement au grand étonnement du public, vu leur refus de publier le placard de cassation des États et du Conseil ; que les deux chambres de nouvelle création fréquentoient au Conseil, l'une composée de huit membres, l'autre de sept, respectivement présidées par un conseiller de Malines.

Du 30 juin.

Les lettres de Bruxelles marquent que l'archevêque de Malines vient d'envoyer sa déclaration sur l'enseignement du séminaire général, mais que son contenu est encore secret; qu'on a élargi M. Delmarmol hier, ou plutôt avant hier 28, et qu'il est actuellement à sa campagne en Hollande; que Mme Piñaux (maîtresse de Vandernoot) est aussi sortie, sans demander grâce, et plusieurs autres ; qu'il n'y avoit eu jusqu'ici qu'une seule requête présentée au nouveau Conseil, pour quelqu'un qui avoit les huissiers chez lui ; que les jugements que ce nouveau Conseil rendoit sur des procès qui étoient pendans au Conseil de Brabant restoient au greffe, et que personne ne se présentoit pour en lever l'expédition, que ceux mêmes qui avoient gagnés disoient qu'ils n'avoient point plaidé par devant le Conseil de Malines et par conséquent que les jugemens étoient nuls ; que les anciens membres du Conseil de Brabant persistoient à ne vouloir point être placés dans ces nouvelles chambres, qu'on leur offroit même de les placer à Malines et qu'ils refusoient, disant que les États ne les avoient pas déchargés de leur serment. Ces lettres ajoutent une circonstance qui avoit été oubliée dans les précédentes, savoir, que les nouvelles places de conseiller n'étoient conférées que jusques à révocation, qu'elles étoient acceptées sur ce pied et le serment fait en conséquence ; que le secrétaire Delvaux n'avoit pas voulu prêter le nouveau serment. Ces lettres marquent encore que le receveur général des États de Brabant, le sr Daguillar, n'a pas voulu prêter le nouveau serment et que, par là, il renonce à une place qui lui valoit dix mille florins, que quand cet homme passe dans les rues tout le monde le salue avec cordialité ; que le receveur général au quartier d'Anvers, qui avoit prêté le serment dans un premier moment de surprise, demandoit aussi sa démission ; qu'on vouloit donner sa place au pensionnaire Decock, mais qu'il n'oseroit pas y aller ; qu'on alloit établir au pays de Limbourg un Conseil souverain de Brabant, et enfin que le prince de Liége étoit requis par le gouvernement de Bruxelles de faire sortir de ses états tous les fugitifs de ce pays, et qu'il avoit déféré à cette réquisition.

Du 10 juillet.

1789 Le 18 juin, précisément le jour qu'on déclara à Bruxelles le Conseil de Brabant supprimé, je reçus la lettre de convocation pour plusieurs révisions qui devoient avoir lieu au dit Conseil à commencer au 17 août prochain. Aujourd'hui, j'ai reçu la lettre qui s'ensuit, signée du sieur Launé, greffier ci-devant du Conseil de Brabant, et sans doute faisant à présent les mêmes fonctions sous les nouvelles chambres du grand Conseil établies à Bruxelles :

MONSIEUR,

« En suite des ordres du grand Conseil de S. M., je suis
» chargé de vous prévenir, qu'eu égard aux circonstances
« actuelles, les révisions fixées au 17 août prochain, entre la
» baronne douairière de Celles, d'une part, et le comte Vander-
» noot et de Duras, le baron d'Hove et le comte Bergeyck,
» d'autre part, n'auront pas lieu audit jour, et qu'elles reste-
» ront suspendues jusqu'à ce qu'on ait pris des mesures
» ultérieures sur cet objet. Attendant réponse de la réception
» de cette, j'ai l'honneur d'être avec respect, etc.

« (Signé :) F. LAUNÉ. »

« Bruxelles, le 9 juillet 1789. »
Rª, le 10.

Ce même jour, j'ai fait à cette lettre une réponse fort laconique en ces termes :

« J'ai bien reçu, Monsieur, votre lettre de hier, par laquelle
» vous me prévenez que les révisions n'auront pas lieu au
» 17 août prochain, j'ai l'honneur d'être, etc. »

Adresse :

« A Monsieur le Greffier Launé, etc,
à Bruxelles. »

A ce moyen, j'ai évité de parler du grand Conseil qu'il ne 1789 me convenoit pas de reconnoître à Bruxelles et j'ai évité aussi de parler du Conseil de Brabant pendant sa suppression de fait.

Dans la séance de relevée, M. le conseiller Meuret est frappé d'une atteinte d'apoplexie ; on le transporte dans une chambre de l'hôtel du Président, où toute sorte de secours et de remèdes lui sont successivement administrés. A onze heures de la nuit, on le transporte chez lui en litière.

Du 15 juillet.

M. Meuret est décédé à quatre heures du matin. La Cour est invitée à son enterrement pour demain. Par cette mort, les nouveaux venus, MM. Henry et Lemaître, rentrent en pleins fruits.

Du 18 juillet.

Arrivent à Mons le prince de Condé, le duc de Bourbon son fils, et le duc d'Enghien, fils du duc de Bourbon, aussi Mademoiselle de Condé, fille du prince de Condé, et successivement le comte d'Artois, frère cadet du Roi de France, et les deux fils du comte d'Artois : tous ces princes du sang royal de France se rendant fugitifs hors du royaume, pour éviter les effets du mécontentement de l'assemblée nationale qui avoit proscrit le comte d'Artois et avoit mis sa tête à prix. Ils logent à la Couronne et à d'autres auberges.

Deux couriers étoient passés le matin pour rappeler M. De Necker.

Du 29 juillet.

On a emmené la nuit, sous une forte escorte, quatre jeunes gens, bourgeois de la ville, que le militaire avoit

1789 arrêtés, il y a quelques jours, parce qu'ils portoient le bouton au côté droit du chapeau ; ce qui dans d'autres villes, surtout à Anvers, avoit été fait en signe de patriotisme. Ils étoient enchaînés sur un chariot ou charette ; on a pris la route de Luxembourg par Nivelles : c'est, dit-on, pour les y enrôler par force.

Vers le soir, il se répand un bruit que ces prisonniers alloient être reconduits à Mons pour être remis à leur juge compétent, et ce, en suite d'une dépêche de Bruxelles. Beaucoup de monde sort par la porte d'Havré pour aller à leur rencontre ou pour les voir revenir. La garnison en conçoit de l'ombrage ; elle se met précipitamment sous les armes ; on renforce les gardes et on met des détachements et des piquets dans différents endroits de la ville : des patrouilles en parcourent les rues. Tout cela se résoud en fumée, sauf que, pendant ce tems, des détachemens ont été envoyés au marchand Degrave et au médecin Dewolff pour les arrêter, mais ils n'étoient pas à leurs maisons et dès ce moment, ils se sont absentés de la ville. Le nommé Hennebert est enlevé.

Du 30 juillet.

Les militaires avec une commission de la police de la ville, c'est-à-dire accompagnés d'un échevin, d'un sergent, etc., vont enlever les papiers du médecin Dewolff. La police de la ville se saisit de ces papiers, mais on dit qu'il n'y a rien que des correspondances pour son commerce.

Je reçois par des lettres de Bruxelles une ordonnance qu'on y a publiée de la part du gouvernement, qui, entre autres points, contient que ceux dont les maisons auront été pillées seront dédommagés par la communauté du lieu, sur le pied de leur affirmation, et en cas d'insuffisance de la communauté,

par la généralité du district. Ci-joint un exemplaire de cette 1789
ordonnance. Je reçois aussi un exemplaire d'une ordonnance du magistrat de Bruxelles en français et en flamand, pour préserver la ville de Bruxelles des désordres et excès qui se sont commis dans les villes de Tirlemont et de Louvain. Ci-joint un exemplaire de cette ordonnance.

Du 2 août.

Dans la nuit, on a ramené les quatre jeunes gens qui avoient été emmenés le 29 du mois dernier : on sait qu'ils n'ont pas été plus avant que Nivelles. Ils sont remis ici au prévôt, mais on dit que la nuit prochaine, ils seront transférés à la conciergerie de la ville.

Des lettres de Bruxelles marquent que le 31 juillet, on a également emmené, tout enchaînés, trente et un bourgeois dont plusieurs mariés ayant femme et neuf, sept, cinq enfans ; que tout leur crime consistoit d'avoir été trouvés au cabaret après neuf heures, le jour même que l'ordonnance des magistrats avoit été publiée à cinq heures du soir. Les mêmes lettres marquent qu'il y en a encore cent-vingt dans les prisons, et que l'on forge, à force, des chaînes pour les emmener ; elles marquent encore, qu'on a ramené à Bruxelles tous ceux qui avoient été appréhendés à Louvain. Elles ajoutent que nos maux sont sans consolation et sans espoir, que trois mille hommes du régiment de Bender sont en route pour descendre aux Pays-Bas.

L'on reçoit la nouvelle qu'il y a un nouveau abbé au Rœulx ; que c'est le sr Durieux et qu'il a reçu ses patentes.

Du 3 août.

On sait que les quatre jeunes gens de Mons sont transférés à la conciergerie de la ville.

Du 4 août.

1789   Pendant la nuit, on a transféré au Châtel le nommé Hennebert qui avoit été arrêté par des militaires le 29 juillet, et aussi le nommé Fayt de Binche, autrefois capitaine des volontaires, que les soldats y avoient été prendre passé quelques jours.

Du 11 août.

Une lettre de Louvain du 9, marque que, le jour précédent, on y avoit vu passer garottés sur un chariot escorté par un détachement de dragons, sept à neuf personnes enlevées à Tirlemont, que l'on conduisoit à Bruxelles, et de là, disoit-on, à Luxembourg.

On reçoit ici de Bruxelles sous enveloppe, copie d'une lettre écrite par M. Linguet au Ministre comte de Trauttmansdorff, sur les affaires du temps ; ci-joint une copie de cette lettre remarquable.

Du 14 août.

Le s^r Ransonnet, se disant commissaire de Sa Majesté pour l'administration provinciale du Hainaut, fait imprimer une lettre circulaire du Ministre comte de Trauttmansdorff, adressante je ne sais à qui, demandant des avis sur le meilleur emploi à faire d'une partie des revenus, acquis, dit-il, à la caisse de religion. Ci-joint un exemplaire de cette lettre.

Du 15 août.

On reçoit de Bruxelles des exemplaires d'un Édit du jour précédent concernant les séminaires, qui rend aux évêques la liberté d'enseigner ou de faire enseigner la théologie dans leurs séminaires épiscopaux, etc. ; ci-joint un exemplaire. Les lettres marquent que l'archevêque de Malines et l'évêque

d'Anvers ont été le 13 en conférence chez le Ministre où l'on 1789
a fait lecture de cet Édit, et qu'ils en sont sortis peu satisfaits :
sans doute à cause principalement que le séminaire général est
encore maintenu. D'autres lettres disent qu'ils ont protesté sur
tous points et qu'ils ont déclaré qu'il ne confèreroient pas les
ordres sacrés à ceux qui auroient étudié au séminaire général ;
enfin, qu'ils ont prétendu que la déclaration que l'archevêque
avoit donnée sur la doctrine et dont l'impression avoit été
interdite par le Gouvernement fut rendue publique. Ces lettres
ajoutent d'autres nouvelles : que les bourgeois qui avoient été
emmenés le 31 juillet, ou plutôt le 2 août présent mois, vers
Luxembourg, étoient reconduits à Bruxelles ; qu'on les avoit
d'abord mis en prison à leur arrivée mais que le lendemain on
les avoit laissé sortir. Elles marquent qu'on a notifié, déjà passé
huit jours, aux anciens conseillers de Brabant, d'aller retirer
leur médianate, ce que personne n'avoit encore fait ni ne
fairoit. Les mêmes lettres marquent enfin que le bruit est
généralement répandu dans Bruxelles, qu'après la moisson,
Vandernoot, qui est en Hollande, doit entrer dans ce pays à la
tête de trente mille hommes : qu'il l'a dit lui-même, il y a
environ un mois, à des personnes de Bruxelles qui l'ont vu
en Hollande.

Du 20 août.

Les lettres de Bruxelles marquent que l'émigration des
jeunes gens y est considérable ; qu'il en est parti onze cents en
deux jours, les 17 et 18, et que les uns disent en partant
qu'ils s'en vont à Breda, les autres qu'ils s'en vont à St-Trond.
Elles marquent que l'opinion générale, même entre les personnes sensées, est qu'il y a un point de réunion, et qu'il y a
quelque puissance voisine qui s'en mêle.

Du 26 août.

1789 Les lettres de Bruxelles datées de hier, marquent que, le jour précédent, le courrier revenant de Vienne étoit arrivé dans l'après-dinée ; qu'il ne transpiroit encore rien des nouvelles qu'il avoit apportées ; que cependant, le même jour à neuf heures du soir, les anciens membres du Conseil de Brabant avoient reçu une dépêche ministérielle qui leur notifioit d'aller retirer leur médianate dans huit jours, à peine de n'y être admis plus tard.

Du 27 août.

Le nommé Hennebert est élargi du Châtel vers sept heures du soir ; on peut dire qu'il en est sorti comme il étoit entré, car personne ne l'a interrogé ni fait aucun besognement pendant tout le tems de sa détention. C'étoit le substitut fiscal Gobart qui avoit prévenu le geôlier quand il s'est agi de le transférer au Châtel, et c'est aussi le substitut fiscal Gobart qui s'est rendu aujourd'hui vers ledit Hennebert, lui a notifié qu'il avoit reçu une dépêche du gouvernement qui permettoit de le laisser sortir. Il lui a recommandé d'être plus circonspect à l'avenir ; à quoi Hennebert a répondu qu'il ne savoit en quelle matière, et qu'il ne se sentoit coupable d'aucun défaut de circonspection. Le substitut a prévenu le geôlier que les frais étoient au compte de Sa Majesté.

Du 28 août.

Le militaire fait chanter un Te Deum en la chapelle de la Visitation, la troupe étant tandis en parade sur la place St-Jean, au sujet d'un avantage que l'on dit nos troupes avoir remporté sur les Turcs.

Du 29 août.

Les quatre jeunes gens détenus à la conciergerie de la ville depuis le 3 de ce mois, sont élargis ensuite de sentence des échevins, par laquelle on dit qu'ils sont déclarés absous. Depuis on dit qu'il n'y a point eu de sentence.

Du 30 août.

La nuit, est parti un escadron de dragon de la garnison de Mons ; on dit que c'est pour aller à Louvain.

Du 3 septembre.

La nuit dernière, on a affiché et semé dans la ville un imprimé portant pour titre : *Décret du peuple Belgique;* ci-joint un exemplaire qui m'est tombé par hazard dans les mains.

Du 5 septembre.

On publie un placard sous le nom de : *Déclaration de l'Empereur et Roi, concernant les bruits inquiétans que répandent les perturbateurs du repos public. Du premier septembre 1789.* Sa Majesté y déclare que tous ces bruits d'armées et d'invasions étrangères sont absolument faux, chimériques et destitués de toute ombre et apparence de réalité, inventés uniquement pour répandre la terreur parmi les bons et tranquilles habitans des villes et du plat-pays et pour les induire à donner dans les vues incendiaires et meurtrières de ces perturbateurs du repos public. Ci-joint un exemplaire.

On avoit effectivement semé, en Brabant, des imprimés dont il m'est, par hazard, tombé un dans les mains, rédigé en deux colonnes, en flamand et en françois ; je joins ici cet exemplaire.

Du 18 septembre.

1789 Le Ministre comte de Trauttmansdorff, arrive le soir à Mons, passant pour aller demain à Marimont, rejoindre la Cour. Il loge à l'hôtel du grand Bailliage ; la comtesse d'Arberg est venue avec, pour faire les honneurs. Mme de Trauttmansdorff accompagne son mari. J'ai été mal informé, Mme d'Arberg n'étoit pas avec.

Du 5 octobre.

M. Papin, fiscal, remet à chaque membre de la Cour, un exemplaire imprimé d'une ordonnance publiée en Brabant concernant les émigrans, en date du 30 septembre dernier, dont on lui a envoyé un paquet, non pour être publiée en Hainaut, mais pour y être répandue ; ci-joint le dit exemplaire.

Le . . . . on met un planton à M. Dassonleville, greffier pensionnaire du chef-lieu, c'est-à-dire un soldat pour le garder à vue. Le public en ignore le sujet ou le prétexte.

Du 18 octobre.

Cejourd'hui dimanche, la garnison fait chanter un Te Deum en la chapelle des religieuses de la Visitation ; les troupes étant sous les armes, sur la place St-Jean, sur la Grand'Place et sur le Marché-aux-Herbes, font différentes décharges répondues par leurs canons postés sur les remparts, et ce, au sujet de la victoire remportée sur les Turcs, par l'armée combinée du prince de Saxe-Cobourg et des Russes.

Il se fait depuis quelques jours des émigrations considérables de jeunes gens de Mons ; on dit que c'est pour aller joindre l'armée ou les bandes patriotiques.

Du 19 octobre.

M. le Président ayant reçu hier, dimanche, quelques exem-

plaires, les uns en flamand et les autres en françois, d'une 1789
déclaration ou ordonnance du 13 de ce mois, qui met les
abbayes d'hommes de Brabant en sequestre, il les a fait
distribuer ce matin dans les chambres, et a fait communiquer la dépêche du Gouvernement qui accompagnoit ces
exemplaires, déclarant que l'envoy nous en est fait « pourqu'in-
» formés des dispositions qu'elle renferme, elle nous serve de
» direction relativement aux biens de ces monastères qui se
» trouvent dans l'étendue de notre ressort ». Ci-joint un de ces
exemplaires en flamand.

Du 22 octobre.

L'on met des plantons à MM. Charles Demarbaix, conseiller
démis, Dupré, pensionnaire des États, et Gendebien, greffier
échevinal, c'est-à-dire qu'on met chez chacun un soldat pour
les garder à vue. M. Dassonleville, greffier du chef-lieu de
Mons, en a un depuis près de quinze jours.

Du 24 octobre.

MM. Dassonleville, Gendebien et Houzeau de la Perrière,
avocat pensionnaire de la ville de Mons, sont remerciés de
leurs emplois.

Dans l'après-dînée, on visite le séminaire et toutes les
chambres des étudians ; la maison étant tandis investie de
troupes.

Dans la séance du matin, le Conseil reçoit un ordre du Gouvernement de faire chanter le Te Deum, demain dimanche, en
l'église de Ste-Waudru, pour les victoires remportées par les
armes de Sa Majesté sur les Turcs, couronnées par la prise de
la forteresse de Belgrade qui a eu lieu le . . . de ce mois par
l'armée commandée par le feld-maréchal de Landhon.

Du 25 octobre.

1789 Le Te Deum se chante à onze heures en l'église Ste-Élisabeth, en suite d'une nouvelle dépêche que M. le Président a dit lui avoir été communiquée, mais qu'il n'a pas communiquée à sa compagnie.

Un détachement de dragons enlève MM. Dupré, Dassonleville, Gendebien, et Devirelles, ci-devant capitaine des volontaires, et on les transporte vraisemblablement à la citadelle d'Anvers, où a été conduit, le 22 de ce mois, le s^r Rapsaet, pensionnaire de la ville d'Audenarde. On dit dans le public que le même détachement a été pour enlever M. Charles Demarbaix mais qu'il s'étoit sauvé. Cette dernière circonstance est vraie.

Du 27 octobre.

On publie, en suite d'appointement du Conseil, l'ordonnance du Gouvernement du 22 de ce mois, qui enjoint à tous habitans des villes et du plat-pays de donner, endéans les vingt-quatre heures de la publication, aux magistrats et gens de loi de leurs domiciles respectifs, une déclaration pertinente et par écrit du nombre et de la qualité des armes à feu quelconques ainsi que des munitions en poudre, balles, cartouches, etc., qui pourroient être en leur pouvoir, et de s'en désaisir entre les mains des officiers civils ou militaires qui leur en demanderont la délivrance, à peine d'être réputés et poursuivis comme complices et fauteurs de sédition, etc.

En conséquence de cette ordonnance, nous conseillers, sommes convenus de déposer nos déclarations respectives sur le bureau de la Cour, desquelles le greffier formeroit une liste et la remettroit au conseiller avocat de S. M.

Du 28 octobre.

Les conseillers donnent leurs déclarations les unes après les autres, tous sur une même feuille de papier qui est déposée sur le bureau de la Cour et levée par le conseiller avocat de S. M. qui en fait prévenir le greffier de police. Pour obvier à des inconvénients, cette liste ne contenoit que les déclarations des conseillers et des greffiers. On ne l'a point présentée aux secrétaires ; et le substitut avocat de S. M. Paternostre, s'étant informé si c'étoit à la Cour qu'il devoit remettre sa déclaration, on lui a fait répondre que non.

1789

Du 30 octobre.

Le soir et une partie de la nuit, on va de porte en porte avertir ceux qui ont des armes à feu de les porter incessamment au greffe de police. Cette commission s'exécute par des échevins départis dans les différents quartiers, accompagnés de soldats sous les armes. On vient chez moi vers neuf heures; ce message se fait au domestique : c'étoit un échevin.

Le domestique prévenu, prie ces messieurs d'entrer ; ils passent outre. C'est un bas officier qui parle au domestique. Je n'ai point fait porter mon fusil ni mes pistolets, attendant qu'on vînt m'en demander la délivrance aux termes du placard.

Presque tous les habitants rapportent leurs armes à feu dans le même tems à l'Hôtel-de-Ville, où on les fait entrer à la salle verte par pelotons de sept à huit, et où on les enregistre. Il auroit pu résulter de bien grands inconvénients d'une telle démarche, au moyen de laquelle tous les habitants étoient autorisés, même contraints de se rendre dans le même temps, avec leur armes, à l'Hôtel-de-Ville, encore le soir et pendant la nuit ; mais heureusement tout s'est bien passé.

Du 4 novembre.

1789   Le fiscal nous délivre des exemplaires de l'ordonnance du 19 octobre, telle qu'elle a été publiée en Brabant, avec un préambule contenant une espèce de manifeste de l'Empereur sur la manière dont il s'est conduit à l'égard de ce pays. Le fiscal avoit reçu un gros paquet de ces exemplaires pour les faire circuler dans le Hainaut, où l'ordonnance avec ce préambule n'a pas été publiée. Ci-joint un desdits exemplaires.

Du 6 novembre.

Le conseiller substitut avocat de S. M. Gobart, présente en notre chambre, en suite d'ordre du Ministre, un réquisitoire contre M. Dufresne, curé de Saint-Julien, à Ath, pour faire informer sur ce qu'il avoit refusé de chanter le Te Deum, le 25 octobre, au sujet de la prise de Belgrade, disant qu'il étoit trop tard quand il en fut averti par le magistrat d'Ath, ledit jour 25 vers huit heures, et qu'il n'avoit pas assez de tems jusqu'à onze heures pour rassembler ses musiciens. Ce réquisitoire fut appointé d'un « soit informé ».

Du 7 novembre.

Le Conseil reçoit une ordonnance du 4 de ce mois *concernant la production séditieuse, publiée en forme de manifeste sous le nom de Henri Vandernoot*. Ci-joint un exemplaire de la dite ordonnance, qui, suivant appointement de la Cour, sera imprimée et publiée en Hainaut.

Du 17 novembre.

On rouvre l'ancienne porte de Nimy, on relève le rempart à

l'endroit de la nouvelle percée. Ce sont des soldats qu'on employe à cet ouvrage. Le public attribue ces précautions à la crainte de voir arriver les patriotes que l'on dit s'être emparés de la ville de Gand et avoir fait un grand carnage dans les troupes de S. M.

Du 18 novembre.

Vers sept heures du matin, passe à Mons, en poste, la comtesse d'Arberg, se retirant de Bruxelles avec sa famille ; on dit que le général d'Arberg, son mari, a été dangereusement blessé allant avec un corps de troupes secourir la garnison de Gand. La prise de cette ville par les patriotes se confirme et devient certaine, et l'on ajoute que le corps du général d'Arberg a été complettement battu. On voit passer ici, à Mons, plusieurs autres personnes de Bruxelles attachées au parti ministériel, même des conseillers du Gouvernement. On dit que LL. AA. RR. les Gouverneurs Généraux ont aussi quitté Bruxelles et qu'elles sont passées par Enghien et Ath sur Condé.

A la séance du Conseil de relevée, aucun des trois nouveaux conseillers, siégeans en la première chambre n'y sont venus, ni le Président ; on apprend qu'ils se sont retirés de la ville. En la seconde chambre deux seulement des quatre nouveaux sont venus, savoir : MM. Raoux et Lemaître. Par ces absences et attendu l'indisposition de M. Delecourt, la première chambre ne s'est plus trouvée en nombre compétent pour juger, n'étant plus que quatre ; quant à la seconde chambre, comme nous étions encore précisément cinq, nous avons vu et jugé un petit procès ; entretems MM. de la première chambre sont restés assemblés jusques à cinq heures pour ne point donner de l'esclandre par leur sortie avant l'heure accoutumée.

1789 A mon retour du Conseil, j'apprends que le Président, les cinq nouveaux conseillers qui n'avoient pas fréquenté, ainsi que le sʳ Du Rœux, secrétaire du Conseil, qui avoit été employé dans le nouveau système à Chimay, se sont en effet retirés de cette ville, ainsi que plusieurs échevins et autres personnes qui croyoient avoir encouru le mécontentement du peuple ; que le commissaire Ransonnet est aussi parti ; que quelques unes de ces personnes ont été violemment huées du peuple. On sait que le sʳ Decock, pensionnaire des États de Brabant, est aussi passé à Mons. Les détachements de troupes qui étoient à Tournai, à Ath et à Binche sont rentrées à Mons. On dit que les patriotes approchent et qu'ils pourroient bien être à Mons demain.

Du 19 novembre.

Rien de nouveau que d'ultérieures émigrations de la part de plusieurs personnes désagréables au peuple ou qui croyoient l'être. L'on n'apprend rien de positif sur l'approche des patriotes. La garnison se tient prête à partir. Le Conseil ne fréquente pas à cause de la fête de Ste Élisabeth ; quelques-uns de nos Messieurs appointent *per manus* une requête tendant à faire créer deux échevins pour intervenir à un arrêt foncier en la ville de Mons, eu égard à l'absence de tous les échevins en titre ou au moins qu'on ne peut en recouvrer. M. Demarbaix, ancien du Conseil, faisant en ce cas fonctions de grand Bailly, reçoit le serment desdits échevins créés pour ce devoir seulement.

Du 20 novembre.

Messieurs Raoux et Lemaître sont aussi disparus, et à l'ouverture de la séance, nous ne nous sommes trouvés au

Conseil que sept des anciens conseillers, M. Delecourt, huitième, 1789 étant encore incommodé. En conséquence, nous ne nous sommes formés qu'en une chambre et nous avons siégé en la seconde présidée par M. Demarbaix. Il s'est d'abord présenté un cas remarquable. Une requête de quelques particuliers qui, étant dans le cas de faire plainte de cens et de loi contre un bourgeois de Mons dont les effets se vendoient par subhastation en vertu de MM. de la Cour, exposoient qu'il n'y avoit plus d'échevin en ville, etc. Vidé l'appointement au registre des résolutions. En suite, on a formé et envoyé par estaffette au Gouvernement la représentation, ou plutôt le rapport qui s'ensuit :

SIRE,

« A l'occasion de quelques requêtes présentées en cette
» Cour par des particuliers ayant des besognements à faire
» par devant les échevins de cette ville, nous avons été appai-
» sés par la déclaration du greffier de police qu'il y a une
» cessation absolue de service à l'hôtel de ville, par l'absence
» des échevins qui ne se présentent pas. Le greffier de l'office
» de la Prévôté de Mons nous a pareillement fait connaître que
» le service cesse à cet office par l'absence du lieutenant
» Prévôt, la place de Prévôt étant depuis longtems vacante.
» Il est d'autant plus important, Sire, qu'il soit d'abord
» pourvu à cet état de choses que non seulement la police de
» la ville, mais aussi la jurisdiction tant civile que criminelle
» sur les bourgeois de Mons s'exerce par les échevins, et que
» l'office de la Prévôté, outre sa jurisdiction civile et criminelle
» dans toute l'étendue de son ressort est encore seul chargé
» des poursuites concernant les vagabonds et gens sans aveu:
» en sorte, qu'il seroit à craindre que l'inaction de ces sièges

1789 » d'administration de police et de justice ne fît bientôt tomber
» les choses dans l'anarchie.

« C'est pourquoi, nous estimons devoir porter ceci à la con-
» noissance de Votre Majesté, affin qu'Elle daigne y pourvoir.

« Nous estimons devoir aussi informer Votre Majesté que
» MM. le Président, Gobart, Dumont, Raoux, Marousé,
» Lolivier, Henry et Lemaître se sont absentés des séances de
» ce Conseil.

« Nous sommes en très-profond respect, etc.

« Mons, le 20 novembre 1789. »

Réponse :

L'EMPEREUR ET ROI,

« Très chers et bien amés (¹). Ayant vu votre rapport par
» lequel vous portez à Notre connoissance que l'exercice de
» l'hôtel de ville de Mons cesse absolument par l'absence des
» échevins qui ne s'y présentent pas, de même que le service
» de l'office de la Prévôté de Mons par l'absence du lieutenant
» Prévôt, Nous vous faisons la présente à la délibération de
» notre Conseil Royal du Gouvernement, pour vous dire que,
» par une suite de la confiance que Nous avons dans votre zèle
» et de votre attachement pour le service de Sa Majesté et
» pour le bien public, Nous vous avons autorisé et autorisons
» de commettre telles personnes que vous trouverez convenir
» pour remplir, par provision, les fonctions des échevins et
» dudit lieutenant Prévôt absens, autorisant également l'ancien

---

(¹) Depuis si longtemps nous n'étions plus accoutumés à un langage si
honnête. Remarquez même que nous voilà tous devenus TRÈS CHERS!

» de votre compagnie de recevoir les serments afférens.   1789
« A tant, très chers et bien amés,....
« De Bruxelles, le 21 novembre 1789.
« T^r. v^t. et (signé :) L.-C. VANDEVELDE. »
Au pied : « Au Conseil de Hainaut ».

Du 21 novembre.

JOUR D'EMBARRAS ET D'INQUIÉTUDE.

Toute la garnison étant partie inopinément vers trois heures du matin, et le peuple en ayant eu connoissance, il s'est livré à des excès de toute espèce. Dès cinq heures du matin, on avoit foncé les portes de la grand'garde et des bourgeois armés y avoient pris poste ; successivement la classe notable des habitans s'est aussi armée et un certain nombre d'avocats et d'autres bonnes têtes se sont concertés pour aviser aux moyens de prévenir ou d'arrêter les désordres. A la réquisition du fiscal, le Conseil s'est assemblé à sept heures et demie ; le fiscal ayant représenté verbalement les dangers qui étoient à craindre de l'effervescence du bas peuple, on a, pour première démarche, fait venir le greffier de police, à qui deux conseillers et le fiscal ont demandé, de la part de la Cour, s'il avoit pris des mesures pour le maintien du bon ordre, et quelles elles étoient. Il a répondu qu'il y avoit déjà quantité d'honnêtes gens sur pied pour cette fin louable et que des avocats et autres s'étoient formés en une espèce de comité, pour y surveiller particulièrement. Il nous apprit qu'il y avoit néanmoins déjà des excès commis sur les maisons et effets de plusieurs de ceux qui s'étoient retirés comme désagréables au peuple ; que même, on venoit d'attenter à la personne du s^r Fleur, greffier du Conseil, ayant ci-devant été entremis dans la suppression des maisons religieuses ; qu'on étoit allé

1789 le saisir chez lui et qu'il avoit fallu employer des harangues pour empêcher qu'il ne fût immolé à leur fureur ; qu'il étoit actuellement à la conciergerie de la ville où la populace l'avoit conduit et où le greffier de police l'avoit fait recevoir apparemment comme dans une prison, et effectivement dans un lieu d'azyle(¹). On lui recommanda de mettre en œuvre toutes les ressources de son zèle et, qu'eu égard à la défection de tous les échevins, la Cour interposeroit son autorité où il seroit nécessaire.

Ensuite, il fut présenté une requête à la Cour, de la part des notables personnes qui s'étoient formées en comité ; et sur cette requête, il fut porté un arrêt qu'on alla publier en manuscrit et qu'on fit imprimer incessamment : le tout comme s'ensuit, l'arrêt étant joint en exemplaire imprimé.

« A Messeigneurs les Grand Bailli, Président et gens
» du Conseil souverain d'Hainaut.

« Remontrent très humblement les notables habitans de la
» ville de Mons, que le départ des troupes, précédé de l'absence
» des échevins, expose la ville aux plus grands malheurs ; pour
» quoi et pourvoir autant qu'il est possible aux dangers du
» moment, les remontrants, qui se sont assemblés, ont
» provisionnellement choisi un comité composé des avocats
» Anthoine, Deramaix, F. Faider, N.-Q. Defacqz et Vanderstocken,
» qui ne peuvent néanmoins, sans le concours de l'autorité
» souveraine, faire aucune disposition(²).

(¹) FLEUR est sorti de la conciergerie du Châtel où il avoit été ensuite tranféré, à sa demande, le 23 juillet 1790, volontairement et de lui-même.

(²) C'est ici la racine du comité patriotique, qui, un mois après, a fait déclarer l'indépendance du pays.

« Pourquoi les remontrants supplient très humblement 1789
» Messeigneurs, de disposer promptement sur les moyens
» d'assurer autant que possible la tranquillité publique.

« (Signé :) ANTHOINE. »

Du 22 novembre, jour de dimanche.

M. Demarbaix ayant reçu, hier le soir, par estaffette, une dépêche du Gouvernement en réponse à notre représentation du 20, il fit convoquer le Conseil à cejourd'hui, huit heures, quoique dimanche, et il communiqua la dite dépêche, par laquelle S. M. autorisa le Conseil à commettre des personnes pour faire les fonctions des échevins absens, ainsi qu'une autre personne pour faire les fonctions de lieutenant prévôt de Mons. En conséquence, il fut porté un arrêt qui nomma dix échevins dont le choix fut dirigé par scrupuleuse attention à n'y placer personne qui ne fut tout-à-fait agréable au peuple.

Voici la teneur de cet arrêt :

« Du 22 novembre 1789.

« Vu la dépêche de Sa Majesté, du 21 novembre 1789, par
» laquelle elle charge ce Conseil de commettre telles personnes
» qu'il trouvera convenir pour remplir, par provision, les
» fonctions des échevins de cette ville de Mons absens ; tout
» considéré :
« Conclu de commettre, à cet effet, les personnes suivantes, les sieurs :

1. Bureau de la Wastine,
2. Flescher, rue des Cinq Visages,

1789
3. Recq de Pambroye,
4. Desmanet,
5. Debettignies, rue de la Chaussée,
6. Lamine,
7. Anthoine,
8. L. Petit,
9. N.-Q. Defacqz,
10. Durieux, Terre du Prince,

« lesquels, en conformité de la dite dépêche, prêteront le
» serment accoutumé en mains de l'ancien de ce Conseil.

« (Paraphé :) DEMARBAIX, v^t. »

Dans la même séance, on porta sur le bureau de la Cour, une représentation faite par l'avocat Fleur au comité de police; ci-joint copie de la dite représentation et de ce qui s'est ensuivi.

On porta un autre arrêt, sur le modèle du premier, pour nommer un lieutenant prévôt, et le choix unanime tomba sur l'avocat Fontaine, l'ancien des assesseurs du dit office.

L'on fit convoquer les personnes nommées pour faire les fonctions d'échevins de se rendre à la Cour vers les onze heures et demie du matin, et la Cour étant avertie que toutes ces personnes se trouvoient réunies en la chambre des comptes, une commission composée de deux conseillers et du fiscal fut chargée de leur aller communiquer l'arrêt, les prévenant que M. Demarbaix, ancien du Conseil, se rendroit demain, à huit heures, à la chapelle de Saint-Georges pour recevoir leur serment. Ces personnes nommées dirent qu'elles se tenoient extrêmement honorées du choix que la Cour avoit fait d'elles dans des circonstances aussi difficiles et aussi critiques, que ce n'étoit que le désir de répondre dignement à cette confiance et leur entier dévouement au bien public qui pouvoit les déterminer d'accepter ces places. Il leur fut répondu que la

Cour avoit senti combien le fardeau étoit pesant, que c'étoit ce qui lui avoit fait redoubler d'attention pour faire un bon choix et qu'elle se confioit d'avoir rencontré juste en les nommant.

1789

L'après-midi, autre affaire et des conjonctures les plus allarmantes. On apprend que les troupes qui étoient parties hier, rétrogradent revenant vers Mons, et que leur commandant le général d'Aponcourt auroit montré des dispositions de mécontentement et de menace contre les montois, surtout à cause qu'ils avoient repris la cocarde. Le Conseil sur ce rassemblé à la réquisition du fiscal, on convient qu'il convenoit de sermenter d'abord les nouveaux échevins et de les mettre en fonctions. Comme ils étoient déjà assemblés à l'hôtel de ville, M. Demarbaix se rendit d'abord à Saint-Georges et il les reçut à serment. Ensuite, étant entré avec eux à la chambre d'assemblée, il vit une grande fermentation dans le peuple qui étoit attroupé en grand nombre sur la Place et dans la cour, et dont plusieurs s'étoient introduits jusques dans la dite chambre. C'est ce qu'il vint nous dire et avec lui deux échevins. Le projet des échevins étoient d'envoyer une députation vers le général d'Aponcourt pour le prier de retarder sa marche jusques à ce qu'on eût eu le tems de disposer les esprits à le recevoir. Le peuple se récria contre ce projet, courut aux armes, demanda des munitions et fit toutes les dispositions pour résister aux troupes, si elles se présentoient la nuit pour rentrer. Heureusement elles ne vinrent point. Dans l'après-dînée, le Conseil fait publier, en manuscrit, la déclaration qu'il venoit de recevoir du Gouvernement du 20. Ci-joint un exemplaire.

Du 23 novembre.

Un exprès qu'on n'avoit pas voulu laisser entrer pendant la nuit, entre à portes ouvrantes avec une lettre du général

1789 d'Aponcourt aux magistrats et une autre lettre au fiscal contenant la copie de la première.

Le général annonce son retour à Mons avec sa troupe, dit que toutes les choses doivent être rentrées dans l'ordre pour le midi, les casernes préparées, etc. Il déclare que, selon ses ordres, il doit y revenir absolument, dût-il ne rentrer que sur un monceau de cendres ; que si ces MM. vouloient lui envoyer des députés, c'est-à-dire les magistrats pour conférer ensemble, il prenoit sur lui de les attendre, engageant sa parole d'honneur pour leur retour.

Cette lettre ayant été rendue publique avec une ordonnance du magistrat, ci-jointe, à tous les habitans de se remettre dans l'état où ils étoient avant le départ de la garnison, et successivement une ordonnance à ce conforme de la part du Conseil, les têtes se montèrent au point que toute la ville courut aux armes, bien résolue de s'opposer à la rentrée des troupes ; et on travailla avec une telle vivacité à faire des tranchées et des barricades aux portes et dans toutes les rues, qu'au bout de cinq heures de travail, on auroit dit que c'étoit le travail de plusieurs jours. Une députation de deux membres du magistrat, renforcée d'une troisième personne proposée par acclamation du peuple, part vers onze heures pour le Rœulx, pour informer le général d'Aponcourt de l'état des choses, de la disposition des esprits et de l'impossibilité de pouvoir résoudre le peuple à laisser rentrer sa troupe. Les habitans cherchent des chefs pour diriger leurs travaux et leurs ouvrages, ils obligent tous les militaires retirés du service, de venir se mettre à leur tête et proclament un général en chef en la personne de M. Dirix, autrefois major, qui va d'abord prendre inspection des ouvrages, et c'est par son rapport qu'on sait que la ville est en bon état. La nuit, on se tient en allerte et toute la ville est éclairée. Vers neuf heures et demie, arrive le comte de Patin, major du régiment de Murray, envoyé en ôtage par le général 1789 d'Aponcourt, pour répondre du retour des deux d'entre les députés de la ville à qui il avoit conseillé de se rendre sur Bruxelles, leur ayant dit qu'ils pourroient ramener MM. Dassonleville, Gendebien, Dupré et Devirelles, qui étoient détenus à Bruxelles depuis leur enlèvement fait le 15 octobre. Le troisième député revient avec le comte de Patin. On le conduit à l'hôtel de ville, en l'assemblée des magistrats et du comité. Il fait part des dispositions du général qui ne demandoit que de pouvoir rentrer en ville avec sa troupe, engageant sa parole d'honneur, qu'elles ne commettroient aucun désordre et qu'il ne seroit rien attenté sur la ville ni contre les citoyens.

Presque dans le même tems, on voit rentrer en ville, MM. Gendebien, Dassonleville, Dupré et Virelles : ce qui cause une joye universelle ; mais ils n'avoient point rencontré en chemin les députés des magistrats allant à Bruxelles. On ne laisse pas d'avoir des inquiétudes sur leur sort et qu'on ne les retienne pour nouveaux ôtages.

Le comte de Patin loge à la Couronne ; on lui met une sentinelle à la porte de l'hôtel. Le Conseil publie, en manuscrit, l'ordonnance de S. M., du 21, rétablissant toutes choses comme avant l'ordonnance du 30 janvier dernier, etc. Ci-joint un exemplaire.

Du 24 novembre.

La députation du magistrat est de retour vers dix heures du matin.

Le comte de Patin repart pour Rœulx. Les habitants continuent leurs préparatifs pour résister vigoureusement si les troupes se présentoient. Les paysans de différents villages des environs viennent au secours de la ville avec des armes et des munitions. Dans l'après-dînée, quelques coups de cloches

1789 donnent une fausse allarme. Dans l'instant, tout le monde est armé et les postes sont vigoureusement garnis. La nuit est encore éclairée par des lumières que chacun doit mettre à ses fenêtres.

Les gardes bourgeoises ne veulent pas laisser sortir les lettres d'envoy avec l'ordonnance du 21, publiée hier à Mons.

Du 25 novembre.

Le Conseil, qui depuis lundi 23 a fréquenté chez M. Demarbaix hors d'état de venir à pied et dans l'impossibilité de venir en voiture à cause des tranchées et des barricades, rentre et reprend ses séances en l'hôtel ordinaire. A l'ouverture de la séance du matin, M. Obert, Chevalier de Cour, vient reprendre ses fonctions. On en dresse acte dans les termes suivans, au registre des prises de possession des conseillers : « Cejourd'hui, » Messire Obert de Quévy est entré à la Cour à l'ouverture de » la séance du matin et a déclaré qu'en suite de l'ordonnance » de S. M. du 21 de ce mois, il venoit reprendre l'exercice des » fonctions de sa charge de Chevalier de Cour : sur quoi, ayant » été délibéré à sa demande, lui a été répondu que la Cour n'y » trouvoit pas d'obstacle ». Pendant cette délibération, M. Obert s'est retiré dans une autre chambre, et de suite est rentré. Avant que d'acter la chose, M. Abrassart est allé en donner communication à MM. Demarbaix et Delecourt indisposés, qui ont approuvé la résolution prise. En conséquence, l'on a repris le train des affaires, M. Obert présent.

Dans la séance de relevée, une requête de l'avocat Soyer se plaignant de ce qu'il se trouvoit arrêté et mis à la grand'garde sous l'autorité, disoit-il, du prétendu comité de police, etc. La requête n'étoit pas signée et il étoit énoncé qu'il n'avoit pas été possible de la lui faire parvenir à cet effet. On y a

porté l'appointement suivant : « Vu cette, conclu de déclarer 1789
» qu'elle sera envoyée par lettres aux échevins de Mons, pour y
» disposer comme ils trouveront appartenir, sinon y reservir leur
» avis ». Voici cette requête : « Affiche de la part de . . . . ou
» plutôt un avis au public pour que les personnes en état de
» porter les armes se rassemblent, savoir ceux qui voudront
» être soudoyés sur un rempart, et les volontaires sur un
» autre rempart ». Ci-joint un exemplaire ; la tournure est
digne de remarque.

Tous les anciens assesseurs reprennent l'exercice de leurs fonctions à l'hôtel de ville, savoir : le pensionnaire Auquier, dont l'emploi avoit été supprimé, et MM. Dassonleville, greffier du chef-lieu, Gendebien, greffier échevinal, et Houzeau de la Perrière, avocat de la ville, qui avoient été démis de leurs emplois.

Du 26 novembre.

Des particuliers reçoivent de Bruxelles des exemplaires de la déclaration publiée en Brabant, en date du 25, rétablissant la joyeuse entrée et tous les privilèges de Brabant, dans toute leur étendue, et accordant une amnistie générale et sans aucune exception. Ci-joint un exemplaire.

Du 27 novembre.

Le Conseil reçoit et fait publier d'abord, avec l'appointement en manuscrit, une déclaration de S. M. du 26 de ce mois, étendant à toutes les autres provinces belgiques l'amnistie générale accordée pour le Brabant par la déclaration du 25 ; après quoi, on la fait imprimer avec l'appointement du Conseil, pour être envoyée dans les lieux ordinaires du ressort de la Cour. Ci-joint un exemplaire. Toutes ces dispositions qui, passé cinq mois, auroient excité un délire de joie, ne font nulle sensation sur l'esprit du peuple : on se dit tout haut qu'il est trop tard.

Le magistrat fait afficher une défense de tirer d'aucune espèce d'armes à feu, à moins que d'être commandé, etc. Ci-joint un exemplaire.

Du 28 novembre.

Il roule en ville des articles qu'on dit avoir été arrêtés par les États de Flandre ; ils sont de la teneur suivante :

« Les États de Flandre ont pris les résolutions suivantes :

« 1° Déclarer l'Empereur déchu de toute souveraineté ;

« 2° L'ancienne union avec les États de Brabant renouvelée ;

« 3° L'offre d'union et d'alliance avec toutes les provinces » belgiques ;

« 4° La levée de vingt mille hommes de troupes réglées par » la Flandre ;

« 5° L'envoi de commissaires chez l'étranger pour l'achat de » munitions de guerre ;

« 6° L'érection du Conseil de Flandre en cour souveraine ;

« 7° Admettre en leur assemblée deux députés permanents » du comité patriotique, et *e contra,*

« 8° Nommer deux de leurs députés pour avoir séance dans » le susdit comité. » Ces résolutions ayant depuis été imprimées, j'en joins ici un exemplaire.

Du 30 novembre.

M. Demarbaix communique à la Cour une lettre qu'il a reçue de M. Raoux, un des conseillers fugitifs, datée de Bavay, par laquelle il déclare être prêt à remettre ses patentes, etc.; la dite lettre ci-jointe en copie.

Aujourd'hui ou avant hier samedi, la députation des États 1789 reprend ses séances. On dit que M. Pepin, abbé de Cambron lors de la suppression et député du Clergé, s'y est présenté et que le peuple a marqué beaucoup de mécontentement à son sujet ; qu'on lui a conseillé d'aller avant tout se réinstaller en son abbaye.

Du premier décembre.

Des lettres de Bruxelles marquent qu'il y est arrivé des commissaires de Vienne, qui sont le prince de Staremberg, le comte de Cobentzl, vice-chancelier de Cour et d'État, etc. Ces deux nouvelles ne sont pas confirmées.

Il se répand un bruit que les troupes prussiennes se sont emparées de Luxembourg par surprise. Cela ne s'est point confirmé.

Du 2 décembre.

A l'ouverture de la séance du matin, M. Farin, conseiller ecclésiastique, vient reprendre les fonctions ; on en dresse acte comme on a fait le 25 novembre pour M. Obert, Chevalier de Cour.

On débite publiquement depuis hier le manifeste du peuple Brabançon, signé : Vandernoot. On débite aussi depuis dimanche une relation imprimée du désastre de Gand.

Vers deux heures de cette après-dinée, entre à Mons un petit corps de patriotes qui ont essuyé un échec au village de Bouvigne, près de Dinant, contre une partie de la garnison de Namur. Ils entrent sans armes, ayant fait le tour par Maubeuge. On dit qu'ils ont dû vendre leurs armes en route pour subsister.

Du 3 décembre

1789   Le comité de police de Mons reçoit, du Comité patriotique de Gand, la nouvelle de la prise de Namur par les patriotes et que l'on dit aussi la prise de la citadelle d'Anvers par la défection de la garnison impériale qui s'y trouvoit.

Arrive encore à Mons une cinquantaine d'autres patriotes également sans armes.

Du 4 décembre.

On sait que la nouvelle concernant la prise de Namur par les patriotes n'est point véritable et que le comité de Gand a été trompé à cet égard. Celle concernant la prise de la citadelle d'Anvers reste douteuse.

Le soir, le peuple va enlever, en sa maison, le substitut fiscal Paternotre, et le conduit au château disant qu'il y restera aussi longtemps qu'il y a fait détenir le curé de Roucourt.

Notez que le sieur Paternotre avoit été lui-même, avec de la maréchaussée, arrêter le curé de Roucourt le 13 février dernier.

Du 5 décembre.

Le sieur Anthoine, échevin de Mons, se rend à l'antichambre de la Cour, à l'ouverture de la séance du matin, et apporte copie de ce qui avoit été fait la veille au sujet du s^r Paternostre, substitut avocat de S. M. Ci-joint, arrière-copie de cette pièce telle qu'elle fut déposée sur le bureau de la Cour.

Sur quoi, les chambres assemblées, il fut dit verbalement que, vu les circonstances, il n'échéoit à délibérer quant à présent, d'autant moins qu'il n'y avoit nulle plainte adressée à la Cour à ce sujet et que d'ailleurs, ceux qui avoient pratiqué la

voie de fait, s'il y en avoit une, étoient les justiciables immé- 1789
diats des échevins de Mons. Ainsi, la pièce fut retenue pour
mémoire.

En la même séance, requête des députés des États, de ceux
du Clergé et du magistrat de Mons, concernant la caisse et
les papiers des maniances du baron Ferdinand Franqué,
receveur général du Clergé, chef du magistrat de Mons, qui
s'étoit retiré de la ville, à cause des conjonctures présentes, et
qui avoit écrit une lettre à ce relative, au Pensionnaire de
l'ordre du Clergé, lettre qui étoit jointe à la requête. Il y fut
rendu l'appointement suivant, les chambres assemblées :

« Conclu de commettre et établir provisionnellement l'avocat
» Fontaine, domicilié rue Verte, de cette ville, curateur à la con-
» servation des droits et intérêts du baron Ferdinand Francqué,
» absent, à effet de procéder à la confection d'inventaire et aux
» autres besognemens ci-mentionnés, avec les remontrans ou
» les personnes à préposer de leur part, en présence d'hommes
» de fief de cette Cour ; lequel curateur pourra ensuite laisser
» faire les retiremens ainsi que se requiert, à moins qu'il ne
» croiroit avoir cause au contraire ; les remontrans et ledit
» curateur entiers d'apposer leur scel ou cachet en tels
» endroits de la maison dudit Francqué qu'ils aviseront bon,
» pour s'assurer que, dans les intervalles de leurs besogne-
» mens, personne ne s'y est introduit. »

On n'a point tiré d'épices, dans un temps où tout le monde
se prête pour le bien public. On a ordonné aux officiaux du
greffe de retenir copie du tout, et que leurs salaires se paye-
roient à la charge du Nec : (¹)

Du 7 décembre.

Le peuple arrête, sur la Place, et fait mettre à la conciergerie de la ville, le mayeur du village de Roucourt ; on sait que

(¹) *Necessarium* c'est-à-dire : dépenses ordinaires. (Note de l'Editeur.)

1789. c'étoit le grand ennemi du curé et que ce fut principalement lui, qui dénonça cet ecclésiastique au gouvernement comme soulevant ses paroissiens contre l'autorité du souverain.

Le peuple arrête aussi et conduit au château un habitant du Béguinage, nommé Bonnet.

Un clerc est aussi mis dans les prisons de la ville, surnommé l'avocat de Cuesmes, de la part du peuple et par lui.

Une fille est tuée dans la rue de Bertaimont par méchef, d'un coup de fusil parti involontairement d'un jeune homme bourgeois qui étoit en faction au-dessus de la porte de Bertaimont.

Du 8 décembre.

Le conseil reçoit une déclaration du Ministre comte de Trauttmansdorff, qui se constitue personnellement et sur sa parole d'honneur, garant envers la nation, de l'aveu de Sa Majesté, sur tout le contenu des dispositions des 20, 21, 25 et 26 novembre dernier. Ci-joint un exemplaire et copie de la lettre d'envoy, qui, par une bisarrerie fort singulière, est conçue sous le nom de l'Empereur et Roi.

On affiche une ordonnance de MM. les magistrats et de MM. du *comité de police*, concernant les gens sans aveu, etc., du 7 de ce mois, ici jointe en exemplaire.

On colporte un bulletin de l'affaire de Dinant, contenant encore d'autres nouvelles. Ci-joint un exemplaire.

Du 9 décembre.

On affiche une ordonnance de MM. les magistrats et de MM. du Comité de police, défendant de vendre ou de distribuer aucune pièce imprimée qui n'ait été approuvée au préalable par MM. les magistrats et comité de la ville de Mons. Ci-joint un exemplaire.

Du 10 décembre.

Arrivent à Mons, quatre étrangers qu'on dit être des commissaires des États de Flandre et du comité patriotique Brabançon. Tout est un secret pour le public.

1789

Du 11 décembre.

Il est résolu que, demain, un corps d'élite de nos volontaires montois se mettra en route pour s'approcher de Bruxelles et y être à portée de seconder les opérations des patriotes, d'abord après l'armistice de dix jours dont c'est demain le dernier, ou de secourir les habitans de Bruxelles qui, à ce que l'on apprend, ont arboré tous la cocarde nationale avant-hier à l'issue d'une messe votive fort solennelle célébrée à Sainte-Gudule.

Le soir, part le comte de Maldeghem avec l'avant-garde. On sait que M. de Maldeghem a été major au service impérial sous Marie-Thérèse.

Du 12 décembre.

Vers sept heures et demie du matin sont partis nos braves volontaires montois, au nombre de sept à huit cents, commandés en chef par le comte de Robersart, ancien capitaine de cavalerie, qui a fait toutes les campagnes de la guerre de sept ans, contre le roi de Prusse ; presque tous les capitaines sont aussi d'anciens militaires et en général ce corps est composé de beaucoup de gens de qualité, de gentilshommes de divers rangs, d'avocats et de notables bourgeois. Ils ont avec eux deux pièces de canon de la ville, de gros calibre.

On reçoit par exprès des nouvelles de Hal. Les bourgeois ont fait prisonniers les deux officiers qui commandoient un détachement du régiment de Murray qui, depuis quelque

1789 temps, étoit stationné dans cette petite ville, et ils ont désarmé toute la petite troupe, consistant encore en quarante hommes ou environ d'après les désertions. Tous ces soldats se sont ensuite mêlés avec les bourgeois, ont crié avec eux : *vivent les patriotes!* et sont allés boire ensemble.

Le soir, vers 6 1/2 heures, rentrent à Mons, sous escorte patriotique, les deux officiers arrêtés hier à Hal ; on alloit les conduire au château, mais le comité a ordonné qu'ils fussent introduits à la chambre de l'officier de la grand'garde, pendant qu'on délibèreroit. L'on conclut provisionnellement de les mettre à l'hôtel de la Couronne, sauf à convenir demain d'un autre endroit. Ils y sont conduits et M. le major Dirix, commandant général, les accompagne, après avoir harangué le peuple pour qu'il ne leur fut fait aucune insulte : on les y laisse sous bonne garde. Vers 9 1/2 heures du soir, on reçoit la nouvelle encore incertaine de l'évacuation de Bruxelles.

Du 13 décembre.

Vers huit heures, on reçoit la nouvelle certaine de l'évacuation des troupes de la ville de Bruxelles. Le carillon et la grosse cloche annoncent d'abord cette nouvelle à toute la ville. Des messes votives, projetées de hier, sont en partie converties en actions de grâce. Voici en imprimé, la lettre qui a apporté cette bonne nouvelle.

Je reçois par la poste une relation très intéressante à ce sujet. Je la joins ici, ayant été imprimée par ordre du Comité, à qui je l'avois communiquée.

On reçoit la nouvelle de Leuze que le sieur De St-Moulin, Châtelain de ladite ville, y a été assassiné hier le soir d'un coup de pistolet, et on dit qu'avant que d'expirer il a déclaré, par écrit, que c'étoit Léopold Duval qui avoit fait le coup. L'après-midi le Conseil s'assemble à la réquisition du fiscal qui avoit reçu la nouvelle de cet évènement, par une lettre du frère de l'occis, lui déclarant qu'en effet le châtelain avoit nommé, par écrit, pour son assassin Léopold Duval et que, comme celui-ci étoit frère du greffier de Leuze, qu'au surplus le lieutenant-châtelain étoit fort lié avec les Duval et tenoit fort de leur côté dans les inimitiés qu'ils avoient contre le défunt, il le requéroit de prendre à lui la poursuite de cette affaire. Le fiscal présenta en effet un réquisitoire et il fut nommé un commissaire de la Cour pour aller informer et faire les autres besognemens relatifs à l'intervention du fiscal, etc.

Le Comité de Mons soupçonnant que cette affaire pouvoit être liée un peu avec le royalisme, dont les Duval avoient ouvertement affecté d'être les sectaires, prit des mesures efficaces pour que, le lendemain, le bon ordre ne fut point troublé, ni les commissaires du Conseil empêchés ni embarrassés dans leurs opérations.

Vers le soir, on apprend, par estaffette, que les patriotes de Hal, à l'aide des paysans d'alentour, et à l'aide des patriotes d'Enghien qui étoient arrivés la veille avec une pièce de canon, avoient désarmé et fait prisonniers trois cent-cinquante hommes du régiment de Bender et leurs officiers.

Du 14 décembre.

La Cour nomme les membres du Conseil de ville, à la demande des députés des États, des magistrats de la ville de Mons et du Comité général de ladite ville et parmi des personnes requises en une liste jointe ou plutôt fournie extrajudiciairement.

1789 La commission du Conseil part pour Leuze au sujet de l'assassinat du châtelain ; Léopold Duval est fugitif depuis hier. Les volontaires patriotes de Mons et de Tournay arrêtent le greffier Duval, son frère ; on le conduit à Mons. On tient comme en sequestre, pendant toute la journée, des parents et des amis des dits Duval, pour prévenir toute émotion ; on les relâche le soir.

Du 15 décembre.

Il se tient, à Mons, un Comité général du Hainaut à l'intervention des députés des bonnes villes. On y délibère une assemblée des États dont les lettres de convocation seront dépêchées sous le nom des députés des États à ce invités et requis par le Comité général de la province. Voyez au 16, une de ces lettres. On y délibère aussi la levée d'un corps de troupes réglées sous les étendards de la patrie.

Les patriotes montois qui étoient partis vers Bruxelles le 12, rentrent à Mons à midi, ramenant les trois cent-cinquante prisonniers du régiment de Bender qui avoient été pris à Hal, dimanche 13, ce qui fait un spectacle très intéressant ; et par une fatalité singulière, se rencontre à leur suite la chaise ramenant le greffier de Leuze. Le peuple veut l'assommer croyant que c'est Léopold, puis on crie que ce n'est pas l'assassin. Le greffier est mis à la conciergerie de la ville. Le major et les deux officiers de Bender, dont la voiture précédoit immédiatement celle de Duval, croyoient que c'étoit contre eux que le peuple lançoit des imprécations et ils craignoient d'en être assommés à chaque instant.

Du 16 décembre.

Le général Dirix part avec un autre corps de cinq à six cents

volontaires vers Namur. A voir en aller ces braves gens, on 1789
auroit dit qu'ils s'en alloient à la kermesse.

Sous cette date, furent expédiées les lettres de convocation pour l'assemblée des États. Voici la lettre circulaire écrite aux membres de la Noblesse :

MONSIEUR,

« Le Comité général de la province, formé en la ville de Mons,
» ayant résolu unanimement, dans sa séance de ce jour, que
» les conjonctures présentes exigeoient que les États s'occu-
» passent des affaires de la nation, a invité et requis
» Messieurs les Députés de convoquer une assemblée géné-
» rale le plus promptement que faire se pourra ; et ces der-
» niers, persuadés de cette nécessité, m'ont chargé, Monsieur,
» de vous prier de vous trouver ici, dimanche vingt du courant,
» pour délibérer le lendemain vingt-un. Je suis très respec-
» tueusement, Monsieur, Votre très humble et très obéissant
» serviteur.
» (Signé :) DUPRÉ, pensionnaire des États, et
» LATTEUR, membre et secrétaire du Comité général.
» Mons, le 16 décembre 1789. »

Du 17 décembre.

On publie une ordonnance du magistrat concernant la police du commerce de grain. Ci-joint un exemplaire.

Du 19 décembre.

Les commissaires du Conseil partis pour Leuze au sujet de l'assassinat du châtelain, en sont de retour. On procède à la vue des procès-verbaux et des informations ; Léopold Duval est décrété de prise de corps. Le défunt l'avoit en effet déclaré

1789 être l'auteur de ce crime, par un billet écrit et signé de sa main en présence de plusieurs personnes ; après quoi, il avoit reçu avec des marques de piété le Sacrement d'extrême-onction, et avoit répondu par des signes affirmatifs aux prêtres qui lui demandoient s'il pardonnoit de bon cœur. Quelques minutes après, il étoit expiré.

Le Bailli du chapitre de sainte-Waudru se rend à l'antichambre pour inviter la Cour, ou plutôt les membres, à une messe solennelle qui se célébrera, demain dimanche, à onze heures, de la part de ces Dames, pour les affaires publiques.

M. Descamps, deuxième conseiller ecclésiastique, vient aussi reprendre l'exercice de ses fonctions.

Dimanche 20 décembre.

Il y a un monde innombrable à la messe solennelle qui se chante au Corps Saint, à onze heures. Il y a dans le chœur des chaises et des bancs pour les membres des États, du Conseil, du Magistrat, du Comité et autres personnes notables, bien entendu pour les hommes. Les chanoinesses y paroissent dans leurs stalles, dans leur ancien costume qu'elles avoient repris dès la veille.

J'achète un exemplaire ci-joint, d'un avis au public de la part du Comité général du Hainaut, annonçant une levée de troupes sous les étendarts de la patrie, pour le maintien de la religion et de la liberté.

Du 21 décembre.

Assemblée générale des États, précédée d'une messe solennelle du Saint-Esprit, à huit heures, à Sainte-Waudru.

On déclare la Nation indépendante et déliée du serment de 1789
fidélité prêté à l'Empereur Joseph II par le pacte de l'inauguration, en conséquence lui Empereur déchu de la Souveraineté
des pays et comté de Hainaut. Cette résolution est d'abord
imprimée et rendue publique. Ci-joint un exemplaire ; étant à
remarquer que la résolution originale des États porte : *lui
Empereur* et non point : *ledit Empereur* comme l'imprimé.

Du 22 décembre.

Le Conseil reçoit, pendant sa séance du matin, vers neuf
heures et demie, une dépêche des États, datée de hier, lui envoyant copie collationnée de la déclaration de l'indépendance,
etc. Voici cette dépêche :

« Les États du Pays et comté de Hainaut.

« Messieurs,

« Nous vous remettons ci-joint une copie authentique de
» l'arrêté que nous avons pris dans notre assemblée générale
» de ce jour, par lequel nous avons déclaré l'indépendance de
» ce pays ; en conséquence, nous avons trouvé convenir de
» vous requérir et néanmoins de vous enjoindre et à chacun
» de vous, de suspendre toutes vos fonctions jusques à ce qu'il
» y soit autrement pourvu et spécialement jusques à ce que
» vous aurez prêté, en mains des commissaires que nous
» avons nommés à cet effet, le serment dont la teneur s'ensuit:
» *De maintenir invariablement notre Sainte Religion catho-*
» *lique, apostolique et romaine, les constitutions, lois, chartres,*
» *usages, franchises, libertés et indépendance de ce pays, et*
» *d'être fidèle et loyal à la nation.* A tant, Messieurs, Dieu
» vous ait en sa sainte garde.

1789 « Fait, à Mons, le 21 décembre 1789, sous notre cachet
» secret et la signature de notre conseiller pensionnaire.
« (Signé :) Dupré. »
La superscription :

« Messieurs les gens du Conseil souverain de Hainaut, à
» Mons. »

La chose mise en délibération, on a eu d'autant moins de peine à se résoudre à prêter le nouveau serment, que l'Empereur s'étoit déjà déclaré délié lui-même du sien, par sa lettre, datée de Vienne, le 7 janvier 1789, insérée dans l'ordonnance du 30, même mois(¹).

On est resté assemblé, sans désemparer, en attendant une dépêche ultérieure qu'on savoit devoir arriver. Effectivement, à onze heures trois quarts, M. Demarbaix, ancien du Conseil, reçut un paquet à son adresse, avec les pièces suivantes :

« Les États du pays et comté de Hainaut.

« Monsieur,

« Vous trouverez ci-incluse la disposition que nous avons
» portée concernant votre Compagnie ; en conséquence, nous
» vous faisons la présente pour vous dire d'en faire, sans
» délai, assembler tous les membres, en habit académique,
» dans la chambre ordinaire des séances du Conseil, où nos
» commissaires dénommés dans la prédite disposition se
» rendront, demain à deux heures de relevée, à la fin de confir-
» mer et réinstaller le Conseil, en conformité de la disposition
» ci-jointe, et de recevoir des personnes y dénommées le
» serment mentionné dans nos lettres de ce jour. A tant,
» Monsieur, Dieu vous ait etc. Fait en notre assemblée générale
» du 21 décembre 1789.
» (Signé :) Dupré. »

(¹) *Supra*, page 130.

Copie de la disposition jointe : 1789

« Les États du Pays et comté de Hainaut en leur assemblée
» générale :

« En suite de la résolution que nous avons prise, ce jourd'hui,
» de déclarer, comme nous avons déclaré, la nation indépen-
» dante et déliée du serment de fidélité prêté à l'Empereur
» Joseph II par le pacte d'inauguration, en conséquence lui
» Empereur déchu de la Souveraineté du pays et comté de
» Hainaut, il nous a paru nécessaire de pourvoir sans délai à ce
» qui a rapport à l'administration de la justice, et à rétablir et
» réintégrer les pouvoirs judiciaires d'une manière consonnante
» à la prédite déclaration.

« En conséquence, nous avons confirmé et confirmons par
» les présentes Messieurs Farin, Descamps, conseillers d'église,
» Obert de Quévy, Chevalier de Cour, Demarbaix, Delecourt,
» Kôvalh, Papin, Sebille, Paridaens, Cornet et Abrassart, con-
» seillers de robe longue, et Maugis, greffier, dans leurs
» respectifs états, fonctions et séances de conseillers au Conseil
» souverain de Hainaut, à charge de par chacun d'eux prêter
» le serment, contenu en notre dépêche de ce jour portant sus-
» pension de toutes fonctions de justice, en mains des sei-
» gneurs abbé de Bonne-Espérance et doyen Carpentier de
» l'ordre du clergé, le comte de Thiennes et chevalier Degrouff
» de l'ordre de la noblesse, et Bureau, Sirault, Cossée, Francès
» et Auquier du tiers ordre, que nous avons nommés et
» nommons commissaires à cet effet : les présentes leur
» servant d'autorisation et de pouvoirs suffisants à cette fin.
» Nous avons aussi déclaré et déclarons que ledit Conseil, ainsi
» réinstallé et confirmé, portera doresenavant le titre de
» Conseil souverain de Hainaut, et réunira les autorités, pou-
» voirs et jurisdictions attribués par les chartes du pays, tant

1789 [1] » au Conseil de la Cour qu'au Conseil ordinaire et au Grand
» Bailly, pendant la vacance de cet état, et que le conseiller
» Papin continuera d'exercer le ministère public sous la déno-
» mination de conseiller avocat du pays. Fait à Mons, en notre
» assemblée générale, le 21 décembre 1789, sous notre cachet
» secret et la signature de notre conseiller pensionnaire.
« (Étoit signé :) DUPRÉ ».

En conséquence de cette dépêche, le Conseil s'est effectivement assemblé à deux heures et les deux chambres, étant
réunies dans la première, y ont attendu les commissaires des
États, ayant ordonné aux huissiers de chambre de les introduire d'emblée sans les annoncer.

Ils y arrivèrent vers deux heures et demie : l'abbé de
Bonne-Espérance, qui étoit porteur de la dépêche originale
contenant leurs pouvoirs, la déposa et laissa sur le bureau, et la
lecture en ayant été faite, chaque membre du Conseil prêta le
nouveau serment dont la formule fut prononcée par ledit
abbé de Bonne-Espérance, tout le monde étant resté debout.
Après quoi les commissaires sortirent, l'abbé de Bonne-
Espérance disant qu'ils alloient faire un rapport à leurs principaux d'avoir exécuté leur commission.

Nᵃ. On a enregistré ces dépêches dans un nouveau registre
de décrets, commencé tout exprès, et à la suite on y a tenu
la note dont la teneur s'ensuit :

» En conséquence des dépêches enregistrées ci-dessus,
» sont entrés en la Cour, vers deux heures et demie de
relevée, les commissaires des États nommés ès lettres immé-
» diatement précédentes, qui après en avoir déposé et laissé
» l'original sur le bureau, et lecture en faite, le serment a été
» prêté par chacun des conseillers désignés ès dites lettres,

» ainsi que par le greffier Maugis, selon la formule reprise aux 1789
» dites dépêches qui fut prononcée par l'abbé de Bonne-
» Espérance, cejourd'hui, 22 décembre 1789. »

On a fait un petit imprimé à ce relatif, dont je joins ici un exemplaire.

Cejourd'hui, veille de Noël, on est convenu que la Cour prendroit ses vacances sur l'ancien pied et suivant la charte, c'est-à-dire jusqu'au lendemain des Rois ; que, cependant, les membres ne s'absenteroient pas de la ville sans nécessité, afin d'être toujours à portée pour les affaires publiques qui pourroient se présenter.

Du 28 décembre.

On affiche une ordonnance de par le bureau de la guerre du pays et comté de Hainaut, en date de hier, pour obliger les ouvriers reçus en qualité de soldés dans la milice nationale de fréquenter néanmoins leurs boutiques ou ateliers hors de tems de service ; ci-joint un exemplaire, aux armes du pays.

Du 29 décembre.

On imprime et répand un extrait des délibérations et résolutions du Comité général de Hainaut, des 19 et 28 de ce mois, pour empêcher et arrêter les idées de nouveautés propres à distraire les habitans du grand objet de la défense commune ; ci-joint un exemplaire.

Les membres de la chambre de la noblesse donnent, à leurs fraix, un grand dîner à M. le commandant Dirix, où tous les officiers des volontaires sont invités. Ce repas se donne en l'hôtel du Grand Bailliage.

Du 1ᵉʳ janvier 1790.

1790 Le Conseil s'assemble extraordinairement chez M. Demarbaix pour délibérer sur une dépêche des États demandant avis et un projet de placard pour empêcher la sortie des grains.

Le Conseil porte, en suite de dépêche des États, une ordonnance aux officiers des généralités de venir prêter le serment de maintenir, etc., et d'être fidèle et loyal à la nation. Cette ordonnance se fait par lettres ; et on en porte une autre en forme de placard pour les officiers dépendants des généralités, etc. Ci-joint un exemplaire.

Le conseil porte un appointement sur requisitoire de l'avocat du pays, concernant les patrouilles pour veiller à l'exportation des grains et farines.

Du 2 janvier.

Vers deux heures, après-midi, arrive à Mons le duc d'Arenberg venant de France. La joye est universelle, on sonne toutes les cloches de la ville et on carillonne au château et à Ste-Élisabeth. Il prend gîte à l'hôtel de la Couronne : il va aux États comme Pair de Hainaut.

Du 3 janvier.

Les gentilshommes de la Chambre de la noblesse donnent à dîner au duc d'Arenberg, chez un traiteur.

Je reçois de Bruxelles un imprimé contenant les résolutions des États de Brabant du 26 décembre avec les formules du nouveau serment par eux prêté. Ci-joint cet imprimé.

Je joins ici une lettre d'homme de fief de Hainaut, pour conserver la mémoire comment on les fesoit tandis que le souverain étoit déclaré déchu.

Du 5 janvier.

Une cabale d'intrigants présente un placet aux États, pour 1790 faire admettre dans la chambre du tiers ordre les chefs des corps de métiers, etc. Ci-joint copie de cette requête avec la réponse y faite par M. C. Demarbaix, Président du Comité général de Hainaut, ensemble la protestation qui a été faite au contraire, vers le 25 de ce même mois, par un nombre beaucoup supérieur d'habitans de la ville.

Du 6 janvier jour des Rois.

Vers quatre heures et demie de l'après-midi, arrivent à Mons les Tournaisiens ayant à leur tête le comte de Lannoy, qui viennent se joindre aux Montois pour marcher vers Luxembourg renforcer l'armée du général Vandermeersch. On sonne la grosse cloche et le carillon jusqu'à trois volées. La grande musique patriotique de Mons va à leur rencontre avec un détachement de volontaires montois à cheval. Les Tournaisiens sont en partie des volontaires et en partie des soldats de nouvelle levée, pouvant être en tout au nombre de. . .

Du 7 janvier.

Vers une heure et demie après-midi, un corps de patriotes montois, d'entre quatre à cinq cents hommes, part vers Luxembourg, conduits et commandés en chef par M. De Braine.

Nous les voyons passer en la rue Verte sous nos fenêtres, précédés de la grande musique turque qui va les conduire jusque hors de la porte d'Havrez. Il m'a paru que le plus grand nombre n'étoient pas des volontaires, mais des soudoyés.

1790   Vers quatre heures, arrive, au son du carillon et de la grosse cloche, une troupe de patriotes de Braine et de Soignies ; ils sont sans armes : on leur en donnera à Mons pour marcher aussi vers Luxembourg.

Vers cinq heures et demie, arrivent encore des patriotes tournaisiens avec armes et bagages, au nombre d'entre deux et trois cents, au son du carillon et de la grosse cloche. Ceux arrivés hier font aujourd'hui séjour.

Du 8 janvier.

Les Tournaisiens arrivés le 6, et les autres patriotes arrivés hier, partent pour Luxembourg ; les Tournaisiens arrivés hier font séjour et partiront demain.

Le soir, le sieur Debehault, lieutenant-prévôt de Mons, essaye de revenir en cette ville, mais il est contraint de repartir d'abord pour ne point être maltraîté par la populace.

Du 9 janvier.

Le Conseil reçoit des États la lettre que voici :

« Les États du pays et comté de Hainaut.

MESSIEURS,

» Dimanche 10 de ce mois, à neuf heures du matin, il se
» célébrera, en l'église de Sainte-Waudru, une messe solennelle
» suivie d'une procession qui fera le tour de celle annuelle de
» la Fête-Dieu et où sera porté le Saint-Sacrement, en actions
» de grâces au Tout-Puissant du bienfait signalé qu'il a daigné
» accorder à cette ville par son évacuation subite et inattendue
» des troupes impériales, sans effusion de sang, et sa déli-
» vrance d'un joug oppressif.

« Bien convaincus de la pompe que nous ne pouvons nous 1790
» dispenser d'ordonner et régler pour cette solennité, nous
» vous faisons les présentes pour vous requérir d'assister en
» corps, en robe et en flambeau à ces messe et procession.
» A tant, Messieurs, Dieu vous ait en sa sainte garde.
« De Mons, en notre assemblée générale du 8 janvier 1790.

« (Signé :) Dupré. »

R^a le 9 dito, à 10 heures 1/4 du matin.

La chose mise en délibération, les chambres assemblées, on a résolu de déférer à cette réquisition, mais on a eu peine à s'entendre sur le point si l'ancien conseiller de robe longue prendroit, à la procession, la place du Président, c'est-à-dire la place du milieu immédiatement derrière le St-Sacrement, ou si cette place resteroit ouverte, ensorte que toute la Cour marcheroit sur deux lignes, dont chacune commenceroit par un conseiller ecclésiastique. Il y avoit une grande majorité qui tenoit que l'ancien conseiller de robe tenoit à tous égards la place de Président, ou plutôt de Grand Bailli, et qu'ainsi il devoit aussi avoir la première place dans les cérémonies publiques ; sur quoi, l'on citoit l'Institution de la Cour, art. 6, et le décret des Archiducs en marge de cet article. Cependant comme les conseillers ecclésiastiques et surtout le Chevalier de Cour prétendoient vivement le contraire, que M. Obert disoit même qu'il ne pourroit, sans désobliger la chambre de la noblesse, se dispenser de lui faire rapport de la résolution si elle portoit que la cérémonie seroit présidée par un conseiller de robe longue, on a résolu de laisser plutôt la place de Président ouverte que de s'engager dans ces moments-ci dans des frêles contestations de préséance. Il s'est ensuite agi de savoir si l'on acteroit la chose, avec note que cela ne tireroit pas à conséquence pour l'avenir ; mais on est convenu, finale-

1790 ment, de ne rien coucher par écrit, et l'on a dit que, dans les conjonctures de tems où le pays se trouve, rien ne pourra être tiré à conséquence.

Nous avons proscrit, par un arrêt porté en notre chambre, un imprimé répandu dans le public sous le titre de : *mémoire justificatif, pour le chevalier Léopold Duval, relativement à l'assassinat commis sur la personne du s^r De St-Moulin, châtelain de Leuze, le 12 décembre 1789.*

Cette brochure étoit dénoncée à la Cour comme un libelle diffamatoire par le médecin de St-Moulin, frère du défunt; et il posoit en fait que la mère de Léopold Duval en avoit distribué des exemplaires. On a délibéré si on n'ordonneroit pas d'informer, ou si au moins on ne feroit pas communiquer avant tout la requête à la mère, pour s'y expliquer en aveu ou désaveu ; mais finalement il a emporté de se borner à déclarer ledit imprimé anonyme contenir des allégations et des inculpations diffamatoires et injurieuses à la mémoire de feu l'avocat de St-Moulin, châtelain de Leuze, etc.; qu'il seroit et resteroit supprimé, etc.: permis au suppliant de faire imprimer et afficher l'arrêt.

Du 10 janvier.

La procession se fait avec beaucoup de dévotion et avec une très grande solemnité ; ma fille a compté jusques à trois cent-cinquante flambeaux: on a dit qu'il ne s'en trouvoit plus chez aucun cirier, sans quoi il y en auroit encore eu davantage à la procession. Les États et le Comité marchoient pêle-mêle avec des flambeaux. Les magistrats de Mons étoient en corps devant le Saint-Sacrement comme à l'accoutumée, et le Conseil derrière. Un fort beau détachement de volontaires patriotes suivoit avec la grande musique turque. C'est le peuple qui avoit demandé cette procession, par un placet présenté aux États, signé d'un très grand nombre d'habitants.

On vend le mandement de l'évêque d'Ypres ordonnant des 1790 prières publiques en actions de grâces (du 17 décembre). Ci-joint un exemplaire de cet intéressant mandement, suivi d'un extrait de lettre très intéressante du pensionnaire des États de Flandre, Rapsaet.

On vend aussi le manifeste des États de Flandre déclarant l'indépendance de ladite province ; pièce vraiment remarquable, mais trop volumineuse pour être jointe ici.

Du 12 janvier.

Le soir, le duc d'Arenberg arrive à Mons pour assister à la tenue des États comme Pair de Hainaut. Par une singularité assez remarquable il occupe, de louage, la maison de M. d'Ergy, près de Sainte-Élisabeth, ci-devant habitée par le général d'Aponcourt et par la comtesse de Choiseul-Meus qui avoit pris la fuite comme royaliste affichée, lors de l'évacuation. On place deux sentinelles à son hôtel pour lui faire honneur.

Du 13 janvier.

La dame de Leuze essaye de revenir en ville, mais le peuple la fait repartir. On prétend que pendant l'été elle avoit voulu, traitreusement, livrer aux troupes impériales, le nommé d'Hongrie.

Du 14 janvier.

Le médecin de St-Moulin, frère du ci-devant châtelain de Leuze, fait distribuer aux membres de la Cour des exemplaires imprimés de l'arrêt qui a été rendu le 8 de ce mois, sur sa requête, contre un imprimé anonyme, sous le titre de : *mémoire justificatif, pour le chevalier Léopold Duval, relativement*

1790 *à l'assassinat commis sur la personne du s^r De St-Moulin, etc.* Ci-joint un desdits exemplaires.

Le Conseil porte, à la réquisition des États, un règlement au fait de l'exportation des grains et farines, et pour faire cesser provisionnellement le commerce de ces denrées dans le pays. Il y a eu de grands débats sur la manière de faire émaner ce règlement, si ce seroit sur le nom des États ou sous l'autorité du Conseil et il a enfin été convenu, de main commune, que ce seroit sous l'autorité du Conseil, la correspondance ayant eu lieu sans publicité par l'entremise de M. Obert, Chevalier de Cour. Les États ont aussi changé leur lettre d'envoi, ayant supprimé dans la deuxième, les termes par lesquels leur première lettre *chargeoit* le Conseil de faire publier, etc.

Les avocats réitèrent le verbal par eux mis au rôle à la journée du 7 décembre 1789, sur lequel, eu égard aux conjonctures des tems, on leur avoit accordé le délai d'un mois durant lequel les forclusions emportant fin de cause seroient statées. Ce terme a été prorogé, sur leur verbal du 9 de ce mois purgé aujourd'hui, pour un autre mois encore.

Du 19 janvier.

Aujourd'hui ou hier, le sieur De Royer envoye à l'hôtel de ville son déport de la place de conseiller pensionnaire de la ville de Mons : probablement que ce déport aura été motivé sur son grand âge de 80 ans. Dans le fond, il étoit fort désagréable au peuple ; il avoit aussi dû s'absenter en suite d'une lettre anonyme minatoire, après l'évacuation de la ville.

La confrérie de N.-D. de Hal, érigée en l'Église de Ste-Élisabeth, rentre à Mons ayant été faire son pèlerinage solemnel à Hal. On reporte processionnellement l'image de la Vierge à Ste-Élisabeth : ce qui fait une sensation très intéressante sur le peuple. Les confrères disent qu'ils ont été accueillis à Hal et sur toute la route avec des marques extraordinaires de cordialité ; que l'on n'a même point voulu recevoir les barrières.

Plusieurs montois, de ceux qui étoient partis le 7 vers Luxembourg, reviennent. On apprend qu'ils ont essuyé une déroute près d'Emptines, le 17, par trop d'impétuosité de leur part ; que cet avant-poste, pouvant consister en trois cents hommes environ, avoit été entièrement mis en déroute, quelques-uns tués, plusieurs prisonniers, et beaucoup de blessés ; qu'entre autres, le fameux Tallard étoit au nombre des prisonniers, aussi le nommé Hennebert, le sieur Deblois de Quartes le cadet. On dit que ce qui a fait beaucoup de mal c'est la cavalerie patriotique qui n'a point tenu, la plupart étant des gens de la campagne avec des chevaux de cense indisciplinés et dont ils n'avoient pu venir à bout.

Du 24 janvier.

Aujourd'hui dimanche, on a lu au prône des paroisses la lettre suivante de l'archevêché de Cambray :

« M......, Je suis chargé d'avoir l'honneur de vous informer
» que Mgr le Prince-Archevêque Duc de Cambrai, sur la réqui-
» sition qui vient de lui être faite par les États du pays et
» comté de Hainaut d'ordonner, dans la partie de son diocèse
» qui est comprise dans l'étendue des dits pays et comté, des
» prières pour la prospérité de la chose publique, afin d'obtenir
» du ciel la continuation de ses secours et ses bénédictions
» abondantes sur la Nation et les États et ce, jusqu'à la fin des
» troubles, a ordonné et ordonne que, le dimanche qui suivra
» la réception de la présente ordonnance, il sera chanté dans
» chacune des Églises tant séculières que, régulières de ladite
» partie de son diocèse, une messe solennelle avec exposition

1790 » du Saint-Sacrement aux fins ci-dessus mentionnées ; que
» dorénavant et jusqu'à ce qu'il en soit autrement ordonné, il
» sera chanté les jours de dimanches et fêtes, à l'issue des
» vêpres, dans chacune des dites églises, le psaume 45me :
» *Deus noster refugium et virtus, etc.*, le verset : *Deus refugium*
» *nostrum et virtus* et les suivans avec les oraisons qui se
» trouvent page 212 du Rituel ; et qu'enfin pendant le même
» tems, et jusqu'à ce qu'il en soit autrement ordonné, tous les
» prêtres réciteront à la messe les Collecte, Secrète et Post-
» communion *Pro pace.* Vous voudrez bien, M........, vous y
» conformer en ce qui vous concerne. J'ai l'honneur d'être, etc.

» (Signé :) GODEFROY, secrétaire-général de l'archevêché.

» A Cambray, le 13 janvier 1790 .»

Après la lecture de cette lettre, le curé de Sainte-Élisabeth a fait à ses auditeurs une explication très intéressante des affaires présentes, qui valoit un manifeste pour justifier l'insurrection. Il s'étendoit principalement sur les matières de la religion, et en parlant du Séminaire Général, il a apostrophé personnellement le docteur allemand Stóger, qui avoit été envoyé pour y enseigner la théologie.

Le curé de Saint-Nicolas a aussi fait à ce sujet un discours, que le Comité lui a fait demander et qui a été imprimé sous son approbation ; ci-joint un exemplaire.

Du 26 janvier.

Deux habitans de Celles-Molembaix sont décrétés de prise de corps, sur la vue des informations tenues, sur les lieux, avec beaucoup d'appareil par des commissaires de la Cour, sur une espèce de trouble public qui y avoit eu lieu, dimanche 17, au sujet de la publication de quelques placards et notamment de l'ordonnance du Conseil, du premier de ce mois, enjoignant aux officiers de justice de prêter le serment y prescrit, ordonnance qui fut arrachée des mains du mayeur et déchirée par lesdits habitans. On y avoit fait marcher des troupes réglées du pays, tant de Mons que de Tournay, et l'ordonnance y fut publiée en effet, dimanche dernier 24 de ce mois ou la veille : les commissaires et les troupes étant sur les lieux.

Ceci paroissoit avoir été excité par une caballe anti-patriotique ; je joins ici une brochure qui a été composée à Tournay pour servir d'antidote aux insinuations séditieuses de ces ennemis de la patrie.

Du 28 janvier.

On réimprime, à Mons, le traité d'union des États belgiques unis, conclu à Bruxelles, le 11 ; ci-joint un exemplaire.

Du 29 janvier.

L'avocat Paternotre fils, ayant présenté requête au Conseil pour qu'il fût ordonné, au geôlier du Châtel, de laisser sortir le sieur Paternotre, substitut fiscal, son père, il fut conclu, par arrêt de ce jour : « de donner acte au suppliant que son père » n'étoit pas détenu sous l'autorité de la Cour ». Malgré cet arrêt, le geôlier ne l'a pas laissé sortir.

Ci-joint un billet imprimé en flamand, qu'on a distribué hier à Bruxelles, pour inviter à des prières publiques pour prévenir les funestes effets des divisions internes.

Du 30 janvier.

Le sieur Debehault, lieutenant prévôt de Mons, présente une requête à la Cour, où il fait son apologie et conclut en

1790 quelque sorte à ce que tous ceux qui prétendoient connoître des griefs à sa charge eussent à les déclarer, pour qu'il pût s'en justifier ; demandant d'être autorisé de faire imprimer sa requête et de la faire afficher *ad valvas* et ailleurs. L'appointement a porté : « Bien se conseille le suppliant » et cet appointement fut rendu les chambres assemblées.

On publie un arrêt rendu, en suite de réquisitoire de l'avocat du Pays, portant proscription d'une feuille périodique intitulée : *Nouvelle correspondance littéraire*.

On fait des funérailles pompeuses, à Saint-Germain, pour l'âme du sieur Huvelle, patriote montois, tué à l'affaire du 17, près d'Emptines. Un détachement considérable de montois volontaires lui rend les honneurs militaires. Sur l'écusson funèbre il y avoit cette inscription : Il est doux de mourir pour Dieu et pour la Patrie.

Du 7 février.

Arrivent, à Mons, trois suisses déserteurs des troupes françoises. Ils sont suivis et réclamés par leur colonel ou major, et par les officiers de la garde nationale de France. Cela donne de l'embarras. L'embarras cesse par la demande que font les déserteurs eux-mêmes de pouvoir retourner. Ils signent ici un billet que *c'est librement ;* ils ont des assurances de leurs supérieurs.

Du 9 février.

Les nommés comte Tallard, Hennebert et Hardenpont, — faits prisonniers par les impériaux à l'affaire d'Emptines du 17 janvier, — reviennent à Mons, ayant été relâchés pour six semaines, sur leur parole d'honneur, par ordre du comte de Cobentzl qui est à Luxembourg. Les parents et amis de 1790 quelques autres prisonniers marquent du mécontentement, dans la pensée que c'est une prédilection de la part des États de Hainaut, soit qu'ils les ayent rançonnés, échangés ou qu'ils y auroient contribué en autre manière.

Du 10 février.

Les États nous font délivrer, à chaque membre du Conseil, un exemplaire du traité d'union des États belgiques, avec la ratification desdits États. Ci-joint cet exemplaire.

Du 13 février.

Journée célèbre. Bénédiction des drapeaux des troupes nationales, et le premier bataillon de ces troupes en Hainaut prête le serment, selon la formule suivante qui fut imprimée et répandue dans le public : « Je jure et je promets de maintenir
» invariablement notre Sainte Religion catholique, apostolique
» et romaine, et l'indépendance de ce pays ; d'être fidèle et
» loyal à la nation, et de combattre pour elle jusqu'à la dernière
» goutte de mon sang ; promettant également d'obéir à mes
» chefs et de n'abandonner jamais mes drapeaux. Ainsi m'aide
» Dieu et ses Saints ». Ci-joint un imprimé de cette formule. La cérémonie s'est faite en la chapelle des filles de sainte-Marie, et sur la place Saint-Jean. Mme Dirix, femme de notre commandant général, a été maraine à la bénédiction des drapeaux. Des commissaires des États ont reçu le serment des troupes, après un discours bien pathétique qui fut prononcé en plein air, par le doyen du district de Lessines, député aux États. Ce discours ayant été imprimé, j'en joins ici un exemplaire. A midi, M. Dirix donne un grand repas à l'Hôtel de la Couronne et le soir, une redoute au Théâtre. Je joins ici une carte d'invitation qui nous fut envoyée pour la redoute.

1790   On vend à Mons la capitulation pour la citadelle d'Anvers arrêtée le 29 janvier. Ci-joint un exemplaire.

Du 15 février.

Cejourd'hui, lundi gras, les religieux de Cambron sont rentrés solemnellement dans leur abbaye. Il ont choisi ce jour, parce que ce fut le lundi gras de l'année dernière qu'on fit la prétendue suppression de leur abbaye.

Du 20 février.

Le premier bataillon de nos troupes réglées part pour Namur.

M. Demarbaix, ancien du Conseil, reçoit une lettre de M. le conseiller ecclésiastique Descamps, datée de Tournay, le 17 de ce mois, conçue en ces termes : « Monsieur, le Consulat » et le Canonicat du chapitre de Tournai se trouvant incompa- » tibles quant aux présences, j'ai fait choix de me tenir à » mondit Canonicat ; en conséquence, Monsieur, je vous prie » d'ordonner aux officiaux du greffe d'aller reprendre, chez » M. le secrétaire Petit, les procès qui étoient distribués à mon » rapport. J'ai l'honneur, etc. »

Du 22 février.

Le major Broëta, du régiment de Bender, ayant prétendu « qu'il ne devoit pas être regardé comme prisonnier, non plus » que sa troupe avec laquelle il avoit été arrêté à Hal à la journée » du 13 décembre 1789 ; que la convention avoit seulement » porté de mettre les armes bas à l'entrée de la ville de Hal et » de les reprendre à la sortie » : je transcris ici la capitulation qui a été faite à Hal, ledit jour, dont j'ai vu l'original qui prouve

combien cette tracasserie posthume de Broëta est mal fondée. 1790
Cette pièce est entièrement écrite de sa main; on en a conservé
les fautes d'ortographe :

« Les sirconstances qui nous obligent de nous rendre
» exigent que peloton par peloton se désarme et entre icy en
» ami par interval de dix minutes. Après la premier compa-
» gnie suivera les canons sans la munition, ensuite la seconde
» compagnie par peloton comme la première et comme je ne
» doute pas que Messieurs les officiers ne concoivent qu'il n'y
» a pas d'autre partie à prendre ils viendront les premiers
» dix minutes avant le premier peloton signer la capitulation
» à Hal le 13 décembre 1789.

» (Signé :) BROËTA, major,
» et KELLER, lieutenant. »

Pendant que ceci se traitoit à l'hôtel de ville de Hal, la troupe de Bender avoit dû rester de pied ferme à un quart de lieue de la ville, à l'endroit nommé l'Estrop ; mais lorsque le porteur de l'ordre du major arriva à la cense des Jésuites, les soldats avoient déjà mis les armes bas et les avoient même jetées.

Les religieux de Cambron reprennent leurs exercices spirituels. Il y a à ce sujet une grande fête ; la musique turque de Mons s'y transporte et un détachement de volontaires.

Les deux premiers ordres des États renoncent à toutes exemptions d'impositions vers l'administration générale et envers les administrations particulières des villes. Ils font notifier cette résolution par l'affiche ci-jointe.

Du 24 février.

Le Conseil, les chambres assemblées, délibère sur ce qu'il convient que les conseillers fassent quant à la souscription

1790 patriotique dont les États leur ont fait parvenir le projet et l'avis ci-joints, pour solder des soldats au service de la patrie. Il est résolu que la Cour souscriroit collectivement pour vingt-quatre hommes, par un billet que le greffier signeroit *par ordonnance*, mais il y a eu de vifs débats si la répartition interne se fairoit également ou inégalement, selon la générosité de chacun en proportion de son opulence, de sa nombreuse famille, du profit de ses commissions, etc. M. Demarbaix, notre ancien, disoit même qu'il tenoit par tradition que cela s'étoit pratiqué sur ce dernier pied, quand sous le gouvernement françois il fut demandé une sorte de contribution sur le Conseil ; mais, malgré cela, il a bien fallu que les moins aisés se cotisassent aux taux des autres, — les plus opulents n'ayant point voulu exercer leur générosité — en sorte que cela revient à deux hommes par chaque tête, entre les dix conseillers en exercice, M. Demaleingreau vétéran et le greffier Maugis. Il n'a pas été question d'y comprendre les secrétaires, ni le greffier Fleur, encore au château.

Le matin, est parti un gros détachement de volontaires avec deux petites pièces de canon, vers Beaumont et Chimay, où l'on dit que les royalistes excitent de l'émotion. Les jours suivants, il en part encore et l'on fait aussi partir des troupes réglées. C'est une insurrection complète excitée sans doute par les Royalistes fugitifs réunis sur la lisière de la France. Tout le pays de Chimay est presque armé ; on y a ôté, des comptoirs publics, les armes des États. Des commissaires des États se rendent à Beaumont où nos troupes avoient fait halte. On y fait venir quelques mayeurs qui étoient à la tête des mécontents. On apprend qu'ils prennent pour prétexte le règlement au fait des grains du 14 janvier. On leur donne le délai de trois jours pour rentrer dans l'ordre ; entretemps, on fait avancer des troupes de la Flandre et du Brabant.

Les mécontents se décomposent et rentrent chez eux. Les patriotes entrent à Chimay, le. . . . . On y replace avec cérémonial les armes des États, et on y laisse une garnison de troupes flamandes de cinq à six cents hommes. Les volontaires montois et les troupes réglées rentrent à Mons les 6, 7 et 8 de ce mois.

1790

Du 28 février.

On publie, de la part du Comité, l'avis imprimé ci-joint pour que l'on n'arbore dans les cocardes que les couleurs nationales, sans mélange du bleu. Il est apparant que le bleu étoit la couleur que les mécontents avoient commencé à prendre à Bruxelles, pour exciter un parti contre les États.

Du 3 mars.

On apprend la nouvelle certaine, par des lettres de Vienne arrivées au Chapitre, que l'Empereur est mort le 20 février, à 5 1/2 heures du matin. Le même jour, soir, on y a enterré l'archiduchesse Élisabeth de Wurtemberg, femme de l'archiduc François, neveu de l'Empereur, morte en couche, après néanmoins être bien délivrée d'une princesse qui est en vie.

Cette mort fut aussi annoncée aux États, par une lettre du comte Cobentzl, écrite de Luxembourg, le (28 février 1790), assez intéressante. Les États ont rendu cette lettre publique par la voie de l'impression. Ci-joint un exemplaire, ainsi que d'un pamphlet qu'on a d'abord répandu dans le public en forme de réponse. M. Linguet y a aussi fait une réponse sous le titre de *Observations d'un républicain sur un mémoire publié sous le nom de S. A. R. le Grand Duc de Toscane, etc.*, brochure de 32 pages, in-8°. Je me trompe, la réponse de M. Linguet doit être mentionnée à l'article du 9 de ce mois ci-dessous.

Du 9 mars.

1790   Je reçois, par une lettre de Bruxelles, un imprimé ci-joint contenant une lettre de LL. AA. RR. aux États de Brabant avec le mémoire du nouveau roi d'Hongrie et de Bohême, fait encore comme Grand Duc de Toscane, pour manifester ses intentions et ses offres au sujet des Pays-Bas.

Les États de Hainaut reçoivent les mêmes lettres et mémoire, et en ordonnent l'impression.

Du 16 et du 17 mars.

Je reçois des lettres de Bruxelles qui me marquent qu'il y a de la bagarre et qu'on pille des maisons en ville, qu'on brûle des maisons de campagne dans les environs. C'est le mécontentement du peuple qui éclate contre les membres de la soi-disant Société patriotique opposée aux pouvoirs des États. Le duc d'Ursel, président de cette Société, craint lui-même d'être pillé et massacré. Il se rend vers le Conseil de Brabant et à sa représentation ou sollicitation, le Conseil porte un décret qui défend les assemblées de cette Société et autres sous quelque dénomination elles pourroient être, tendant directement ou indirectement à troubler le repos public, comme aussi tous écrits ou imprimés tendant à la même fin: le tout, sous les peines, et même corporelles, statuées par les ordonnances. Depuis, je joins ici un exemplaire en flamand dudit décret.

Du 27 mars.

Sur requête de la demoiselle Paternotre, pourqu'il fût ordonné au geôlier de laisser sortir le sieur son père, qui,

suivant acte joint de médecin, étoit dans un état périclitant, la 1790
Cour qui, par des dispositions précédentes, avoit déjà donné
acte que l'avocat Paternotre n'étoit pas détenu sous son
autorité, a porté l'appointement qui s'en suit : « Conclu de
» déclarer que le geôlier du Châtel laissera la liberté à l'avocat
» Paternotre d'en sortir ; cependant, bien se conseille ledit
» avocat Paternotre, pour prévenir les suites de l'opinion pu-
» blique à son égard ».

En conséquence, ledit avocat Paternotre est retourné chez
lui sans bruit vers 9 heures du soir. Il avoit été en danger de
mourir la nuit dernière.

Du 28 mars.

Cejourd'hui dimanche des Rameaux, le Conseil s'assemble
chez l'ancien, et dispose sur un requisitoire de l'avocat du Pays
concernant des troubles élevés au village de Moustier et
autres des environs de Leuze, où on avoit arraché une cocarde
patriotique et maltraité celui qui la portoit, où l'on avoit fait
un feu de joye le jour de la St-Joseph, etc. L'appointement
porte qu'« il sera informé, etc. ». La lettre du pensionnaire des
États qui dénonçoit ces faits au conseiller avocat du Pays, l'in-
formoit en même temps qu'il étoit parti pour Leuze un corps
considérable des volontaires de Mons et de troupes réglées.

Du 29 mars.

A sept heures et demie du soir, arrive l'estaffette apportant
la nouvelle que l'évacuation de la citadelle d'Anvers s'est faite
en conséquence de la capitulation du 29 janvier. Cette bonne
nouvelle est annoncée au peuple par le pensionnaire, au balcon
de l'hôtel de ville, ensuite par le carillon du château et

1790 trois salves des canons des remparts. On ne laissoit pas d'avoir certaines inquiétudes sur l'exécution de cette capitulation qui avoit été désapprouvée par le cabinet de Vienne.

Du 31 mars.

Aujourd'hui est sorti de la presse, le manifeste du pays et comté de Hainaut déclarant l'indépendance du pays, suivant résolution des États du 21 décembre 1790.

Du premier avril.

Les volontaires partis dimanche pour Leuze, sont revenus dans l'après-midi de ce jour, ramenant avec eux cinq hommes qu'ils ont appréhendés comme suspects d'avoir excité des troubles.

Du 5 avril.

Le corps d'officiers des volontaires de Mons, légalement établi, prend la résolution ci-jointe sur la proposition lui faite par le baron d'Huart et le capitaine Degrave arrivés en poste de l'armée patriotique, hier jour de Pâques, de signer la requête séditieuse à présenter aux États de toutes les provinces, relativement à l'adresse présentée aux États de Brabant le 15 mars dernier. Je joins également les pièces à ce afférantes.

Du 8 avril.

Madame la générale Dirix communique aux États et au Comité de Hainaut la lettre écrite de Namur, par monsieur son mari, le 7. Cette lettre est d'abord imprimée ; j'en joins ici un exemplaire.

Du 20 avril.

1790

On publie un arrêt du Conseil Souverain de Hainaut, rendu hier à la demande des États et sur réquisitoire du conseiller avocat du Pays, portant proscription du *Journal général de l'Europe*, connu sous le nom de *la feuille de Herve*. Ce gazetier étoit évidemment vendu au cabinet de Vienne pour nous brouiller entre nous et faciliter le retour des Autrichiens, de manière que nous aurons eu à combattre contre toutes sortes d'ennemis pour devenir et rester libres. Ci-joint un exemplaire de cet arrêt, qui auroit pu, sans outrer les choses, ajouter la qualification de « libelle impie et séditieux ».

Du premier mai.

Les patriotes du Hainaut qui avoient été faits prisonniers par les Autrichiens à l'affaire d'Emptines et autres rencontres, reviennent à Mons en suite d'échange de prisonniers. On leur fait une réception très solemnelle. Tout le corps des volontaires se met sous les armes et va à leur rencontre jusques à la barrière près du Bon-Dieu-de-Pitié, la grande musique à la tête, non point en costume turc, parceque tous ces habillements avoient été défaits à la fin de 1787 pour accomplir les préallables. Le soir, il leur sera servi une collation ou souper, au grand salon de l'hôtel de ville, de la part des États. Leur entrée en ville étoit bien intéressante.

Ils étoient placés au centre du corps de volontaires, marchant deux à deux et se tenant amicalement par le bras. S'ils n'avoient pas été entourés de cavalerie, le peuple les auroit étouffés de caresses. On carillonnoit au château avec la grosse cloche. Ils étoient au nombre d'entre nonante et cent.

1790　　Ce matin sont partis de Mons, pour l'armée, deux escadrons du régiment ducal brabançon autrement dits les dragons de Küntig.

Les gens de loi de Cuesmes présentent une requête à la Cour, demandant d'être autorisés de souscrire, aux dépens des produits des biens de la communauté, à la feuille patriotique pour l'entretien de deux hommes.

Par devoirs conçus, M. Abrassart a été chargé de leur dire: « que s'agissant d'une contribution purement volontaire, il » semble que, pour disposer des deniers de la communauté à » la fin prédite, le consentement individuel de chaque habitant » doit concourir, et qu'en ce cas, l'autorisation demandée » n'est pas nécessaire ».

Du 3 mai.

Je reçois une lettre de M. Demarbaix, ancien du Conseil, ci-jointe, touchant l'affaire de Vandermeersch.

Du 4 mai.

Ce matin est parti de Mons, pour l'armée, un escadron des dragons de Hainaut, fesant le 4ᵉ régiment de cavalerie nationale.

Du 6 mai.

Sur réquisitoire du conseiller avocat du Pays, le Conseil décrète de prise de corps le sieur Derobaux d'Hantes, prévôt de Beaumont, déjà détenu au Châtel, par ordre du Comité et du bureau de la guerre, pour avoir entretenu des correspondances très antipatriotiques avec le gouvernement et le général des armes dès le commencement de 1789, ses lettres ayant été retrouvées à Bruxelles après la révolution.

Du 11 mai.

Les magistrats et Conseil de ville de la ville de Mons, pré- 1790
sentent requête contre le sieur Fontaine, greffier de police,
tendant à le faire déclarer déchu de son emploi, à cause
qu'étant échevin en 178., il a violé le serment et le secret des
opinions, en révélant les avis de tous ceux qui avoient composé l'assemblée du conseil de ville du ... dudit an, où l'on
avoit délibéré sur une dépêche du gouvernement qui ordonnoit de conférer, non plus au scrutin mais de vive voix, la
place, de greffier de police lors vacante, ainsi que tous les
autres emplois de la ville qui vaqueroient au futur : la lettre
contenant ce détail ayant été retrouvée à Bruxelles, après la
fuite de l'ancien gouvernement. Cette lettre, jointe en original
à la requête, étoit signée de Dumont, Maroussé, depuis conseillers intrus au Conseil souverain de Hainaut, Griez et
dudit Fontaine.

On a ordonné de communiquer la requête à partie . . .
« l'interdiction requise (d'exercer ses fonctions) tenant lieu
jusques avertissement. Vu, etc. ».

Du 16 mai.

Je vois pour la première fois de la monnoye au coin des
Provinces belgiques unies. C'est une pièce de deux liards portant d'un côté le lion Belgique tenant une canne surmontée du
chapeau de la liberté, et de l'autre cette légende : *Ad usum
fœderati Belgii.*

On voit paraître une souscription patriotique pour des
canons. Ci-joint un exemplaire.

Du 24 et 25 mai.

1790   Nouvelles désastreuses : notre armée est défaite près de Marche que l'on se proposoit d'attaquer de trois côtés à la fois. Il semble y avoir eu de la trahison. Nous perdons aussi le poste de Beauraing. La consternation est dans Namur ; on y distribue des armes à tous les bourgeois, on met le château en bon état de défense. Le Congrès ayant depuis fait imprimer une relation authentique de cette affaire, je la joins ici, de même que deux pièces concernant les dispositions du roi de Prusse.

Du 27 mai.

Les États font imprimer la lettre de leur commissaire à Namur, du 26. Ci-joint un exemplaire.

Du 28 mai.

Les États font imprimer la lettre de leur commissaire à Namur, du 27, ci-jointe.

Du 29 mai.

Le Comité général de Hainaut a fait enlever, la nuit dernière, les nommés Timola et Delhaye et les colloquer au Châtel. Il y avoit déjà eu des informations tenues à leur charge par la police de la ville, et remises au Conseil comme pour fait séditieux, mais le Conseil étant en vacances et l'avocat du Pays absent, les choses étoient de ce côté là *in statu quo*.

Le Comité général fait afficher une semonce dont un exemplaire imprimé est ci-joint.

Les magistrats de Mons font afficher, qu'à cause des circonstances du temps, les plaisirs de la Dédicace n'auront pas lieu demain, mais simplement une procession de dévotion.

Du 31 mai.

On reçoit des nouvelles d'une espèce de contre-révolution 1790 commencée à Menin, lieu natal du général Vandermeersch, sous prétexte d'aller délivrer ce général de ses arrêts à la citadelle d'Anvers.

Voici un imprimé contenant des pièces authentiques à cet égard ; je l'ai reçu de Bruxelles avec un autre imprimé pareillement ci-joint, contenant une proclamation du Congrès sur les impiétés auxquelles ce pays seroit exposé, si les Autrichiens venoient à y rentrer.

Du premier juin.

Hier et aujourd'hui, Messieurs les magistrats et ceux du Comité font la visite de toutes les maisons de la ville, pour voir s'il n'y a point d'armes cachées. Cette visite se fait en général, sans doute pour ne point noter les maisons que l'on avoit particulièrement en vue. On est venu aujourd'hui dans l'après-dînée chez moi, se faisant annoncer sous le nom de Messieurs du Comité. C'étoit l'échevin Recq, le sieur Depatoul membre du Comité, un sergent de la ville et un écrivain. Ces Messieurs sont restés sur la cour sans avoir voulu entrer dans aucune chambre ; ils m'ont prié poliment de vouloir leur déclarer si j'avois des fusils et combien. Je leur ai répondu que je n'avois que des pistolets ; ils les ont fait écrire et en s'en allant, ils m'ont dit que c'étoit pour savoir sur combien d'armes à feu on pourroit compter pour la défense intérieure de la ville en cas de besoin.

Les États reçoivent de leurs députés au Congrès le rapport ci-joint en imprimé, contenant, entre autres points, que nous avons tout lieu de compter que nous aurons bientôt, au service de la République, des troupes étrangères.

Du 2 juin.

1790   Les États font imprimer l'extrait d'une lettre ministérielle de Berlin; ci-joint un exemplaire.

Ce matin, sont partis environ deux cents volontaires montois pour Namur, pris dans les quatre compagnies réglées. Vers midi, il est parti encore environ une centaine de chasseurs montois, gens de bonne volonté. Vers le soir, arrivent environ cent volontaires d'Ath, pour partir demain vers Namur.

Du 11 juin.

Je reçois par la poste, sous une simple enveloppe estampillée d'Aix-la-Chapelle, un exemplaire imprimé de la dépêche écrite par LL. AA. RR., ci-devant Gouverneurs Généraux des Pays-Bas, au général d'artillerie, baron De Bender, datée de Bonn, du 29 mai 1790. Je joins ici cet imprimé avec son enveloppe. C'est une nouvelle ruse pour attirer les Belges sous le joug autrichien, mais elle est cousue à trop gros fil. Je croyois que les autres conseillers ou au moins quelques uns avoient reçu de semblables lettres ; mais, m'en étant informé dans la séance de relevée, on m'a dit que non. J'ai communiqué la mienne et je l'ai confiée à M. Obert, Chevalier de Cour, pour la montrer le lendemain aux États, démarche que tout le Conseil a paru trouver convenable. Cette dépêche s'est ensuite trouvée dans les gazettes d'Allemagne ; on en a fait, dans ce pays, la paraphrase aussi ci-jointe.

On reçoit, aux États, des nouvelles que l'armée belgique étoit occupée à repousser les Autrichiens. Plusieurs particuliers reçoivent aussi des lettres. On en imprime une, du sieur Buisseret-Delfaux à son épouse, datée de Namur, de hier 10, qui annonce en même temps que l'avant-garde des troupes prussiennes est arrivée à Huy. Je joins un exemplaire de cette

lettre. Cette dernière nouvelle ne s'est pas trouvée vraie, et 1790
quant au surplus, nos gens ont en effet remporté des avantages, tant sur la Meuse que vers Mozet, au-dessus d'Andoy :
mais ce n'étoit qu'affaire de poste.

Du 20 juin.

Aujourd'hui dimanche, on a lu au prône des paroisses une
lettre du Congrès Souverain à tous les habitants des Pays-Bas.
Au moins, je l'ai entendu lire à Sainte-Élisabeth, et le curé
a fait une petite exhortation y relative. Je joins ici un exemplaire
de cette lettre, qui s'est vendue dans la journée.

Du 21 juin.

Il a été mis en délibération au Conseil, s'il ne conviendroit
pas que le Conseil, comme exerçant les autorités du Grand
Baïlli, renouvelât ou confirmât les échevins de Mons à la
Saint-Jean-Baptiste prochaine, pour ne point exposer les
œuvres de loi et jugements qu'ils rendroient après ledit jour,
à être argués de nullité. Il y en avoit qui soutenoient que la
magistrature de la ville de Mons n'est qu'une magistrature
annale, et tellement annale qu'après l'année révolue, la qualité
et les fonctions d'échevins cessoient *ipso jure*. D'autres, en
beaucoup plus grand nombre, ont été d'avis que les fonctions
et la qualité d'échevins duroient jusqu'à ce qu'ils fussent démis
ou renouvelés. Les uns et les autres citoient le décret de
Guillaume, comte de Hainaut, de l'an 1315, ainsi que les
lettres de Guillaume de Bavière, du 2 octobre 1406. (BOUSSU,
historien de Mons, pages 91 et 121.) On a donc tenu, à grande
majorité, qu'il n'y avoit point de péril pour la validité des
besognements, et l'on a regardé qu'il seroit fort dangereux et
rempli d'inconvénients de prétendre, de la part du Conseil,

1790 dans ce moment-ci, d'avoir la collation des places d'échevins et de celles du Conseil de ville qui en seroit une suite : en conséquence, il a emporté de ne rien faire.

Du 28 juin.

Je fournis deux mille livres, dans la levée patriotique que font les États, d'après leur résolution du 24, dont un exemplaire est ci-joint.

Du 30 juin.

Les habitants de la ville de Binche et ceux de tous les villages de la Prévôté, la plupart ayant leur curé et les gens de loi à leur tête, viennent rendre un hommage public aux États et témoigner leur dévouement à la cause patriotique. Il y en avoit grand nombre à cheval. Tous marchoient militairement et en fort bon ordre, armés de fusils, de sabres, de fourches ou de bâtons qu'ils tenoient à l'épaule en guise de fusils, les drapeaux des serments ou confrairies de leurs villages déployés. Ils furent reçus au son du carillon et de la grosse cloche et salués de l'artillerie des remparts. Les volontaires de Mons étoient allés à leur rencontre, précédés de la grande musique turque, jusqu'à Ste-Barbe. Les États qui étoient assemblés, sont venus au grand balcon, être spectateurs des évolutions très régulières que cette troupe très nombreuse fesoit en se rangeant sur la Grand'Place.

Un journaliste fait la remarque que l'on trouve dans l'Écriture Sainte un verset formant chronique pour la présente année, et qui est une espèce de prophétie de bon augure. Le voici :

JUstItIa reCtorUM LIberabIt eos et In InsIDIIs sUIs CapIentUr InIqUI.

Proverbes, C. 11, Vs. 6.

Du 4 juillet.

Cejourd'hui dimanche, les habitans de Soignies et ceux des villages du même département des xx[es], sont venus rendre leurs hommages aux États, comme avoient fait ceux de la ville et prévoté de Binche, le 30 juin.

1790

Le Chapitre de Soignies, en qualité de seigneur, marchoit en corps à la tête ; puis suivoient les Bailli, Maire et Échevins. Il y avoit bien une vingtaine de volontaires de Soignies en uniforme. En tout, il m'a paru qu'ils pouvoient être environ deux mille hommes. Le Chapitre a fait présent du prix de quatre canons de six livres, à raison de trente louis d'or pièce ; la ville de Soignies a fait présent du prix de trois canons. A onze heures et demie, il y a eu une messe très solemnelle, chantée par un chanoine de Soignies, en l'église de Sainte-Élisabeth, avec la propre musique et les musiciens du Chapitre. Les députés des États et ceux du Comité y ont assisté, étant escortés d'un brillant détachement de volontaires.

Du 5 juillet.

La plupart des communautés du Borinage et autres, jusques et y compris la baronie de Quiévrain, viennent offrir leurs services aux États. Ils sont reçus avec le même cérémonial que ceux d'hier et du 30 juin ; au surplus, on leur distribue plusieurs exemplaires d'un avis aux Belges, dont un se joint ici.

Du 6 juillet.

Les villes de Rœulx, de Saint-Ghislain et les villages adjacens viennent offrir leurs services aux États. On a compté jusqu'à mille vingt-cinq chevaux ; il y avoit en tout plus de huit mille hommes.

Du 7 juillet.

1790   Arrivent la ville de Braine-le-Comte et plusieurs villages circonvoisins, pour offrir leurs services aux États. Il y avoit environ deux cent-cinquante chevaux.

Du 11 juillet.

Aujourd'hui dimanche, arrivent les communautés de Ghlin, Casteau, Hyon, Saint-Symphorien et plusieurs autres, pour offrir leurs hommages aux États ; aussi la ville et quelques villages de la terre de Leuze, qui ont cependant fait une entrée particulière, étant arrivés trop tard pour former cortège avec les autres.

Du 12 juillet.

Arrivent la ville d'Ath et presque toute sa châtellenie, et avec d'autres villages encore, offrir leurs services aux États. C'étoit fort brillant, les volontaires d'Ath étant en uniforme. Il y avoit un monde innombrable et environ mille chevaux.

On ramène vers midi, en voiture de poste, le marquis de Carondelet, arrêté à Bruxelles comme royaliste ; on le transfère au Châtel.

Le soir, le corps d'officiers des volontaires de Mons et la confrérie de Saint-Sébastien donnent à souper aux volontaires d'Ath, à l'hôtel du Grand Bailliage. Depuis, j'ai su que ce souper n'étoit donné que par la confrérie de Saint-Sébastien de Mons à ceux de la même confrérie à Ath.

Du 15 juillet.

Depuis le 12, il est successivement arrivé différents villages offrir leurs services aux États, toujours avec les mêmes cérémonies. Aujourd'hui 15, sont arrivés les habitans de la

ville et des villages de la terre d'Enghien. Ils étoient précédés 1790
d'une fort belle musique turque, et il y avoit de remarquable
que le Gouverneur d'Enghien, Bailli Général de toute la terre,
ainsi que les magistrats et autres notables, étoient traînés dans
de magnifiques équipages de la maison d'Arenberg, avec toute
la livrée en habits neufs. Il m'est tombé en mains un exemplaire de la lettre circulaire de convocation qui avoit été faite
à ce sujet, par M. Grenet, Bailli Général d'Enghien. En voici
le contenu, ainsi que de la pièce jointe :

« Enghien, le 9 juillet 1790.

« MESSIEURS,

« Comme toutes les bonnes villes et généralités de la pro-
» vince s'empressent à se rendre à Mons, pour s'unir à la
» capitale, et qu'il convient de nous acquitter également de ce
» devoir, je vous adresse ci-joint copie de la résolution que
» nous avons prise cejourd'hui, vous invitant, Messieurs, de
» vous joindre à nous, jeudi prochain 15 du courant, pour
» les dix heures du matin, à Nimy, si mieux n'aimez de
» joindre la troupe d'Enghien ici, en ville, sans armes à feu,
» et de partir avec elle.
« J'ai l'honneur d'être votre très-humble et très-affectionné
» serviteur et Bailly.
» (Signé :) GRENET. »

Copie de la pièce ci-jointe :

« Assemblée générale du 9 juillet 1790, où il a été résolu
» d'aller, jeudi 15 du courant, à Mons ; le point de réunion
» devant se faire à Nimy, à dix heures du matin. On priera
» tous les villages de la terre d'Enghien pour se rejoindre au
» corps de la ville. Monsieur le Curé ayant été choisi, pour

1790 » faire une quête en ville pour fournir un don patriotique,
» est autorisé de s'assurer les personnes du magistrat qu'il
» jugera convenir.

« Et pour prouver que l'objet principal est la réunion, on
» criera : *Vive la Patrie, vive la Liberté, vive les États !*

« Ainsi fait, à notre assemblée générale, le 9 juillet 1790.
» (Étoit signé :) A. Fromont, greffier (savoir : d'Enghien). »

Du 18 juillet.

Aujourd'hui dimanche, sont arrivés les habitants de Hal et de son canton, offrir leurs services aux États pour la défense de la patrie. Ils étoient au nombre d'environ douze cents, tous paroissiens de Hal ; car cette ville n'a point de villages qui en dépendent, mais seulement quelques gros hameaux. Les curé, bailly, maire et échevins étoient à la tête, accompagnés de plusieurs notables, tous marchant d'un pas grave, la canne à la main, précédés d'une fort belle musique turque composée de tous musiciens de Hal en costume oriental ; puis, suivoient les trois serments auxquels s'étoient respectivement joints grand nombre d'agrégés. Après celà, les volontaires de Hal commandés par M. Pottelbergh, leur colonel, renforcés de plusieurs autres habitants de Hal et de sa banlieue, tous bien armés de fusils et de sabres et marchant avec la plus belle contenance militaire ; puis les paysans des hameaux, en sarreaux de toile blanche, la plupart aussi armés de fusils et les autres de fourches ; après celà, la cavalerie volontaire superbement montée : car c'étoient tous les plus beaux chevaux de la ville de Hal et des censes de son canton.

Le sieur Pêtre, mayeur de Hal, suivoit dans la première voiture, gardant le don patriotique qui devoit être offert aux États, qui consistoit en sept mille livres environ ; les autres

voitures qui avoient servi au voyage suivoient à vide, sauf 1790
que le bas peuple de Mons ou plutôt les enfants, étoient
montés sur les chariots où ils formoient des groupes ; ce qui
ne laissoit pas que de faire aussi spectacle.

Arrivés à l'hôtel de ville, M. le chevalier de Wargny, bailly
de Hal, y prononça un compliment qui fut fort applaudi, et
dont il remit un exemplaire orné aux députés des États. Je
joins ici un autre exemplaire du même compliment, ainsi
qu'un exemplaire du compliment qui fut prononcé d'abord
après le premier, par M. Pottelberg, colonel des volontaires,
qui fit une sensation singulière, à cause de la mention qui y est
faite des courageux exploits des habitants de Hal, dans les
premiers jours de la révolution.

Ayant témoigné d'avoir été surpris, passant devant la porte
du Conseil, d'y avoir encore vu l'aigle impérial sur la pierre
d'en haut, le peuple courut abattre cette pierre ; et on menaçoit
de piller l'hôtel du Président, encore garni des meubles du
comte de Gomegnies, si un gros détachement de Mons ne s'y
étoit rendu d'abord pour l'empêcher.

Du 22 juillet.

Arrivent les habitants de Beaumont et de quelques villages
voisins, offrir leurs hommages aux États.

Du 24 juillet.

Enterrement de M. Demarbaix, ancien du Conseil : les huissiers y paraissent avec leurs nouvelles masses aux armes de la
Province, quelques-uns étant même encore sans masse, parceque le graveur n'avoit pas encore achevé tous les nouveaux
médaillons. Ce renouvellement des masses d'huissiers a été
une suite de l'abatis de l'aigle au-dessus de la porte du Conseil.

Du 31 juillet.

1790   Les États reçoivent des nouvelles satisfaisantes de Paris, contenant que la permission accordée prétenduement, par ordre du Roi, aux Autrichiens, de passer sur le territoire de la France, vient d'être retirée. La lettre officielle contenant cette nouvelle a d'abord été imprimée ; ci-joint un exemplaire.

Du 7 août.

Le bulletin arrivé aujourd'hui porte la facheuse nouvelle que les Autrichiens ont fait une irruption dans le Limbourg et qu'ils y ont surpris nos troupes ; cet échec a été réparé quelques jours après.

Des lettres de Bruxelles marquent que les préliminaires de la paix entre l'Autriche, la Porte Ottomane et la Prusse sont signées, mais on n'en dit pas encore les conditions.

On affiche, de la part des États, la découverte d'une conspiration ; ci-joint un exemplaire de cette affiche.

On voit paroître une invitation de la part des États contenant un projet pour l'établissement d'un corps de volontaires dans toutes les villes, bourgs et villages des États Belgiques-unis. Ci-joint un exemplaire.

Du 10 août.

A l'ouverture de la séance du matin, M. Delecourt, ancien du Conseil, communiqua à la compagnie que le pensionnaire des États s'étoit rendu chez lui la veille, et avoit prié la Cour de vouloir intervenir cejourd'hui, à l'assemblée des trois ordres, pour les aider de ses avis et conseils, dans les affaires majeures sur lesquelles il s'agissoit de délibérer. La chose mise en délibération, il emporta de cinq voix contre trois que 1790 l'on iroit. Ceux qui étoient d'avis contraire, disoient qu'il ne convenoit pas que le Conseil en corps se déplaçât, que l'art. 17 du règlement du Conseil ordinaire ne parloit que d'individus de la compagnie et non du corps. On est passé au-dessus de cette considération, en vue du bien public et surtout afin que les États et le Conseil n'eussent point l'air d'être de sentiment contraire, et qu'on ne pût point les considérer comme les points d'appui des différents partis.

Nous étions prévenus que les États et les membres du Conseil y seroient pêle-mêle pour éviter les embarras des préséances. Nous nous y rendîmes donc vers dix heures, dans le costume ordinaire dont nous étions revêtus, traversant la place sans ordre et sans marcher collégialement. Arrivés à la chambre de la noblesse, où les trois ordres étoient assemblés et où l'on nous attendoit avec la porte ouverte, parce qu'on avoit été prévenu de notre venue par M. Obert, Chevalier de Cour, un des pensionnaires nous répéta que c'étoit une entrevue fraternelle sans ordre de place de séances. Cependant, comme il y avoit des chaises autour du bureau, nous nous y plaçâmes, l'un par ci, l'autre par là, les membres des trois ordres restant sur leurs bancs et sièges respectifs à l'ordinaire, de sorte qu'il arriva qu'il n'y avoit autour du bureau que le pensionnaire des États, comme rapporteur des affaires, et les membres du Conseil.

M. Gendebien, membre du Congrès souverain, qui étoit revenu de Bruxelles la veille, fut requis de faire un succinct rapport de nos liaisons politiques avec les puissances étrangères ; ce qu'il fit avec sa modeste éloquence ordinaire, s'étant à cet effet approché du bureau et se tenant debout à côté du pensionnaire ; puis on pria M. Latteur, adjoint du comte de Thiennes dans l'ambassade vers les François, et qui devoit

1790 repartir le lendemain pour Paris, de faire aussi certain rapport des dispositions de la nation françoise à notre égard ; ce qu'il fit assez sobrement.

Ensuite le pensionnaire fit entendre que le principal objet sur lequel les États désiroient que Messieurs du Conseil leur donnassent avis et conseil, étoit de savoir de quelle manière l'on s'y prendroit, d'abord pour faire émaner un placard, édit ou ordonnance qui fît cesser tous les édits portés dans les derniers temps au préjudice de notre sainte religion, des constitutions, chartes, libertés et bons usages de ce pays. L'embarras consistoit en ce que le manifeste du Hainaut n'étoit pas publié, dans lequel les États déclaroient qu'ils n'exerceroient le pouvoir exécutif que provisionnellement et jusques à ce qu'il seroit pourvu par la nation en remplacement du pouvoir exécutif ; que ce manifeste n'étoit pas même encore envoyé officiellement à la Cour à Mons, et que les États évitoient même d'en parler dans un projet d'édit qu'ils avoient déjà adressé au Conseil relativement à la cessation des placards inconstitutionnels ; que plusieurs brochures et feuilles périodiques s'étoient déchaînées contre cette *provisionnalité* de la souveraineté dans les États de Hainaut, et que l'ordre du clergé sembloit effectivement avoir pris la plus grande aversion de cette clause, qui sembloit, disoient-ils, provoquer la nation à se former en assemblée nationale et tumultueuse où la religion et toutes les anciennes constitutions du pays couroient le plus grand danger, comme on en avoit l'exemple en France. On a mûrement examiné ce point sous toutes ses faces, et l'on est enfin convenu que, sans faire publier le manifeste (autrement qu'il ne l'étoit déjà par l'envoi que les États en avoient fait aux curés et mayeurs de toutes les communautés du pays), l'on en feroit mention, soit directement, soit indirectement, dans le préambule du nouvel édit, pour marquer que les États ne pré-

tendoient pas être devenus les souverains du pays par la chute 1790
du dernier comte, mais seulement qu'ils exerçoient la souveraineté par la nécessité de la chose et par provision. L'on nomma des commissaires dans chaque ordre, et deux membres du conseil qui furent désignés par l'ancien, pour s'occuper d'un projet. Ces commissaires s'ajournèrent pour cinq heures de relevée, et on se sépara.

Du 11 août.

Le Conseil retourne aux États vers onze heures ; on examine différents projets formés par les commissaires, et l'on convient de celui qui auroit lieu, conçu dans les termes suivants. La Chambre du clergé, qui étoit considérablement renforcée depuis hier, eut encore beaucoup de mal à se résoudre, mais à la fin elle le fit.

« Les États du pays et comté du Hainaut :

« La nécessité de lever les doutes et les embarras qui peu-
» vent résulter des édits, ordonnances et déclarations émanés
» dans les derniers temps, qui, pour la plupart, sont non
» seulement contraires aux principes de notre sainte religion
» et aux constitutions, lois, chartes, libertés et bons usages de
» ce pays, mais aussi qui ont tous été portés sans notre avis et
» participation et contre notre droit ancien et incontestable
» de concourir à la législation, nous a fait prendre en consi-
» dération les édits susmentionnés, à l'égard desquels, nous,
» usant du pouvoir exécutif dont nous nous sommes chargés,
» par notre déclaration contenue à la fin du manifeste du
» 21 décembre 1789, jusqu'à ce qu'il soit avisé et pourvu au
» remplacement de ce pouvoir, avons décrété et sanctionné les
» points et articles suivants. »

1790   Ce projet ayant été agréé, l'on passa à un autre point et l'on convint que le manifeste seroit envoyé officiellement, par les États, au Conseil pour son *information*. On parla ensuite de quelqu'autres choses moins importantes et enfin, le pensionnaire ayant dit qu'il ne restoit plus rien à proposer, les Conseillers se levèrent et ils furent remerciés de la part des États, par la bouche du pensionnaire, de leurs bons avis et conseils, avec prière de vouloir bien les continuer à l'occasion. M. Delecourt répondit que le Conseil concourroit toujours volontiers, par ses lumières et par son zèle, à tout ce qui pourroit avoir trait au bien public. En sortant de la porte, ils reçurent encore quelques marques de cordialité et de satisfaction de la part des États, par certains signes d'applaudissement que firent plusieurs membres, en battant doucement et très décemment des mains.

Du 13 août.

Le Conseil reçoit officiellement, de la part des États, un exemplaire collationné du manifeste du Hainaut : la dépêche contenant que c'étoit pour *son information*. Le Conseil reçoit aussi la déclaration qui fait cesser les édits et ordonnances émanés, dans les derniers temps, contre le bien de la religion et de l'État, avec le préambule dont on étoit convenu.

La résolution du Conseil porte de la faire imprimer et publier en la forme et la manière accoutumée. Le paquet des États renfermoit, au surplus, un exemplaire simple du manifeste pour chaque membre de la Cour.

Du 17 août.

L'on bénit, avec grande pompe, le drapeau des volontaires, en l'église de Sainte-Waudru. Le Chapitre en corps en est le-

parrain ou, si l'on veut, les chanoinesses en corps en sont marraines. Dans l'après-dîné, on plante la perche et le chapeau de la liberté, au milieu de la place, avec beaucoup de cérémonie.

1790

Du 24 août.

Protestation de ceux de Soignies, contre la conclusion du manifeste et contre le préambule du placard du 12 de ce mois. En voici un exemplaire.

Du 27 août.

Étant à Bruxelles, j'y vois et obtiens le premier lion d'argent, pièce de monnaye, au coin des États Belgiques-unis, de la valeur de 3 fl. 10 patars. Cette pièce venoit d'être frappée le même jour.

On y voit paroître un imprimé anonyme adressé au peuple du Hainaut. J'en joins ici un exemplaire.

Sur la fin du mois d'août, on voit paroître la résolution du Congrès contenant un projet du 23 dudit mois, pour faire marcher les volontaires villageois vers l'ennemi. Ci-joint un exemplaire avec l'exhortation des États de Brabant.

Vers le même temps, on voit paroître une prière pour le succès de cette expédition, avec un cantique avant l'attaque. Ci-joint un exemplaire.

Du .. septembre.

Au commencement de septembre, l'on sème, de la part du Congrès, des billets imprimés dans le camp ennemi, pour engager la désertion. Ci-joint un exemplaire.

Du 6 septembre.

Le Conseil reçoit, de la part des États, la dépêche qui s'en-

1790 suit : « Messieurs, adhérant à nos considérations et intentions » qui vous sont connues concernant le remplacement des » places vacantes de Conseillers, nous vous requérons de » procéder, au jour que vous aurez choisi, à une nomination à » celle de Conseiller de robe longue vacante par la mort du » Conseiller Dassonleville, et de nous envoyer le résultat de » votre nomination.

« A tant, Messieurs, Dieu vous ait en sa sainte garde. De » notre assemblée générale, à Mons, le 6 septembre 1790.

» (Signé :) Du Pré. »

En conséquence de cette dépêche, la Cour a fixé jour pour procéder à ladite nomination.

Du 17 septembre.

On voit paroître un avis patriotique contenant une invitation, de la part du bureau de guerre du pays de Hainaut, à toutes les dames et citoyennes zélées, ainsi qu'aux communautés religieuses, de faire de la charpie pour envoyer aux hôpitaux de notre armée. Ci-joint un exemplaire.

Du 20 septembre.

Les États procèdent au choix d'un Chevalier de Cour entre les trois nommés en 1788 ; c'est le comte de Thiennes, premier de la nomination et qui avoit déjà été nommé premier dans une nomination en 1787. Les États en donnent avis au Conseil. Le comte de Thiennes est actuellement à Paris pour nos affaires.

Du 21 septembre.

On voit paroître un imprimé assez singulier, sous le titre

d'*observations pour le Congrès qui doit se tenir, à leurs hautes puissances les États Belgiques.* J'en joins ici un exemplaire, étant à remarquer que ce Congrès à tenir, s'entend celui de La Haye entre les ministres des différentes puissances de l'Europe.

1790

Du 28 septembre.

Le Comité général du Hainaut envoye, ou plutôt délivre à l'official Finet, qui en avoit marqué le désir, quelques exemplaires de la lettre écrite par le marquis de Carondelet aux États de Hainaut, avec la lettre à ce relative et y servant de réponse, écrite par le Comité à Messieurs de la municipalité de la ville de Valenciennes, pour lesdits exemplaires être partagés entre les Conseillers, comme fait a été. Cette pièce mérite d'être ici conservée.

Du 1er octobre.

Le bureau de la guerre envoye, de maison en maison, la lettre de remerciement ci-jointe, aux dames et autres personnes qui ont bien voulu s'occuper à faire de la charpie pour les blessés de notre armée.

Du 8 octobre.

Je reçois de Bruxelles une lettre ci-jointe, contenant les détails d'une cruauté terrible commise, le 6, par le peuple, sur un homme qui avoit troublé la procession solennelle qui se faisoit avec l'image de N.-D. de Laeken.

Du 15 octobre.

Séance sérieuse et longue des États pour délibérer sur la note verbale des Cours de Londres, de La Haye et de Berlin,

1790 proposant un armistice entre le roi Léopold et les Provinces belgiques, pendant lequel on travailleroit, sous l'influence des dites Cours, aux conditions d'un traité sous lequel ces provinces rentreroient sous la domination de la maison d'Autriche. Les États communiquent cette note au Comité pour son information.

Du 21 octobre.

Les États ont fait imprimer, et l'on voit paroître l'insinuation faite par note verbale, remise le 17 septembre 1790, par les trois ministres de Berlin, d'Angleterre et de la Hollande, avec la réponse du Congrès et la réplique. Cet imprimé ci-joint.

Du 24 octobre.

Aujourd'hui dimanche, jour anniversaire de la première époque de notre heureuse révolution par la première publication du manifeste de Brabant, le canon des remparts annonce une fête publique, par une salve de onze coups, à six heures du matin. A onze heures, une messe très solennelle, avec le Te Deum à Sainte-Waudru, célébrée par l'abbé de Saint-Ghislain assisté des abbés de Saint-Feuillien et de Bonne-Espérance, tous trois en habits pontificaux. L'après-midi, des salves d'artillerie et un feu roulant de mousqueterie, par les volontaires et par les soldats de la garnison, tout le tour des remparts. A la messe du matin, il y avoit un quatrième abbé, mais non mitré encore, celui du Val ; il servoit d'index. Le pensionnaire des États étoit venu la veille à l'antichambre de la cour, inviter les Conseillers à cette messe, non point en corps mais en particulier. Nous résolûmes d'y aller, en petit costume, tous ceux qui seroient en ville ; et, en effet, nous y sommes allés et nous nous sommes placés dans le chœur, pêle-mêle avec les États, les échevins de Mons, le Comité, les officiers des volontaires et ceux de la garnison. Les décharges furent faites par une compagnie de volontaires.

1790

Du 26 octobre.

On nous délivre au Conseil, de la part des États, à chacun un exemplaire des négociations de Reichenbach quant aux affaires belgiques. Ci-joint un exemplaire.

Du 27 octobre.

Hier, l'État-Major de la garnison de Mons a fait célébrer un service fort solemnel à Sainte-Élisabeth, pour le repos de l'âme du sieur Shler, officier de nos troupes, mort de ses blessures reçues à l'affaire du 23 septembre dernier ; le soir, salut des morts. La même cérémonie a été répétée, aujourd'hui, par le corps des volontaires dont il avoit antérieurement fait partie.

Du 28 octobre.

Les États font imprimer la duplique envoyée par le Congrès, le 22 de ce mois, à La Haye pour être remise aux ministres des trois puissances, etc. Ci-joint un des exemplaires envoyés par les États au Conseil pour chaque membre.

Du 31 octobre.

L'on reçoit la fâcheuse nouvelle que le laboratoire à poudre est sauté à Namur, le 30 vers 11 heures du matin ; que tous les ouvriers y ont péri et qu'une grande quantité de bâtiments des casernes a croulé. Ci-joint la lettre imprimée des États de Namur au Congrès, qui croient, disent-ils, pouvoir assurer que ce n'est point par perfidie mais par défaut de précaution.

Du 4 novembre.

1790   Les États reçoivent à huit heures du matin, par courrier, la déclaration des ministres d'Angleterre, de Prusse et de la Hollande, remise par forme d'ultimatum à M. Vanleempoel à La Haye, le 31 octobre dernier. Ils la font imprimer et voici un exemplaire.

Du 5 novembre.

Les États reçoivent par la poste le manifeste de l'empereur signé à Francfort, le 14 octobre dernier, mentionné dans la déclaration des ministres des trois Cours reçue hier. On fait d'abord expédier copie de ces deux pièces pour être portées à Paris par l'avocat Latteur, qui part en poste, à deux heures après-midi, pour aller rejoindre le comte de Thiennes. Ensuite on les fait imprimer. Voici un exemplaire du manifeste.

Du 6 novembre.

On voit déjà paroître dans le public un imprimé anonyme, sous le titre : *Aux Belges !* contre le manifeste de Léopold. Ci-joint un exemplaire.

Du 7 novembre.

Je reçois de Bruxelles une note remise de la part des nations aux deux premiers ordres des États, pour se roidir contre le manifeste de Léopold. Ci-joint cette pièce.

La lettre me marque que, le 6 à midi, on avoit vu paroître sur la perche de la liberté plantée sur la place, une affiche satyrique, sous le nom de *Décret du peuple du Brabant,* qui condamne le manifeste du Roi Léopold à être brûlé. La lettre ajoute qu'avant la mise de cette affiche, des jeunes gens avoient déjà brûlé le manifeste au milieu de la place, et que, dès la veille au soir, on l'avoit brûlé dans les cabarets. 1790

La même lettre porte aussi qu'on avoit affiché la veille, sur la porte de l'hôtel-de-ville, un billet, qui y étoit encore, conçu en ces termes :

FIAT JUSTITIA NE PEREAT MUNDUS

RESPUBLICA NOSTRA.

La voix du peuple se fait entendre.
Nos désirs ? Il ne faut plus suspendre ;
Légitimes représentans respectables
Nous demandons justice des coupables.

FIAT

VOX POPULI VOX DEI

Du 11 novembre.

On voit paroître l'apostille rendu par le Congrès sur la note des nations du 5 du courant (folio précédent). Ci-joint cette pièce.

Du 12 novembre.

A midi, sont partis pour Bruxelles deux membres du clergé, deux membres de la noblesse et six membres du tiers État, pour aller renforcer les États Généraux dans leurs délibérations sur le manifeste de Léopold.

Dans l'après-dîner, arrive un courrier venant du comte de Thiennes, notre envoyé à Paris ; il porte ses dépêches aux États qui n'en publient point le contenu, sinon vaguement, qu'il n'y a point de secours à attendre de la France.

Du 20 novembre.

1790   Les États reçoivent et font imprimer copie de la note à remettre aux ministres des trois puissances médiatrices, à La Haye, par MM. Degrave, Baillet, Petit-Jean et le chevalier de Bousies, respectivement membres des États de Flandres, de Brabant, de Namur et de Hainaut. En voici un exemplaire.

Du 21 novembre.

Grande consternation à cause de la nouvelle que le comte Mercy d'Argenteau n'a voulu entendre à aucune suspension d'hostilité, après le 21.

Du 22 novembre.

La consternation augmente, par la nouvelle ultérieure que le comte d'Argenteau avoit persisté dans son refus d'un armistice, ne fût-ce que pour trois jours, dans une dernière conférence à ce relative avec les ministres des cours médiatrices, tenue le 20, à dix heures du matin. Voici des exemplaires de ces deux lettres.

Vers dix heures du matin, arrive un courrier de Bruxelles, apportant la nouvelle que les États Généraux ayant été confirmés, par le rapport verbal de leurs députés revenus de La Haye, du refus de tout délai fait par l'ambassadeur de Léopold, ont proclamé, d'avis unanime, le troisième fils de Léopold, souverain des Pays-Bas, sous la qualification de Grand-Duc des Provinces belgiques. On jugera aisément quelle étonnante sensation cette nouvelle doit avoir faite. Je joins ici, n° 1°, le cahier imprimé en suite de lettres écrites par les États Généraux au maréchal baron de Bender, commandant en chef

les troupes autrichiennes, et d'autres lettres de correspondance 1790
entre notre général en chef, le baron de Schonfeld et les généraux autrichiens, relativement au même objet.

Du 23 novembre.

Les États reçoivent, de leurs commissaires à Namur, la nouvelle que nos troupes se sont retirées en deçà de la Meuse. Ci-joint la lettre.

Du 24 novembre.

Je tombe sérieusement malade ; on me laisse ignorer absolument tout ce qui se passe jusqu'au 8 décembre : mais voici le précis du journal tenu par ma fille, et les pièces y relatives.

Du 26 novembre.

Il se répand dans la matinée le bruit que les troupes autrichiennes sont entrées hier à Namur. Cette nouvelle se confirme l'après-dîner, par le rapport de Cramillion lieutenant de la maréchaussée, que les États avoient envoyé à la découverte. Ci-joint un exemplaire de ce rapport. J'ajoute deux imprimés authentiques que j'ai reçus de Bruxelles, par lettre du 27, contenant une déclaration des États de Brabant du 26, qu'ils ont appris avec beaucoup de peine que la ville de Namur est sous la force de l'Autriche, qu'ils se sont mis en possession, par accord, avec les États de Namur, sans la moindre part ou connoissance du Congrès souverain ou des États de Brabant, etc. L'autre imprimé est une déclaration à ce analogue de M. Vandernoot.

Du 27 novembre.

1790   Vers deux heures après-midi, arrive à Mons le baron de Kœller, général-commandant de la colonne de Bouvignes, à la tête de sa troupe composée du corps des Canaris, des chasseurs, d'une partie des régiments de Namur, Anvers, etc., formant en tout cinq mille hommes ou environ. Quantité de munitions de guerre et 70 à 80 pièces de canon de tout calibre et autant de caissons. Ces gens furent logés en partie chez le bourgeois. Nous avons donné le logement au capitaine et au lieutenant de la compagnie des Canaris, dans laquelle avoit servi, comme volontaire, mon neveu Théodore Paridaens qui avoit été grièvement blessé à l'affaire du 10 septembre, en sorte qu'il avoit fallu lui faire l'amputation du grand doigt de la main droite. Ces messieurs racontèrent à ma famille, car moi j'étois toujours au lit, malade, qu'en suite d'ordre du général Schoenfeld reçu le jeudi 25 vers six heures du soir, ils étoient partis de Bouvignes la même nuit vers onze heures. Ils avoient essuyé des fatigues inexprimables, dans les mauvais chemins de Marchiennes, Fontaine-l'Évêque, etc. Irenée Paridaens, le plus jeune de mes neveux, volontaire dans les chasseurs de l'Orangeois, étoit avec cette troupe ; on ne me l'a pas fait voir pour ne point dévoiler le secret.

Du dimanche 28 novembre.

Vers trois heures après-midi, un membre du département général de la guerre, apporte à M. de Kœller, de la part du Congrès, la patente de général en chef de l'armée belgique, à la place du baron de Schœnfeld qui avoit demandé et obtenu sa démission du Congrès. Tous les officiers des troupes réglées et des volontaires furent de suite féliciter le général

Kœller logé à l'hôtel de la Couronne. Le même jour, le général 1790 fit à cheval le tour des remparts pour visiter les fortifications ; il applaudit aux unes et dit ce qu'il falloit corriger à d'autres.

M. Dirix donne un grand dîner au général Kœller et au corps d'officiers.

Je reçois une lettre de Bruxelles datée du 27, ci-jointe, qui marque, entr'autres particularités, que Schœnfeld étoit à Anderlecht où il y avoit apparence qu'on alloit former un camp. Les deux imprimés dont parle cette lettre sont ceux joints ci-devant.

Du 29 novembre.

On apprend, dans l'après-midi, que le baron de Schœnfeld avoit été arrêté à Quiévrain et ramené jusqu'à Boussu par les volontaires de Quiévrain. Ses bagages passant hier par Mons y avoient déjà été arrêtés. Le sieur Patte, greffier de Quiévrain, se rend à Mons pour donner part que Schœnfeld est arrêté ; il reçoit ordre des États de le laisser passer, de tant, qu'il avoit fait apparoir de sa démission et de passeport. Ses bagages furent aussi relâchés.

Du 30 novembre.

Le général Kœller et toute sa colonne partent sur Bruxelles, vers neuf heures du matin, emmenant avec eux tous leurs canons et munitions. Kœller avoit été à l'hôtel-de-ville où il remit une lettre au général Dirix, puis il monta à cheval dans la cour même de l'hôtel-de-ville et partit.

Du 1er décembre.

Vers huit heures et demie du matin, entre en ville un officier autrichien précédé d'un trompette ; ils se rendent aux États et

1790 l'officier demande si on veut les recevoir comme amis ou ennemis : qu'il y avoit deux régiments à Bray. Les États, ayant appris de cet officier que le général Corby étoit à Binche, résolurent de lui envoyer une députation pour s'entendre avec lui. Il partit donc quatre membres des États. Le général les reçut fort bien et leur donna l'assurance et sa parole d'honneur, que les troupes ne commettroient aucun excès en entrant en ville, pourvu qu'elles ne rencontrassent pas de résistance ; et afin de s'assurer de la tranquillité des habitants, il demanda six otages.

Les députés revinrent faire leur rapport et les otages partirent aussitôt. Entretemps, il y avoit déjà quelques hussards en dehors de la porte d'Havré, laquelle resta fermée toute la journée. Enfin, vers neuf heures du soir, les troupes autrichiennes commencèrent à entrer dans la ville. Les hussards autrichiens de Wursmer ouvroient la marche, et puis suivit l'infanterie qui se mit d'abord à occuper tous les postes. Il faisoit une pluie à verse: on ne voyoit personne dans les rues. Dans l'après-midi, on avoit congédié les volontaires, les remerciant de leurs services et les priant de ne plus mettre leurs uniformes. On avoit en même temps invité tous les habitants à ôter la cocarde et toutes les marques distinctives. On avoit aussi, dans le même après-dîner, fait sortir de la ville le bataillon du régiment d'Anvers que le général Kœller y avoit laissé. Cet intervalle, entre la sortie du régiment d'Anvers et l'entrée des Autrichiens, étoit un moment bien critique pour les honnêtes gens, car il ne restoit plus aucune force sur pied pour réprimer les insolences de la canaille, s'il lui étoit venu en tête de se livrer à quelques excès.

Les lettres de Bruxelles datées de hier, marquent que le matin il y étoit arrivé un officier autrichien précédé d'un trompette pour sommer les États de Brabant de reconnoître Léopold.

Du 2 décembre.

Le colonel Dejardin, commandant des troupes autrichiennes entrées hier à Mons, témoigne aux magistrats un grand désir que l'on redemande les armes aux volontaires ainsi qu'aux bourgeois, à qui on avoit dû en délivrer pour le maintien de la police. Le greffier de police lui répondit qu'il ne falloit pas faire cela à la militaire ; que lui, greffier de police, se chargeoit de la commission. En effet, le même jour toutes les armes furent remises aux mains des magistrats qui les firent déposer à l'arsenal de la ville.

1790

Vers ce temps, on voit paroître copie d'une lettre écrite, le 22 novembre, par le comte Mercy d'Argenteau au maréchal de Bender. Ci-joint un exemplaire.

Du 3 décembre.

On publie, de la part du militaire, une affiche contenant défense aux soldats d'insulter les bourgeois, sous peine de la vie. On publie, en même temps, un pardon général pour tous les déserteurs autrichiens, depuis le sergent jusques en bas. Voici un exemplaire de cette dernière affiche.

Suivant des lettres reçues postérieurement de Louvain, les autrichiens sont entrés en ladite ville ce jourd'hui, 3 décembre, dans l'après-dîner, après que le général Bender, qui avoit logé à Héverlé, eût envoyé, vers deux heures, un officier précédé d'un trompette pour sommer la ville de les recevoir.

Du 4 décembre.

Aujourd'hui ou hier, on affiche de la part des magistrats, une ordonnance faite au bureau, le 2 de ce mois, portant défense réciproque, à tous ceux de leur ressort, d'insulter les militaires ou autres personnes. Ci-jointe.

Du 5 décembre.

1790   Quelques royalistes fugitifs reviennent à Mons s'y pavanner avec des cocardes noires; ils vont dans cet état faire leur cour au colonel Dejardin, commandant, par qui ils ne sont pas fort bien accueillis et qui leur conseille de sortir de la ville, disant qu'il ne répondoit pas d'eux : ce qui donna aussi occasion aux magistrats de porter, ledit jour, l'ordonnance qui fut affichée le lendemain.

Le général de Bender est entré aujourd'hui à Bruxelles.

Du 6 décembre.

On affiche l'ordonnance des magistrats portée hier, contenant défense à toutes personnes qui ne sont pas attachées au militaire, de porter des cocardes de telle couleur que ce soit, ou autres marques distinctives. Ci-jointe.

On publie une ordonnance du Conseil, du 4, contre les pilleries, violences, assauts de maisons, etc. Ci-jointe.

Du 7 décembre.

Rien de nouveau: le militaire se comporte toujours très-bien et la plus grande tranquillité règne dans la ville.

Du 8 décembre.

Ce n'est qu'aujourd'hui, que ma famille me rend compte de notre contre-révolution et que je suis informé que nous sommes sous la domination autrichienne.

Vers ce temps, on voit paroître une lettre de l'ambassadeur, comte de Mercy d'Argenteau, datée de La Haye, le 6 de ce mois, sur les intentions pacifiques, justes et bienfaisantes de l'Empereur. Les États font imprimer cette lettre. Ci-joint un exemplaire.

1790

Du 9 décembre.

On publie une ordonnance du Conseil, du 7 de ce mois, défendant à toutes personnes, indistinctement, qui ne sont pas attachées au militaire, de porter des cocardes de telle couleur que ce soit, ou autres marques distinctives. Ci-joint un exemplaire.

Du 11 décembre.

Hier et aujourd'hui, le colonel Dejardin fait des visites à toutes les personnes en place du civil, telles que les membres des États, Conseil, magistrats et conseil de ville. Il se présente chez moi aujourd'hui dans l'après-diner, et sur ce qu'on lui dit que j'étois incommodé, il fit donner sa carte.

Du 12 décembre.

A la réquisition du militaire, les États font chanter une grand'messe et le Te Deum à Sainte-Waudru, en actions de grâces de ce que la rentrée sous la domination autrichienne s'étoit faite sans effusion de sang. Les corps de magistrature sont invités d'y assister individuellement.

Du 14 décembre.

Une lettre que je reçois de Bruxelles, me marque que le maréchal de Bender, y a fait aussi chanter un Te Deum dimanche 12, et les observateurs ont remarqué que c'étoit précisément le jour anniversaire de l'évacuation des troupes autrichiennes de Bruxelles, en 1789.

1790　La même lettre me marque une anecdote qui doit faire à jamais la honte du magistrat de Bruxelles. Ce magistrat a fait publier, le 10, une ordonnance enjoignant à tous les officiers étrangers qui ont servi dans la *soi-disant* armée patriotique, de quitter la ville de Bruxelles et ses cuves, dans les 24 heures, à peine d'être traités comme vagabonds. Il étoit dit, dans le corps de l'ordonnance, que ces officiers étoient sans ressources *puisqu'ils importunoient les États du Brabant pour avoir un secours*. Les États de Brabant, ayant vu cette ordonnance, ont d'abord fait afficher qu'ils n'ont eu aucune part ni connoissance de ladite ordonnance, quoique leur nom s'y trouve ainsi que le porte l'endroit souligné.

Du 17 décembre.

Le sieur Lebrun, autrefois capitaine de la maréchaussée, dont l'emploi avoit été conféré pendant la révolution tandis qu'il étoit fugitif, présente une requête afin de maintenue. Voici l'appointement porté en la seconde chambre, en suite de communication avec la première.

« Conclu de déclarer que les devoirs conçus seront effectués
» suivant l'instruction donnée au Conseiller Lamine.

Devoirs : « Dire que, n'étant point en ce moment de gouver-
» nement général en actualité aux Pays-Bas, le suppliant dans
» les circonstances est prématuré. »

Du 22 décembre.

Les États envoient à chaque membre du Conseil un exemplaire, ci-joint, de la convention signée le 10 décembre 1790, entre les ministres de l'empereur, des rois d'Angleterre et de Prusse, et des États Généraux de Hollande, relativement aux affaires des Pays-Bas.

Du 24 décembre.

Le Conseil reçoit un paquet du comte Mercy-Argenteau, contenant ses patentes de ministre plénipotentiaire pour le gouvernement des Pays-Bas pendant l'absence de LL. AA.RR., avec une lettre de lui, datée de La Haye le 18 de ce mois, dont voici la teneur : 1790

« Messieurs,

« Sa Majesté ayant trouvé bon de me nommer son Ministre
» plénipotentiaire pour le gouvernement général des Pays-Bas,
» pendant l'absence de Leurs Altesses Royales les Sérénissi-
» mes Gouverneurs Généraux, et m'ayant fait expédier mes
» lettres patentes sous sa signature et son sceau impérial, le
» 30 du mois dernier, je en vous remets ci-joint, pour votre
» information et direction, copie vidimée par un des secrétaires
» de Sa Majesté.
« Je serai à Bruxelles dans les premiers jours du mois pro-
» chain, et je n'aurai rien de plus à cœur, que de prouver à
» votre administration, et à chacun de vous en particulier, le
» parfait et sincère dévouement avec lequel j'ai l'honneur d'être,
« Messieurs,
« Votre très humble et très obéissant serviteur,
« (Signé :) Mercy-Argenteau.

« A La Haye, le 18 décembre 1790. »

Superscription :

« A Messieurs,
« Messieurs les Président et gens du Conseil de S. M. en
» Hainaut, à Mons. »

Du 28 décembre.

1790   On affiche une résolution du conseil de ville du 27, relativement à la place de mayeur de Mons, dans laquelle vouloit rentrer le sieur De Royer qui en avoit été pourvu par le Gouvernement, en 17.., après la destitution illégale de M. de Bousies. Voici un exemplaire.

TABLE ANALYTIQUE

DES FAITS CONSIGNÉS DANS LE PREMIER VOLUME

1787

Pages

Avril	27	Réception des lettres patentes de nomination des conseillers du tribunal de première instance de Mons.	1
—	28	Protestation du Conseil[1] contre cette mesure qui entraîne sa suppression.	4
—	30	Décret de LL. AA. RR. du 29, enjoignant la mise en activité du nouveau tribunal ; représentation du Conseil à ce sujet. Refus des Conseillers d'accepter des places au nouveau Tribunal. — Lettre des États au Conseil pour l'engager à résister aux infractions des privilèges. — Lettre de l'agent des États d'Otrenge, annonçant l'acceptation des propositions des États de Brabant.	6
Mai	1er	La grande porte du Conseil reste fermée. . .	13
—	2	Arrivée de Monsieur Delevielleuze. — Tentative d'organisation du nouveau Tribunal. . . .	14
—	3	Départ de Monsieur Delevielleuze avec M. Pepin ; sa lettre au magistrat pour provoquer une nouvelle élection de Conseillers.	15
—	4	Assemblée des magistrats à cet effet. . . .	16
—	5	Représentation des magistrats tendant à ne pas procéder à l'élection et à maintenir l'existence du Conseil. — Contenance du peuple.	16

[1] Le Conseil (souverain) ou la Cour. Ces mots sont employés comme synonimes par l'auteur.

1787 **Mai** 6 Réponse de Monsieur Delevielleuze. — Effet de la demande sur les habitants. . . . . .

— 7 Inquiétudes sur le résultat de cette démarche. .

— 8 Dépêche de LL. AA. RR. surséant à la mise en activité du nouveau système judiciaire. — Grande joie. — Dépêche du Conseil aux Lois subalternes à ce sujet. — Lettre à LL. AA. RR. et au Grand Bailly. — Le corps des avocats vient complimenter le Conseil. — Honneurs rendus à la Cour par le peuple. — Il traîne la voiture du Conseiller Delecourt. . .

— 15 Circulaire de S. M. aux tribunaux de première instance leur notifiant de suspendre leurs fonctions. .

— 26 Arrêt concernant les Intendances. . . .

— 27 Publication de cet arrêt. — Joie du peuple. — Formule du serment des juges de première instance. .

Juin 5 Dépêche des États à LL. AA. RR. par l'huissier Brogniez. . . . .

— 6 Lettre de l'agent des États annonçant que le décret du 30 mai sera rendu commun à toutes les provinces et promesse d'une assemblée générale des États. — Joies publiques. — Réquisition des États au Conseil pour la nomination à la place vacante de Chevalier de Cour ; décision du Conseil à ce sujet. Le peuple vient en corps complimenter la Cour. Il présente une requête tendant à ce que les Conseillers prennent la cocarde. . . . .

— 7 Procession du Saint-Sacrement. — Arrivée de la dépêche de LL. AA. RR. du 6 : elle est publiée avec pompe. — Réjouissances publiques. . . .

— 8 Lettre du Grand Bailly annonçant sa prochaine arrivée pour siéger aux États et au Conseil. . .

Juin	9	Insistance du peuple pour que les Conseillers prennent la cocarde : ils y consentent. . . .	1787 33
—	11	Les Minimes sont réintégrés dans leur couvent. — Réjouissances publiques. — Lettre de LL. AA. RR. au fiscal pour prévenir des désordres. — Départ des montois pour Bruxelles, musique en tête, pour complimenter les Brabançons et leur présenter une ode de M. Lemayeur. — Gravure à ce sujet. . . .	33
—	15	Requête des États à la Cour, tendant à exclure de l'Assemblée des États le soi-disant Intendant du cercle de Mons, son premier commissaire, et son secrétaire (c^te de Gomignies, etc.) et appointement de la Cour. .	34
—	17	Le peuple va audevant du duc d'Arenberg qui n'arrive pas. — Bruits de troubles à Anvers. . .	37
—	18	Arrivée du duc d'Arenberg. Il se rend aux États en grande cérémonie. — Première séance des États.	38
—	19	Patrouilles de garde bourgeoise. — Le Grand Bailly reçoit deux sentinelles. — La Cour invite le Grand Bailly à venir siéger. — Cérémonial arrêté à ce sujet. — Lettre de remerciement des États à LL. AA. RR. .	39
—	20	Le Grand Bailly vient siéger au Conseil. — Cérémonial. — La Cour dîne chez le Grand Bailly . .	40
—	21	Décret de LL. AA. RR. relatif à l'enregistrement de l'édit du 29 mai sur les corps de métiers. — Le Conseil dîne chez le Président.	42
—	22	Le duc d'Arenberg donne à dîner aux États. — « Vœu des patriotes adressé aux États de Hainaut » par l'avocat Harmignie. — Comité des infractions.	43
—	23	Invitation à une messe solennelle. — Cérémonial arrêté. — Le mémoire de M. Harmignie. — Comité de police. — Son avertissement. — Appel aux volontaires et gardes de police bourgeoise. . . .	44

1787 Juin 24 Messe solemnelle. — Visite de seigneurs brabançons. — Dîner chez le duc d'Arenberg. — Cérémonial. . . . .

— 26 Requête du sieur Brouwet, receveur des domaines, tendant à faire révoquer la suspension de ses fonctions au profit du sr Brogniet. — Réclamation du peuple pour une diminution des impôts. — Le prince de Kaunitz ratifie tout au nom de l'Empereur. — Le duc d'Arenberg donne un dîner sur la bruyère de Maisières. . . . .

— 27 Arrêt qui proscrit le « Journal général de l'Europe ». — Dépêches relatives à la ratification du prince de Kaunitz. — Fermentation tendant à obtenir la diminution des impôts. . . . .

— 28 Arrêt relatif aux patrouilles et au port de cocarde autre que celle adoptée par le Conseil. . . .

— 30 Patrouilles bourgeoises armées. . . . .

Juillet 1ᵉʳ Chronographe[1] extrait du « Journal historique et littéraire ». . . . .

— 3 Dépêches relatives à la ratification de l'Empereur. — Nomination d'un abbé de l'abbaye des Écoliers. .

— 6 Troubles au sujet des impôts. — Les États consentent à une diminution. . . . . . .

— 7 Communications du marquis de Moulbaix à la Cour au sujet des instructions de l'Empereur qui demande de conférer à Vienne avec des députés des provinces. — Départ du duc d'Arenberg. — Dépêche de LL. AA. RR. aux États. 5

— 8 Retour du duc. — Assemblée des États. — Publication de la dépêche du 7. 5

— 9-10 Le duc siège au Conseil. — Nomination d'un terne (trois candidats) pour la place de Chevalier de Cour.

[1] Ce mot est employé à tort par l'auteur; il faut lire : chronogramme.

	— Dépêche de LL. AA. RR. annonçant l'arrivée du comte Cornet de Grez. — Invitation à une messe solemnelle, de la part des bourgeois, en actions de grâces, etc.	52	1787
Juillet 11	Messe solemnelle. — Lettre de l'Empereur aux États de Brabant, du 3 juillet.	54	
— 12	Publication de cette lettre à Mons. — Arrivée du comte Cornet de Grez; séance des États. . . .	54	
— 13	Départ du comte Cornet de Grez. — Les États délibèrent si on enverra des députés à Vienne. . .	55	
— 14	Députés envoyés à Bruxelles pour conférer avec les États de Brabant.	55	
— 15	Dépêche de LL. AA. RR. relative à l'envoi de députés à Vienne.	55	
— 17	Le duc d'Arenberg part pour Bruxelles pour le même sujet.	55	
— 19	Les États de Brabant décident d'envoyer des députés. — Départ de LL. AA. RR. — Dépêches de LL. AA. RR. relatives aux mouvements de troupes en Allemagne.	56	
— 20	Retour du duc d'Arenberg. — Lettre de Murray, gouverneur général par intérim.	56	
— 21	Les États nomment les députés pour Vienne. — Passage de l'archevêque de Malines revenant de Vienne.	56	
— 22	Messe solemnelle. — La duchesse d'Arenberg part pour Enghien.	57	
— 23	La Cour délibère si elle enverra une députation complimenter le comte de Murray. — Étiquette à ce sujet. — Réimpression du traité d'Arras de 1579 [1].	57	
— 24	Députés nommés pour aller à Vienne. . .	58	

[1] C'est par erreur que le texte porte : 1597.

1787 Juillet	25	La députation de la Cour pour complimenter le comte de Murray part pour Bruxelles. . . .
	26	Caricature sur les Intendants de Cercles. . .
	27	Retour de la députation du Conseil. . . .
	30	Départ des députés pour Vienne. — Dépêche contre les libelles, etc. . . . .
Août	1er	Réimpression du traité de Gand de 1576. . .
	3	Réimpression de l'acte d'union de 1577. . .
	4	Arrivée de patriotes brabançons pour rendre leur visite à ceux du Hainaut. — Cérémonial. — Souper et bal. . . . .
	5	Dîner. — Messe solennelle et fête pour les patriotes brabançons. — Le duc part pour Bruxelles. . .
	6	Départ des Brabançons. — Note inquiétante du comte de Murray sur des mouvements de troupes. .
	7	Arrivée du duc d'Arenberg. . . . .
	8	On publie la note du comte de Murray. — Réimpression de l'édit perpétuel de 1577. . .
	10	Départ de deux divisions de la garnison. — Départ du duc pour Enghien. — L'assemblée des États ajournée au 20. . . . .
	11	On publie la note de ce qui s'est passé à l'audience du comte de Murray, du 7. — Arrêt qui maintient M. Brouwet dans ses fonctions de receveur des domaines. . . . .
	15	Nouvelle de l'arrivée des députés à Ratisbonne. .
	18	Vacances du Conseil. . . . . .
	18	Le Conseil s'assemble pour délibérer sur une dépêche du comte de Murray relative à la police. Lettre de l'empereur, du 16, ordonnant que toutes choses soient remises préalablement sur le même pied qu'au 1er avril. — Inquiétudes : bruits de troubles en Bra-

		bant, à Namur et à Louvain. — Réimpression de la capitulation de 1710.	63	1787
Août	29	On imprime la relation des députés de Brabant à Vienne. — Mémoire des États de Brabant au sujet de la lettre de l'Empereur du 16.	64
Sept.	1er	Placard du 28 août sur la police et le bon ordre. — Décision de la Cour sur sa publication. — Les conseillers déposent la cocarde.	64
—	2	Prières publiques pour le rétablissement du calme. — Relation des députés du Brabant à Vienne. .	65
—	4	Lettres des députés du Hainaut et des Flandres envoyés à Vienne.	66
—	5	Publication par la Cour du placard du 28 août. — Mesures de précautions pour prévenir des troubles à ce sujet.	66
—	6	On dépose la cocarde. — Représentation des États contre les préalables.	67
—	9	Retour des députés de Vienne	67
—	10	Publication du placard du 28 août . . .	67
—	14	Représentation au sujet des excès commis par les militaires en Brabant.	67
—	15	Publication à Bruxelles du placard du 28 août en suite de lettre de jussion.	67
—	18	Délibération du Conseil sur une dépêche du 11. .	69
—	20	Arrivée du duc d'Arenberg. — Lettre des États sur l'accomplissement des préalables.	69
—	21	Délibération du Conseil et publication avec instructions de la dépêche du 11. — Bruits de troubles à Bruxelles au sujet des cocardes. — Mouvements à Mons. — Préparatifs des volontaires. — Anecdote. .	70
—	22	Bonnes nouvelles de Bruxelles. — Réjouissances. — Te Deum. — Dépêche du comte de Murray, du 21.	72

1787	Sept.	23	Relation de la journée du 20 à Bruxelles. — Nouvelles réjouissances. 74
	—	24	Les volontaires obligent les chanoinesses à reprendre leurs anciens habits. 75
	—	27	Lettres des États de Brabant pour s'opposer au rétablissement du Séminaire général. — Chanson contre le général d'Arberg. 76
	—	29	« Sort et salut du peuple », brochure. . . 76
	—	30	« La liberté Belgique », brochure. . . . 77
	Octob.	1er	Rentrée du Conseil. — Cérémonies. — Grand'messe et Te Deum par l'Ordre des avocats. . . . 77
	—	5	Déclaration du 21 septembre sur le maintien des privilèges. — Dépêche du comte de Murray et réponse de la Cour au sujet de sa publication. . . 77
	—	6	Caricature sur la journée du 20 septembre. — Brochure : « Catéchisme constitutionnel, etc. ». . 79
	—	15	Règlement relatif au commerce des eaux-de-vie. — Représentations du Conseil à ce sujet. . . 80
	—	20	Dépêche du comte de Murray, tendant à réintégrer le comte de Gomegnies dans sa place de Chevalier de Cour. — La Cour y acquiesce. — Délibération sur le règlement relatif aux eaux-de-vie. — Seconde copie de la dépêche relative à M. de Gomegnies. . . 82
	—	26	Arrivée du nouveau ministre de Trauttmansdorff à Bruxelles. — Arrêt relatif à l'exécution des jugements étrangers. — Règlement sur les eaux-de-vie. . 83
	—	27	Publication de ce règlement. 84
	—	31	Députation nommée pour complimenter le nouveau ministre. 84
	Nov.	1er	Le régiment de Wurtemberg vient en garnison à Mons. — Rentrée au Conseil de Brabant du Chancelier et de deux Conseillers. 84

Nov.	3	Arrivée du prince de Wurtemberg.	85 1787
Déc.	4	Communication des États sur l'édit du 22 novembre concernant les libelles.	85
—	8	Séparation des États.	86
—	11	Arrivée du duc d'Arenberg. Les États vont le complimenter en cérémonie.	86
—	12	Lettre de la Cour au ministre, sur l'ordonnance du 3 décembre concernant la défense d'insulter les personnes constituées en dignité, et qui lui avait été envoyée sous les formes et étiquettes ordinaires.	86
—	19	Réponse du ministre. — Publication de la déclaration. — « Almanach des Belges ».	87
—	24	Exposé de « la Constitution du Hainaut, etc. » par le conseiller Demarbaix.	88

1788

Janv.	20	Vente des meubles du Grand Bailly. — Dépêche itérative pour la publication de la déclaration du 17 décembre.	1788 89
—	21	Représentation du Conseil à cet égard.	89
—	23	Nouvelles de Bruxelles au sujet de la même publication.	89
—	24	Pièces relatives à la même publication par le Conseil de Brabant, après de vives résistances. — Dépêche du gouvernement au Conseil demandant qu'il lui envoie une députation. Cette députation est nommée et part.	90
—	30	Arrivée de LL. AA. RR. à Bruxelles.	95
Fév.	10	Dîner militaire donné par le prince de Wurtemberg.	95
—	11	Départ de ce prince.	95
Avril	21	Le comte d'Arberg nommé Grand Bailly.	95
—	22	Départ d'un bataillon de Wurtemberg.	95

1788	Avril	23	Rentrée de ce bataillon. 95
	Mai	7	Nouveau départ de ce bataillon. 96
	—	10	Départ d'un autre bataillon. Arrivée d'un bataillon du régiment de Murray. 96
	—	12	Mouvements des patriotes. — Inquiétude des militaires. 96
	—	13	Les inquiétudes se calment. — Nouvelle de la suppression des Parlements en France, etc. . . 97
	—	14	Rapport des députés revenus de Bruxelles. . . 97
	—	15	Arrivée d'un escadron de dragons. . . . 98
	—	19	Les précautions extraordinaires prises par le ministre cessent. 98
	—	28	Dépêche de LL. AA. RR. aux États de Brabant annonçant l'amnistie accordée par l'Empereur. . 98
	Juin	21	Renouvellement du magistrat de Mons. . . 100
	—	24	Installation du nouveau magistrat : cérémonial. — La Cour rend aux États une requête présentée par eux sous la forme respectueuse d'usage. . . 100
	—	25	Les États modifient la requête en conséquence. . 102
	Juillet	18	M. Pepin nommé : Président Grand Bailly à Tournai. 102
	—	22	Dépêche relative au Séminaire général. . . 103
	—	26	Mort du greffier Durieu. La Cour délibère si elle se rendra à ses funérailles. — Étiquette. — Cérémonial. 103
	—	27	Enterrement du greffier Durieu. — Cérémonial. . 105
	Août	2	Lettres patentes de M. Pepin comme Président du Conseil de Tournai. 105
	—	3	Départ de deux escadrons d'Arberg. — Bruits de troubles à Malines. 106
	—	11	Placard de police du magistrat. 106

Août	12	Visite domiciliaire au cabaret de Ste-Barbe, où l'on soupçonnait un dépôt d'armes.	106
—	13	Semblable visite chez le s^r Fonson, ex-capitaine de volontaires.	107
—	14	Adieu du Président Pepin à la Cour. . . .	107
—	18	Décret du Conseil de Brabant prescrivant trois requêtes au magistrat d'Anvers et aux États de Brabant.	108
—	21	LL. AA. RR. passent à Hal revenant d'Enghien. .	108
—	27	Ban de police.	108
Sept.	13	Délibération sur le cérémonial à suivre pour le passage du comte de Trauttmansdorff allant à Mariemont.	108
—	29	Retour du comte de Trauttmansdorff. — La Cour ira le complimenter.	109
—	30	La Cour complimente le comte de Trauttmansdorff. — LL. AA. RR. passent à Mons, allant à Brugelette.	110
Oct.	15	M. de Gomegnies, Président du Conseil. — Son installation.	111
—	20	Délibération sur le mérite des candidats à une place de Conseiller de robe longue.	113
Nov.	9	Carte minatoire.	114
—	10	Dépêches relatives au nouveau Grand Bailly, le comte d'Arberg, et la Cour délibère sur le cérémonial à suivre pour la réception.	114
—	11	Lettres patentes du comte d'Arberg. — Son installation : cérémonial, fêtes.	115
—	12	Serment du Grand Bailly. — Dépêche du gouvernement pour élire un terne pour la place de Chevalier de Cour. — Décision du Conseil à ce sujet. . .	117
—	13	Serment du Grand Bailly à Soignies ; fêtes. . .	118
—	14	Le Grand Bailly siège au Conseil ; cérémonial. — Dîner au grand baillage.	118

1788

1788	Nov. 15	Visite à Madame d'Arberg.	119
	— 16	Scauflaire et Laude décrétés de prise de corps, prévenus de faits séditieux.	120
	— 17	Ouverture de l'assemblée des États. — Souper et bal au grand baillage.	120
	— 19	Dépêche de LL. AA. RR. au Grand Bailly pour séparer sur le champ l'assemblée des États.	120
	— 27	Procédure contre Scauflaire et Laude.	121
	— 28	Délibéré sur cette affaire.	122
	Déc. 1ᵉʳ	Arrêt sur cette cause.	122
	— 14	Dîner chez le Président.	123

1789

1789	Janv. 1ᵉʳ	M. Paridaëns siège en révision à Bruxelles. — Mécontentement de l'Empereur au sujet du refus des subsides par les États de Brabant. — Départ du ministre pour Vienne. — Projet de requête à l'Empereur pour le tiers-État de Brabant par Linguet.	123
	— 20	Lettre de convocation des États de Hainaut pour reprendre leurs séances.	124
	— 22	Arrivée du comte d'Arberg.	125
	— 23	Séance des États. — Demande de subsides. — Placard inquiétant du magistrat.	125
	— 24	Vote sur les subsides. — Réprimande des échevins au sujet de leur placard du 23. — Dépêche de LL. AA. RR. annonçant la révocation de l'amnistie. — Nouvelles de troubles à Bruxelles.	126
	— 26	Lettre du Grand Bailly aux États.	128
	— 27	Convocation de l'assemblée des États.	128
	— 28	Assemblée des États. — Acceptation de l'aide pour 1788 et demande de l'aide pour 1789. — Refus des	

			1789
	États. — Le Grand Bailly part mécontent. — Mouvement militaire.	128	
Janv.29-30	Lettre de S. M. du 7, révoquant les privilèges du Brabant.	129	
— 31	Arrivée de commissaires de Bruxelles pour notifier la déclaration du 30 : dissoudre les États et révoquer les privilèges du Hainaut. — Précautions militaires. — Attitude du peuple. — Représentation de la Cour pour se dispenser de publier la déclaration du 30. .	130	
Fév. 2	Réponse sévère du ministre. — Ordre de procéder à la publication et d'exclure de la Cour le sieur Demarbaix : celui-ci se retire. — Publication de la déclaration. — Le pensionnaire Auquier est arrêté. — Plusieurs bourgeois sont gardés à vue. — Plusieurs prennent la fuite. — Les archers du Hainaut prêtent serment. — Protestation affichée à Bruxelles contre les États. — Renfort de la garnison. . .	134	
— 3	Lettre du Conseil au comte d'Arberg. — Affiches concernant les receveurs des États dans leurs fonctions. — MM. Auquier et Carpentier. . . .	139	
— 4	Recherche sur les auteurs des affiches de Bruxelles du 2 février. — Avis pour la recette des États. .	139	
— 5	Déclaration de S. M. du 4, sur la perception des impôts. — Publication.	139	
— 6	Recherches contre le doyen Carpentier. — Arrestation de l'auteur des affiches de Bruxelles. . .	140	
— 12	Renfort arrivé à la garnison.	140	
— 13	Arrestation du curé de Roucourt prévenu de sermon séditieux.	141	
— 16	Procédure contre ce curé.	141	
— 18	Suppression du serment de St-Sébastien. — Démission de M. de Bousies, mayeur de Mons. . .	141	

1789	**Fév.** 19	Dépêche relative à l'âge requis pour contracter des vœux perpétuels.	141
—	21	Suppression d'une place de pensionnaire de la ville. — Nouvelles de Bruxelles sur le séminaire général et demande d'un Conseil de justice pour le Limbourg et Wavre.	142
—	22	Suppression de l'abbaye du Val des Écoliers. .	142
—	23	Suppression de l'abbaye de Cambron. . .	142
—	24	Suppressions d'abbayes exécutées. — Suicide du moine Masquelier, du Val des Écoliers . .	143
	Avril 2	Lettre au Grand Bailly relative à la démission du Conseiller Demarbaix. — Sentence ecclésiastique contre le curé de Roucourt.	144
—	24	Nouvelles de la maladie de l'Empereur. — Cérémonies.	146
—	25	Messes votives pour Sa Majesté. . . .	147
—	26-27 28	Messes votives. — Prières publiques. — Nouvelles de Sa Majesté.	147
—	29	Bulletin de la santé de Sa Majesté. . . .	148
	Mai 1er	Nouvelle constitution du Brabant. . . .	149
—	2-4	Représentation du Conseil de Brabant. . .	149
—	10-17	Résistance de ce Conseil. — Violence du Gouvernement.	150
—	20	Bannissement du sr Chapelier pour propos séditieux sur l'Empereur.	151
—	22	Suppression des places de Conseiller ecclésiastique et de Chevalier de Cour. — Pièces y relatives. — Ils se retirent en protestant. — Remontrances de la Cour à ce sujet contenant des motifs fondés : sur l'institution et l'ancienneté de la Cour. . . .	151
—	23	Affaire de droit privé.	157

Mai 25	Réponse à la remontrance du 22. La Cour cède et publie l'ordonnance de suppression.	. . .	158	1789
— 27	Dépêche du gouvernement annonçant la nomination, faite par S. M. seule, de plusieurs conseillers. — Représentation de la Cour sur son droit de présentation (documents historiques sur la Cour). Arrivée du comte de Trauttmansdorff.	. . . .	159	
— 28	Mesures relatives au commerce des grains.—Canonicat des Conseillers ecclésiastiques.	. . .	163	
Juin 2	Lettre minatoire aux Conseillers sur l'admission des nouveaux Conseillers.	. . . .	165	
— 3	Installation du greffier Fleur. — Reponse à la représentation du 27 mai sur les nouveaux Conseillers. — La Cour ne décide rien.	. . . . .	165	
— 4	Conflits à Tirlemont et à Louvain entre les bourgeois et les militaires. — Placards contre la rébellion.		166	
— 6	Lettres patentes des nouveaux Conseillers enregistrées par la Cour avec protestations. — Délibération sur le cérémonial de leur installation.	. . .	167	
— 7-8	Nouvelles de Bruxelles. — Une partie de la garnison de Mons part pour Bruxelles.	. . . .	169	
— 10	Installation des nouveaux Conseillers. — Attitude du peuple. — Nouvelles de Bruxelles. — Arrestations de séditieux.	. . . . . .	169	
— 11	Procession du Saint Sacrement.	. . . .	171	
— 15	Réquisitoire contre l'avocat Delattre à l'occasion du libelle. « Lettre de M., membre de l'État noble du Hainaut, etc. »	. . . . . .	171	
— 19	Nouvelle de la suppression des États et Conseil de Brabant.	. . . .	172	
— 20	Même sujet. — Organisation nouvelle de la justice. — Arrestation de M. Delmarmol.	. . . .	172	

1789	**Juin** 22	Arrestations à Bruxelles. — Le nouveau Conseil. .	17:
—	25	Arrestations. — Refus de publier la déclaration qui annule la Constitution. — Refus des Conseillers du nouveau Conseil.	17:
—	26	Manifeste de l'Empereur du 20.—Le nouveau Conseil.	17-
—	30	Déclaration de l'Archevêque de Malines sur le Séminaire général. — M. Delmarmol élargi. — Madame Pinaux. — Le nouveau Conseil. — Plusieurs fonctionnaires se démettent de leurs places. . . .	17-
	Juillet 10	M. Paridaëns, convoqué le 18 pour siéger en révision, est contremandé. — Sa réponse. — Mort du Conseiller Meuret.	17(
—	15	M. Meuret.	17:
—	18	Le comte d'Artois et les princes français arrivent à Mons fugitifs. Rappel de M. De Necker. . .	17:
—	29	Arrestation pour cause de sédition. — Mouvements.	17:
—	30	Visite domiciliaire chez M. Dewolff. — Ordonnance qui rend les communes responsables des pillages. Autre pour prévenir les troubles.	17(
	Août 2-3	Arrestations. — Nomination d'un abbé du Rœulx.	17¢
—	4	Arrestations en divers lieux.	18(
—	14	Circulaire sur la caisse de religion. . . .	18(
—	15	Édit sur les séminaires. — Arrestations. — Bruit d'intervention étrangère sollicitée par Vandernoot	18(
—	20	Émigration à Bruxelles. — Point de réunion. .	181
—	26	Courrier de Vienne. — Les médianats des conseillers du Brabant.	182
—	27	Élargissement du sieur Hennebert. . . .	18:
—	28	Te Deum pour une victoire sur les Turcs. . .	18:
—	29	Élargissement de quatre jeunes gens. . .	18:
—	30	Départ d'un escadron de dragons. . .	18:
	Sept. 3	« Décret du peuple Belgique ».	18:

Sept.	5	Déclaration de S. M., du 1ᵉʳ, concernant les bruits inquiétants d'intervention étrangère, etc. . . 183		1789
—	18	Le comte de Trauttmansdorff passe à Mons. . 184		
Oct.	5	Déclaration contre les émigrations. — On met un planton chez plusieurs bourgeois. . . . 184		
—	18	Te Deum pour une victoire sur les Turcs. — Emigrations. 184		
—	19	Ordonnance du 13 octobre portant suppression d'abbayes. 184		
—	22	Plantons chez plusieurs bourgeois. . . . 185		
—	24	MM. Dassonleville, Gendebien et Houzeau reçoivent leur démission. — Visite militaire au Séminaire. — Ordre pour un Te Deum à l'occasion de victoires sur les Turcs. 185		
—	25	Te Deum. — Arrestations. 186		
—	27	Publication de l'ordonnance du 12 sur la recherche des armes, etc. 186		
—	28-30	Recherche domiciliaire des armes. . . . 187		
Nov.	4	Ordonnance du 19 octobre. 188		
—	6	Réquisition contre le curé d'Ath pour refus de chanter le Te Deum. 188		
—	7	Ordonnance du 4 novembre contre le mémoire de Vandernoot. 188		
—	17	On rouvre l'ancienne porte de Nimy. — Travaux militaires. — Bruits de la prise de Gand par les patriotes. 188		
—	18	Nouvelles de l'affaire de Gand. — La comtesse d'Arberg arrive à Mons, fuyant Bruxelles. — Absence des nouveaux Conseillers et du Président qui ont pris la fuite ainsi que plusieurs personnes suspectes au peuple. — Bruits de l'approche des patriotes. 189		

1789	**Nov.** 19	Émigration de personnes suspectes au peuple. — Attitude de la garnison. — Décret des échevins provisoires pour remplacer les absents. . . .	190
	— 20	Émigrations. — Requête de plusieurs particuliers pour suppléer à l'absence des échevins. — Rapport de la Cour au Gouvernement à ce sujet ; réponse du Gouvernement qui autorise la Cour à créer des échevins : style plus affectueux.	190
	— 21	Départ de la garnison. — Garde Bourgeoise. — Embarras. — Inquiétude. — Mesures de police par la Cour. — Mouvements populaires. — Requête d'un Comité de notables tendante à prévenir les désordres.	193
	— 22	La Cour nomme dix échevins et un lieutenant-prévot. — Leur installation. — Bruits de retour de la garnison avec des intentions hostiles aux bourgeois qui ont repris la cocarde. — Disposition de défense du peuple.	195
	— 23	Lettre du général d'Aponcourt, annonçant son retour et requérant que tout rentre dans l'ordre, avec menaces, etc. — Demande d'une députation. — Le peuple court aux armes. — Députation du magistrat au général d'Aponcourt. — M. Diricx, général en chef. — d'Aponcourt envoie un ôtage. — Ordonnance de S. M. rétablissant les choses comme avant l'ordonnance du 30 janvier.	197
	— 24	Retour de la députation. — Préparatifs de défense. — Fausse alarme. — Arrivée des paysans des environs.	199
	— 25	M. Obert vient reprendre ses fonctions de Chevalier de Cour. — Requête de l'avocat Soyer détenu injustement. — Appel aux volontaires. — Les fonctionnaires démissionnés reprennent leurs fonctions. . .	200

Nov.	26	Déclaration du 25 rétablissant la joyeuse-entrée et proclamant une amnistie. 201	1789
—	27	Déclaration du 26 étendant à toutes les provinces l'amnistie du 25. — On dit que c'est trop tard. — Placard de police par le magistrat. . . . 201	
—	28	Articles constitutionnels arrêtés par les États de Flandre. 202	
—	30	Lettre du Conseiller Raoux. — Les États reprennent leurs fonctions. — Manifestation contre l'abbé de Cambron. 202	
Déc.	1er	Arrivée du commissaire de Vienne à Bruxelles. — Bruits de la prise de Luxembourg par les Prussiens. 203	
—	2	M. Farin, Conseiller ecclésiastique, reprend ses fonctions. — Manifeste brabançon. — Relation de l'affaire de Gand. — Retour des volontaires montois battus à Bouvignes. 203	
—	3	Nouvelle de la prise de Namur et de la citadelle d'Anvers. — Arrivent des patriotes sans armes. . 204	
—	4	La prise de Namur démentie. — Arrestation du substitut fiscal Paternostre. 204	
—	5	Procédure contre ledit Paternostre. — Requête au sujet de la caisse et des papiers du baron Franqué, évadé, appointée sans épices. 204	
—	7	Arrestations faites par le peuple. — Un garde Bourgeois tue une jeune fille par imprudence. . . 205	
—	8	Déclaration du comte Trauttmansdorff au nom de l'Empereur. — Ordonnance de police. — Bulletins de l'affaire de Dinant. 206	
—	9	Ordonnance de police du magistrat. . . . 206	
—	10	Arrivent des commissaires des États de Flandre et du Comité Brabançon. 207	

1789 **Déc.** 11 Départ de volontaires pour Bruxelles où l'on arbore la cocarde nationale. 207
— 12 Départ de volontaires. — Ils font prisonnier à Hal un détachement du régiment de Muray et le ramènent à Mons. — Bruits de l'évacuation de Bruxelles. . 207
— 13 Évacuation de Bruxelles.—Réjouissances publiques. — Assassinat du châtelain de Leuze. — Poursuites à ce sujet. — Les volontaires font prisonniers à Hal trois cent cinquante hommes du régiment de Bender. 208
— 14 La Cour nomme les membres du Conseil de ville. — Poursuites contre le sieur Duval. . . . 209
— 15 Assemblée du Comité général du Hainaut. — Il délibère sur la levée d'un corps de troupes. — Rentrée des patriotes avec leurs prisonniers. — On veut assommer le greffier Duval, le prenant pour son frère. 210
— 16 Départ de volontaires pour Namur. — Convocation de l'assemblée générale des États. . . . 210
— 17 Ordonnance du magistrat sur les grains. . . 211
— 19 Poursuites contre Duval. — Invitation à une messe solemnelle. — Le Conseiller ecclésiastique Descamps vient reprendre ses fonctions. 211
— 20 Messe solemnelle. — Avis sur la levée des troupes. 212
— 21 Assemblée générale des États précédée d'une messe du St-Esprit. — Déclaration d'indépendance. . 212
— 22 Dépêche des États à la Cour annonçant cette déclaration et l'obligation de prêter un nouveau serment. — La Cour y adhère. — Reconstitution du Conseil. — Sa réinstallation. 213
— 28 Ordonnance sur les volontaires ouvriers. . . 217
— 29 Résolution du Comité général pour empêcher les idées de nouveautés, etc. — Dîner aux États. . 217

1790

Janv.	1ᵉʳ	Délibération sur les grains. — Ordre aux généralités de prêter le nouveau serment.	218
—	2	Arrivée du duc d'Arberg. — Fêtes.	218
—	3	Dîner aux États. — Nouveaux serments en Brabant. — Lettres d'hommes de fief.	218
—	5	Places pour l'admission aux États des chefs des corps de métiers.	219
—	6	Arrivée de volontaires du Tournaisis.	219
—	7	Arrivée et départ de volontaires.	219
—	8	Volontaires. — Le lieutenant-prévôt de Behault essaie de rentrer en ville.	220
—	9	Invitation des États à une messe solemnelle ; la Cour décide de s'y rendre. — Discussion d'étiquette. — Arrêt proscrivant « le Mémoire justificatif du chevalier Duval ».	220
—	10	Messe solemnelle et procession. — Mandement de l'Évêque d'Ypres pour des prières publiques. — Manifeste de Flandre.	222
—	12	Arrivée du duc d'Arenberg.	223
—	13	La dame de Leuze essaie de rentrer en ville.	223
—	14	Le « Mémoire justificatif du chevalier Duval ». — Règlement sur les grains. — Sursis aux forclusions de procédure.	223
—	19	Démission du pensionnaire de Royer. — Pèlerinage de la Confrérie de N.-D. de Hal. — Sensation. — Retour des volontaires battus à Hemptinnes.	224
—	24	Mandement pour des prières publiques. — Sermons politiques.	225
—	26	Troubles anti-patriotiques à Celles-Molembaix. — La Cour instruit.	226

1790 **Janv.**	28	Traité d'union des États-Belgiques unis.	227
—	29	Requête du fiscal Paternostre.	227
—	30	Requête du lieutenant-prévôt de Behault. — Arrêt proscrivant la « Nouvelle correspondance littéraire ».— Funérailles des volontaires tués à Hemptinnes.	227
Fév.	7	Arrivée de déserteurs français.	228
—	9	Arrivée du comte Tallard et autres prisonniers à l'affaire de Hemptinnes.	228
—	10	Traité d'union.	229
—	13	Bénédiction des drapeaux des troupes nationales. — Leur serment. — Fêtes. — Capitulation d'Anvers.	229
—	15	Réinstallation des moines de Cambron.	230
—	20	Départ de troupes nationales. — Démission du Conseiller ecclésiastique Descamps.	230
—	22	Texte de la capitulation du régiment de Bender à Hal, le 13 décembre 1789. — Fête à l'abbaye de Cambron. — Les États renoncent à leurs privilèges en matière d'impôts.	230
—	24	Souscription patriotique. — La Cour délibère sur la quotité de son offrande. — Départ de volontaires pour Chimay, à l'effet d'y réprimer un mouvement d'insurrection.	231
—	28	Avis sur la couleur des cocardes.	233
Mars	3	Nouvelle de la mort de l'Empereur et de l'Archiduchesse. — « Observations d'un républicain, etc. » de Linguet.	233
—	9	Mémoire du Duc de Toscane et dépêche de LL. AA. RR.	234
—	16-17	Troubles et pillages à Bruxelles.	234
—	27	Élargissement du fiscal Paternostre.	234
—	28	Mouvement anti-patriotique à Moustier et Leuze. — La Cour instruit.	235

Mars	29	Évacuation de la citadelle d'Anvers. — Réjouissances publiques.	235	1790
—	31	Manifeste du Hainaut.	236	
Avril	1er	Troubles de Leuze.	236	
—	5	Adresse présentée aux États de Brabant, le 15 mars, et pièces y relatives.	236	
—	8	Lettre de M. Diricx à sa femme. . . .	236	
—	20	Arrêt proscrivant le « Journal général de l'Europe ».	237	
Mai	1, 3 et 4	Retour des prisonniers de Hemptinnes. — Fêtes, départ de troupes. — Requête des gens de loi de Cuesmes pour la souscription patriotique. . .	237	
—	6	Arrestation du prévôt de Beaumont (Derobaux), prévenu de connivence avec le Gouvernement autrichien.	238	
—	11	Requête contre le greffier Fontaine pour même cause.	239	
—	16	Monnaie belgique.	239	
—	24-25	Défaite de l'armée près de Marche. . .	240	
—	27-28	Lettre du commissaire des États, à Namur. .	240	
—	29	Arrestation de deux séditieux. . . .	240	
—	31	Bruit d'une contre-révolution à Menin. . .	241	
Juin	1er	Visites domiciliaires pour trouver des armes. — Rapport des députés au Congrès. . . .	241	
—	2	Départ de volontaires.	242	
—	11	Dépêche de LL. AA. RR. au général Bender. — Nouvelles de l'armée. — Lettre du sieur Delsaut à son épouse.	242	
—	20	Lecture au prône d'une proclamation du Congrès.	243	
—	21	Délibérations et résolutions du Conseil sur le renouvellement des magistrats.	243	
—	28	Levée patriotique des États. . . .	244	

1790	**Juin** 30 et **Juillet** 4, 5, 6, 7, 11	Arrivée de députations de différentes villes et villages pour rendre hommage aux États. — Chronogramme. 244
—	12	Mêmes cérémonies. — Arrestation du marquis de Carondelet. — Souper aux volontaires d'Ath. . 246
—	15	Arrivée de différents villages. — Lettre de convocation à ce sujet. 246
—	18	Arrivée des habitants de Hal et des environs pour rendre hommage aux États. — Le peuple arrache les insignes de l'Empereur et menace de piller l'hôtel de Gomignies. 248
—	22	Arrivée des habitants de Beaumont, etc. . . 249
—	24	Enterrement du Conseiller Demarbaix. . . 249
—	31	Lettre de Paris relative au passage des Autrichiens sur le territoire de France. 250
Août	7	Nouvelle de la guerre. — Projet d'organisation de volontaires. 250
—	10	Le Conseil délibère s'il se rendra à l'assemblée des États suivant leur invitation pour aviser en commun à des choses importantes. — Il importe d'y aller. — Rapport sur nos liaisons politiques avec les puissances étrangères. — Délibération sur un édit à émaner pour casser tous les placards inconstitutionnels, etc., et sur l'étendue des pouvoirs des États suivant le manifeste. 250
—	11	Texte de l'édit adopté. — Publication officielle du manifeste. 253
—	13	Publication de cet édit et du manifeste. . . 254
—	17	Bénédiction du drapeau des volontaires. — Plantation de la perche et du chapeau de la Liberté. . 254
—	24	Protestation de Soignies contre le manifeste et l'édit. 255
—	27	Monnaie belge. — Adresse au peuple de Hainaut. —

		Organisation de volontaires. — Prières et cantique pour le succès de l'expédition. — Billets pour engager à la désertion. 255	1790
Sept.	6	Réquisition des États de procéder à la nomination d'un Conseiller. 255	
—	17	Invitation à faire de la charpie. 256	
—	20	Nomination d'un Chevalier de Cour. . . . 256	
—	21	Observations pour le Congrès diplomatique à tenir. 256	
—	28	Lettre du marquis de Carondelet aux États. . . 257	
Octob.	1er	Remerciements aux dames qui ont fait de la charpie. 257	
—	8	Lettre sur l'homme qui a eu la tête sciée. . . 257	
—	15	Les États délibèrent sur une note des Cours de Londres, La Haye et Berlin, proposant un armistice. 257	
—	21	Publication de pièces diplomatiques. . . 258	
—	24	Anniversaire de la révolution. — Fêtes publiques. 258	
—	26	Pièces de négociations de Reichenbach. . . 259	
—	27	Messes funèbres pour le sieur Shèr mort en combattant. 259	
—	28	Pièces diplomatiques. 259	
—	31	Explosion d'une poudrière à Namur. . 259	
Nov.	4	Ultimatum du Congrès. 260	
—	5	Manifeste de l'Empereur. 260	
—	6	Pamphlet contre ce manifeste. 260	
—	7	Protestations du peuple contre ce manifeste . . 260	
—	11	Réponse du Congrès à l'ultimatum. . . . 261	
—	12	Six membres des États partent pour le Congrès afin de délibérer sur le manifeste. — Nouvelles de notre envoyé à Paris. 261	
—	20	Notes diplomatiques. 262	
—	21	Le comte Mercy d'Argenteau refuse l'armistice. . 262	
—	22	Nouvelles de Bruxelles. — Refus de l'armistice. — Le Congrès proclame le troisième fils de Léopold. — Correspondances diplomatiques. 262	

1790	Nov.	23	Nouvelles fâcheuses de l'armée.	263
	—	24	Maladie de l'auteur.	263
	—	26	Nouvelles fâcheuses de l'armée.	263
	—	27	Arrivée à Mons du général de Kœller avec cinq mille hommes logés chez les bourgeois. — Nouvelles de l'armée.	264
	—	28	Le général de Kœller nommé général en chef en place de Schœnfeld. — Dîner militaire. — Nouvelles de Bruxelles.	264
	—	29	Arrestation et relâchement de Schœnfeld.	265
	—	30	Départ du général de Kœller et de sa troupe pour Bruxelles.	265
	Déc.	1ᵉʳ	Parlementaire autrichien à Mons. — Négociations entre les États et le général Corby, à Binche. — Les Autrichiens rentrent à Mons. — Nouvelles de Bruxelles.	265
	—	2	Désarmement des volontaires de Mons. — Lettre de Mercy d'Argenteau au général Bender.	267
	—	3	Défense aux militaires d'insulter les bourgeois. — Amnistie des déserteurs. — Entrée des Autrichiens à Louvain.	267
	—	4	Ordonnance de police du Magistrat.	267
	—	5	Plusieurs royalistes rentrent à Mons. — Arrivée du général Bender.	268
	—	6	Publication de l'ordonnance du 4.	268
	—	7	Grande tranquillité.	268
	—	8	Lettre de Mercy d'Argenteau sur les intentions pacifiques de l'Empereur.	268
	—	9	Ordonnances du Conseil contre les cocardes.	269
	—	11	Le Commandant autrichien fait des visites à tous les fonctionnaires.	269
	—	12	Grand'messe et Te Deum en actions de grâces.	269

Déc.	14	Te Deum à Bruxelles. — Ordonnances du Magistrat de cette ville contre les patriotes. . . . 269	1790
—	17	Requête du sieur Lebrun pour être réintégré dans sa place de commandant de la gendarmerie. . . 270	
—	22	Convention de Reichenbach. 270	
—	24	Patentes du comte Mercy d'Argenteau comme Ministre plénipotentiaire. 271	
—	28	Résolution relative à la place de mayeur de Mons réclamée par le sieur De Royer. . . . 272